JN098782

改訂版

危険物取扱者のための

危険物まるわかり辞典

危険物法令実務研究会 編

第一法規

はしがき

　危険物施設において火災・流出事故がひとたび発生すると、危険物施設や事業所の経済的損失だけでなく、地域の住民に与える不安と影響は計り知れないものであり、経済的な損失だけではなく、その後の事業所の生産活動に大きく暗い影を落とすであろうことから、危険物を貯蔵・取扱う場合における安全確保は何にもまして重要であることは言うまでもありません。

　平成元年以降における危険物事故の発生件数を見ると、事故の最も少なかった平成6年と比較して、危険物施設が減少しているのにもかかわらず、事故件数は約2倍に増加、高い水準で推移しています。そして、その発生要因については、火災も流出事故も維持管理不十分、操作確認不十分などの人的要因が大きな部分を占めています。

　この用語辞典は、危険物施設における位置、構造、設備についての用語や、危険物を貯蔵、取扱う際の技術基準について必要と思われる用語など、危険物関係法令に多く用いられている用語を厳選して平成29年7月に発刊しましたが、この度、新規用語や基礎知識に関する解説を登載し改訂版を発刊することとなりました。

　この用語辞典を危険物業務に携わる方々に広く活用していただき、以って危険物事故の防止に少しでも役立てば幸いです。

令和2年11月　　　　　　　　　　　　　　　　　　　　危険物法令実務研究会

凡例

〔内容現在〕本書の内容現在は令和2年4月1日現在とした。
　本書は危険物の製造・貯蔵・取扱いの際に必要不可欠と思われる用語を収録し、また、その用語に関連する根拠法令を示した。

根拠法令に関しては以下のように略語を用いた。
消防法：消防法
消防令：消防法施行令
消防規則：消防法施行規則
危政令：危険物の規制に関する政令
危規則：危険物の規制に関する規則
危告示：危険物の規制に関する技術上の基準の細目を定める告示
試験性状省令：危険物の試験及び性状に関する省令
建基法：建築基準法
建基令：建築基準法施行令
石災法：石油コンビナート等災害防止法
石災令：石油コンビナート等災害防止法施行令

索　引

あ

い

う

え

き

危険物

　消防行政は火災の鎮圧、救急活動等実動的、直接防災的な分野と、火災の予防等規制的、間接防災的な分野に分けられる。後者は更に予防行政（一般）と危険物行政に分類される。特に危険物行政は、①予防のための警察規制（取締）の性格を持つ行政であること、②危険物規制に係る技術基準等については、全国統一的な取扱いが必要であることから政令等で定めること、など他の消防行政とは異なった性格を有している。

　危険物行政は、石油類等日常生活にきわめて有用不可欠なものの、火災等の災害発生の折には、重大な被害をもたらす物品等について、その安全性を確保し、危害を予防するため、一定の要件の下でのみそれらの貯蔵取扱を認めることとするもので、指定数量以上の危険物の規制と、市町村条例に基づく指定数量未満の危険物（少量危険物）の規制に分けられる。

　危険物の規制は、法律、政令、規則（省令）及び告示により、製造所等の位置、構造及び設備の基準、貯蔵及び取扱いの基準等が規定されており、これらが制定された経緯は次のようになっている。

　危険物の規制は、昭和23年に消防法が制定されて以降、市町村条例により行われていたが、危険物規制の改善及び徹底をはかるため、昭和34年4月1日に公布された消防法第3章に基づき行われることとなった。併せて危険物の規制に関する政令及び危険物の規制に関する規則が制定された。

　その後、新たに移送取扱所の区分が設けられたことに伴い、昭和49年5月1日に危険物の規制に関する技術上の基準の細目を定める告示が公布された。

　また、物品の有する危険性を試験によって示される性状という客観的な指標によって評価し、一定以上の危険性を有するものを危険物として規制していくという考え方の導入に伴い、昭和63年5月24日公布の改正消防法で危険物を定義する別表の大幅な見直しが行われ、更に危険物の試験及び性状に関する省令が平成元年2月17日に公布された。

　このような趣旨及び法令制定経緯のもと、消防法のうち危険物に係る諸規定（第3章及び別表）は、①規制の対象となる危険物の特定、②危険物施設の設置等ハード面での規則、及び③危険物の貯蔵、取扱い等ソフト面での規制について定めている。

　指定数量未満の危険物（少量危険物）については、昭和35年7月2日公布の改正消防法第9条の4に基づき、火災予防条例（例）が消防庁長官通達として昭和36年11月22日に示され、市町村長が新たな火災予防条例を制定、これに基づき少量危険物の事務を執り行うこととなっている。

1 危険物規制の法体系

　消防法では、1)火災発生の危険性が大きい、2)火災が発生した場合にその拡大の危険性が大きい、3)火災の際の消火が困難であるなどの性状を有する物品を「危険物」として指定し、これらの危険物について、貯蔵・取扱い及び運搬において規制を行うことにより、火災・事故を防止し被害を軽減することとされている。

　なお、法体系及び概要は、次のとおりである。

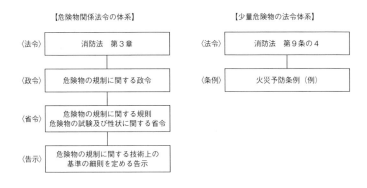

○指定数量（消防法で指定された、貯蔵又は取扱いを行う場合に許可が必要となる数量）以上の危険物は、危険物施設以外の場所で貯蔵し、又は取り扱ってはならず、危険物施設を設置しようとする者は、その位置、構造及び設備を法令で定める基準に適合させ、市町村長等の許可を受けなければならない。

○指定数量未満の危険物の貯蔵及び取扱いなどの基準については、市町村条例で定める。

○危険物の運搬は数量に関係なく、消防法、危政令、危規則、危告示に定められている。

2 危険物の範囲

　消防法（第2条第7項）では、「別表第一の品名欄に掲げる物品で、同表に定める区分に応じ同表の性質欄に掲げる性状を有するものをいう。」と定義されている。また、それぞれの危険物の「性状」は、「消防法別表第一　備考」に類別に定義されている。

【消防法別表第一に掲げる危険物及びその特性】

類別	性質	特性	主な物質
第一類	酸化性固体	大部分は無色の結晶又は白色の粉末で、それ自体は燃焼しないが、他の物質を強く酸化させる性質を有する固体であり、可燃物と混合したとき、加熱、衝撃、摩擦によって分解し、爆発する危険性がある。	塩素酸ナトリウム、過塩素酸カリウム、硝酸カリウム
第二類	可燃性固体	火炎によって着火しやすい固体、又は比較的低温で着火しやすい可燃性の固体である。	硫化りん、硫黄、赤りん、鉄粉、マグネシウム、固形アルコール、ラッカーパテ
第三類	自然発火性物質及び禁水性物質	空気にさらされることにより自然に発火し、又は水と接触して発火し若しくは可燃性ガスを発生する固体や液体である。	ナトリウム、カリウム、アルキルアルミニウム、黄りん
第四類	引火性液体	引火性を有する液体であって、発生する蒸気は、空気との混合物をつくり、火気等による引火又は爆発の危険を持つ。	ガソリン、灯油、軽油、重油、トルエン、エタノール
第五類	自己反応性物質	可燃性の固体又は液体であって、燃えやすい物質で加熱分解などにより、比較的低い温度で多量の熱を発生し、又は爆発的に反応が進行する。	ニトログリセリン、ニトロセルロース（硝花綿）、ヒドロキシルアミン
第六類	酸化性液体	そのもの自体は燃焼しない不燃性の液体であるが、混在する他の可燃物の燃焼を促進する。	発煙硫酸、硝酸、過酸化水素

3 製造所等の区分

消防法で指定された数量以上の危険物を貯蔵し、又は取り扱う施設として、市町村長等の許可を受けた施設で、以下のとおり、製造所、貯蔵所及び取扱所の3つに区分されている。

製造所等区分		内容
製造所		危険物を製造する施設（例：化学プラント、製油所）
貯蔵所	屋内貯蔵所	危険物を建築物内で貯蔵
	屋外タンク貯蔵所	屋外にあるタンクで危険物を貯蔵（例：石油タンク）
	屋内タンク貯蔵所	屋内にあるタンクで危険物を貯蔵
	地下タンク貯蔵所	地盤面下にあるタンクで危険物を貯蔵
	簡易タンク貯蔵所	600L以下の小規模なタンクで危険物を貯蔵
	移動タンク貯蔵所	車両に固定されたタンクで危険物を貯蔵（例：タンクローリー）
	屋外貯蔵所	屋外の場所で一定の危険物を容器等で貯蔵
取扱所	給油取扱所	自動車等に給油する取扱所（例：ガソリンスタンド）
	販売取扱所	容器に入ったまま危険物を売る販売店（第一種販売取扱所：指定数量の倍数が15倍以下）・第二種販売取扱所：指定数量の倍数が15を超え40以下）
	移送取扱所	配管で危険物を移送する取扱所（例：パイプライン）
	一般取扱所	上記3つの取扱所以外の取扱所（例：ボイラー、吹き付け、焼入れ）

あ

アーク溶接

溶接棒と母材を電気的に接続して、その間に低電圧・大電流の放電を行い、アークを発生させ、その熱によって溶接棒と母材を溶かし、母材同士を接合させる溶接方法。溶接棒が先端部分から連続的に溶けて母材に溶着する。

溶接を行う際には高温の溶接部を空気から保護（シールド）する必要がある。このシールド方法の違いにより、次のように分類される。

1　被覆アーク溶接

被覆材（フラックス）を塗布した被覆アーク溶接棒と母材の間にアークを発生させ、溶接する方法で、一般的に用いられている。

2　ガスシールドアーク溶接

（1）消耗電極式

周囲の空気から溶接部を保護するために、シールドガスを供給しつつ、溶接棒を兼ねる消耗電極ワイヤーを一定速度で送り、ワイヤーと母材との間でアークを発生させて溶接する方法。シールドガスにアルゴン等の不活性ガスを用いるタイプを MIG（ミグ）溶接、不活性ガスと二酸化炭素を混合して用いるタイプを MAG（マグ）溶接という。

（2）非消耗電極式

アルゴン等の不活性ガス雰囲気中で、タングステン電極と母材との間にアークを発生させて溶接する方法。TIG（ティグ）溶接という。

〈法令〉

危規則　第20条の5、第28条の8

危告示　第19条

〈施設〉

屋外タンク貯蔵所、移送取扱所

RDF（ごみ固形燃料）

RDF とは Refuse Derived Fuel の頭文字であり、生ごみや廃棄物から作られる固形燃料のことで、消防関係法令では、RDF については、危政令別表第4において、指定可燃物のうち再生資源燃料「資源の有効な利用の促進に関する法律（平成3年法律第48号）第2条第4項に規定する再生資源を原材料とする燃料」で、1,000kg以上のものと定義している。

そして指定可燃物である再生資源燃料の貯蔵及び取扱いの技術上の基準、並びに貯蔵し、又は取り扱う場所の位置、構造及び設備の技術上の基準は、市町村の火災予防条例で定められることとなっている。

〈法令〉

消防法　第9条の4

危政令　第1条の12、別表第4

アスファルトエナメル

危規則第13条の4に基づき危険物地下配管に塗覆装を行う場合、その塗覆装材の塗装剤。

ブローンアスファルトに珪藻土などの不活性無機質の微粉末を加えている。

〈法令〉

危告示　第3条

〈施設〉

製造所、屋外タンク貯蔵所、屋内タンク貯蔵所、地下タンク貯蔵所、移動タンク貯蔵所、給油取扱所、一般取扱所

アスファルトサンド

アスファルトと砂の混合物で、タンク底板の腐食を有効に防止するためにタンク底板の下の基礎部分に敷く防食材料。

屋外貯蔵タンクの底板外面は地盤面に接して設けられ、腐食が生じやすい環境であるにもかかわらず、随時補修を行うこともできない。そのためアスファルトサンド等の防食材料を底板下に敷設することで、タンクと基礎の密着性を向上させ、雨水等によるタンク底板外面の腐食防止を図ることとしている。あわせて土砂の流出及び浸透した水による基礎の脆弱化の防止等を目的として、犬走りを含めたタンク基礎表面上に厚さ数cmで敷設する。

敷設されたアスファルトサンドは、次のような性状を有することが必要である。

1　タンクの基礎及び地盤からのタンク底板面への水分の供給を遮断できること。
2　タンク自重、タンク内容物重量、その他の荷重を基礎へ的確に伝達し、これらの荷重によって生ずるタンク底部の変形に十分追随できること。

なお、加熱タンクはアスファルトサンドを軟化させるおそれがあるので、タンク底板外面の防食には適当でない。

〈法令〉

危規則　第21条の2

〈施設〉

屋外タンク貯蔵所

圧縮アセチレンガス

消防法第9条の3に規定する「消防活動阻害物質」と通称される物質のひとつであり、40kg以上を貯蔵し取扱う場合には消防長等へ届出が必要である。

一般に溶解アセチレンといわれるもので、ボンベに珪藻土等の多孔質の固体を充填し、さらに溶媒としてのアセトンを満たし、これにアセチレンを圧縮溶解したもの。

高圧ガス保安法第2条第2号では、常用の温度で圧力が0.2Mpa以上になるもので、現に0.2Mpa以上のもの又は15℃で0.2Mpa以上となるものと定義されており、いずれかの条件が成立したときに高圧ガスとされる。

圧縮アセチレンガスは、容器に充填されている状態で貯蔵し、又は取り扱われるものであるから、その質量が40kg以上であるかどうかの判定は、貯蔵又は取扱いに係る容器の最大収容質量による。アセチレンガスを充填する容器には風袋質量がキログラム単位で刻印されているが、充填量そのものは販売に際して容器に表記される正味量によって判断する。

圧縮アセチレンガスは、圧力を加えると急激に炭素と水素に分解爆発し、爆発範囲の上限は100%になる。また空気又は酸素との混合ガスは2.5〜81%という非常に広い燃焼範囲を持つ。人体に対して毒性を有する。

消防法では、火災予防又は消火活動に

重大な支障を生ずるおそれのある物質の一つとして一定量以上の圧縮アセチレンガスを貯蔵し又は取扱う者は、あらかじめその旨を所轄消防長又は消防署長に届け出なければならない。

〈法令〉
　消防法　第9条の3
　危政令　第1条の10
　危規則　第1条の5

圧縮応力

　物体が、その物体を圧縮する方向に力（圧縮力）[P]を受けたとき、その物体内には圧縮に抵抗する力[P]が発生するが、発生する圧縮に抵抗する力をその物体の断面積[A]で割った値。

　圧縮応力をσとすると、

$$\sigma = P/A$$

であらわされる。

　特定屋外貯蔵タンク、準特定屋外タンク及び地下貯蔵タンクでは引張応力とともに主荷重によって生ずる応力として許容応力が定められている。（単位はN/㎟）

〈法令〉
　危告示　第4条の16の2、第4条の22の11、第4条の47、第78条
〈施設〉
　屋外タンク貯蔵所、地下タンク貯蔵所

圧縮機

　気体を吸い込み、圧縮して吐出する機械の総称。

　給油取扱所に圧縮天然ガススタンド及び圧縮水素スタンドを併設する場合、圧縮機の設置については、高圧ガス保安法の規定によるほか、自動運転停止装置及び逆止弁の設置、自動車等の衝突防止措置についての規定が適用される。

〈法令〉
　危規則　第27条の3、第27条の5
〈施設〉
　給油取扱所

圧縮力

　物体を押し潰そうとする方向の力をいい、屋外貯蔵タンクの浮き屋根においては液面揺動の影響により作用する荷重の一つに、円周方向圧縮力がある。

　この円周方向圧縮力は、浮き屋根式屋外貯蔵タンクにおいて、地震動又は風により液面揺動が発生した場合には、円周方向面外曲げモーメント及び水平面打ち曲げモーメントとともに、浮き屋根の各部材に圧縮、引張力又はせん断力を生じさせる。円周方向圧縮力による荷重により圧縮側の板では座屈による損傷が生じる可能性がある。

〈法令〉
　危告示　第4条の21の4
〈施設〉
　屋外タンク貯蔵所

圧密

　水で飽和した粘性土地盤やシルトの上に工作物を構築した場合に、その荷重により土中の水分が失われて体積が減少する現象。

〈法令〉
　危規則　第20条の2第2項、第20条の3

危告示　第4条の14

〈施設〉

屋外タンク貯蔵所

圧密度

　粘土質土壌に荷重を加えたときの圧密の進行度合いを表す指数で、圧密率ともいう。

　荷重によって昇圧した間隙水の異常高圧が、長時間経過後に間隙水が抜けきることによって、異常高圧がゼロとなった状態の圧密量を1.0または100％として、圧密が進行中の任意の時点における圧密量を小数、または百分比で表したもの。

　圧密の絶対量は荷重の大きさによって変化するが、圧密度は一つの荷重値に対応する圧密の進行状態を示す相対的な指数である。

　粘性土地盤における沈下量は危告示第4条の14のイの式で求めるが、実際は標準圧密試験を行って得られる圧密曲線を実際の地盤に当てはめることにより、沈下量を算定する。このように算定される計算沈下量の90％以上の沈下量を確認した後、すなわち、圧密度を90％以上確保した後でなければ、タンク本体を設置できないこととされている。タンク荷重を受ける地盤は、理論上永久に圧密が継続するが、90％以上の圧密度を確保すれば、沈下がほぼ安定することとなり、圧密の進行に伴って地盤の強度も増加するということとなる。

〈法令〉

　危政令　第11条第1項

　危規則　第20条の2第2項、第20条

の3

〈施設〉

屋外タンク貯蔵所

圧密度試験

　粘性土地盤を対象とし圧密荷重（タンク荷重を基本とする。）に対する圧密度90％以上を確認する試験である。

1　地盤に沈下板を埋設し、当該沈下板の沈下を測定する方法（沈下板測定法）

　　載荷盛土に先立ち圧密を促進させようとする改良対象地盤の表面及び底面に沈下板を設置し、載荷盛土後の表面の沈下量と底部の沈下量の差が計算沈下量の90％になっていることを確認する。

　　なお、圧密が90％に達していない場合で微少な沈下が長期間継続する場合においては、10日間継続して測定した沈下量の和の1日当たりの平均沈下量が、沈下の測定を開始した日から微少沈下測定期間の最終日までにおける総沈下量の0.3％以下となった時は、当該地盤における圧密度が90％になったものとみなす。

2　特殊な地盤及び地盤改良工法により、沈下板測定方法が困難な場合

　　地盤改良の設計等から地盤の沈下が完了したと想定した段階に、不攪乱試料を採取して圧密試験及び一軸圧縮試験等により、圧密荷重に対し所要の圧密降伏荷重及び強度を確認する。

〈法令〉

　危政令　第11条第1項

　危規則　第20条の2第2項、第20条

の3

〈施設〉

屋外タンク貯蔵所

圧力

二つの物体の接触面、または一つの物体の内部の任意の面において、この面に垂直に及ぼしあう力。

その大きさは単位面積に働く力で表し、単位は、Pa（パスカル、= N/㎡）、kPa（キロパスカル）、MPa（メガパスカル）を用いる。

〈法令〉

危政令　第1条の7第4項他

危規則　第6条の2の9他

危告示　第4条の21の2第2項他

〈施設〉

製造所、屋外タンク貯蔵所、屋内タンク貯蔵所、地下タンク貯蔵所、簡易タンク貯蔵所、移動タンク貯蔵所、給油取扱所、移送取扱所、一般取扱所

圧力安全装置

移送取扱所の配管系に設置する、配管内の圧力が最大常用圧力を超えないように制御する圧力制御装置、及び、油撃作用等によって生ずる圧力が最大常用圧力の1.1倍を超えないように制御する油撃圧力安全装置の総称。

1　圧力制御装置

装置の下流側の配管内の圧力が常用圧力を超えないように制御するためのもの。

上流側の配管内の圧力を制御することはできないので、上流側、すなわち、ポンプ出口と圧力制御装置との間の配管その他の設備については、いずれもポンプの出しうる最高圧力を考慮した安全なものとすることが必要である。

2　油撃圧力安全装置

圧力逃し装置等であり、油撃作用によって生ずる圧力が最大常用圧力の1.1倍を超えないように圧力変動を十分に吸収できるものとしなければならない。

〈法令〉

危規則　第28条の30、第28条の31

〈施設〉

移送取扱所

圧力タンク

圧力を加えることにより一定の圧力を維持させることを目的としているタンク。

圧力タンクと圧力タンク以外のタンクとを区分する圧力は、屋外貯蔵タンクその他の一般のタンクでは最大常用圧力が水柱500mm、移動貯蔵タンクでは最大常用圧力が70/1.5kPa ≒ 46.7kPa以上である。

圧力タンクは完成検査前検査として水圧検査が課される。

また圧力タンクは、所定の圧力を保持するとともに、圧力の上昇又は低下が生じた場合にこれらを調節することができる安全装置を設ける必要がある。タンク内の異常圧力の放出設備として圧力タンクにおいては安全装置の設置が義務付けられている。

〈法令〉

危政令　第11条第1項、第12条第1項、第13条第1項、第15条第

1項

危規則　第20条第1項、第2項、第4項、第20条の5の2、第24条の2の4、第40条の3の2、第40条の3の3

昭和52年3月30日消防危第56号次長通達

昭和48年3月12日消防予第45号課長通達（改正　平成13年4月11日消防危第51号）

〈施設〉

製造所、屋外タンク貯蔵所、屋内タンク貯蔵所、地下タンク貯蔵所、簡易タンク貯蔵所、移動タンク貯蔵所、給油取扱所、一般取扱所

圧力配管用炭素鋼鋼管

JIS G 3454に定められた規格記号STPGの炭素鋼鋼管。

10MPa以下の水・空気・蒸気・油・ガス等の流体の輸送用の配管で、350℃以下で使用する。

〈法令〉

危規則　第20条の5

危告示　第5条

〈施設〉

屋外タンク貯蔵所、移送取扱所

圧力容器試験

危険物第五類自己反応性物質の加熱分解の激しさを判断するため、破裂板及びオリフィス板を取り付けた圧力容器の中の試験物品を加熱し、破裂板が破裂するか否かを観察する試験。

破裂板が破裂する場合に加熱分解の激しさに係る性状を示すこととなる。

〈法令〉

危政令　第1条の7第4項〜第6項、別表第3

試験性状省令　第5条

アニュラ板

屋外貯蔵タンクの側板直下にある円環状の底板の部分。

危規則第20条の4第2項では、側板最下段の、板厚が15mmを超える場合にはアニュラ板を設けることとなっている。

運転時、強風時、地震時に側板に負荷される荷重、慣性力等はアニュラ板を介してタンク基礎に支持される。

地震時のアニュラ板の板厚及び強度は、危告示第79条により、保有水平耐力が必要保有水平耐力以上であることを確認する必要がある。

アニュラ板の使用材料は、危規則第20条の5に、溶接構造用圧延鋼材SM400C又はSM490Cと規定されている。板厚及び寸法は、危告示第4条の17に規定されており、次表に示す。

アニュラ板の板厚と寸法

側板最下段の厚さ（mm）	アニュラ板の寸法（mm）		
	側板外面からの張出し寸法（L1）	側板内面からタンク中心部に向かっての張出しの長さ（L）	最小厚さ
15を超え20以下のもの	75	1,000	12
20を超え25以下のもの	100	1,500	15
25を超え30以下のもの	100	1,500	18
30を超えるもの	100	1,500	21

側板とアニュラ板の継手は、危規則第20条の4第3項第2号で部分溶込みグループ溶接、アニュラ板相互の継手は、同第3号に裏当て材を用いた突合せ溶接とされている。アニュラ板と底板の継手は、同第3号で裏当て材を用いた突合せ溶接、また、底板が9mm以下の場合はすみ肉溶接とすることができる。

〈法令〉

　危規則　第20条の4第2項第3項、
　　　　　第20条の8第1項

〈施設〉

　屋外タンク貯蔵所

油分離装置

　水に溶けない第四類の危険物を取り扱う危険物施設において、床面に漏れてためますに流入した危険物を安全な場所に導き、油と水がほとんど相互に溶解しないこと及び比重差があることの性質を利用して油水の流れる過程において油と水とを分離して水のみを排出処理するための装置。漏えい危険物が直接排水口に流入して施設外に流出拡大することを防止するとともに、これによる二次的災害の発生を防止するために設けるもの。

　油分離装置は原則3槽以上とするが事業所内に大規模なオイルセパレーターを設置している場合は、簡易なものでよい。

　一般に分離能力は流速によって決められるが、せき板の数が多いほど効果がある。

　油分離装置の構造の例は次のとおりである。

〈法令〉

　危政令　第9条第1項、第11条第1項

〈施設〉

　製造所、屋外タンク貯蔵所、一般取扱所

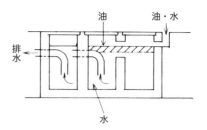

網入ガラス

　線径0.4mm以上のJIS G 0203に規定される金属製の網が、ガラス内部に挿入されている板ガラス。

　四角形網目の金属製の網の辺が製品の辺と平行にガラス内部に挿入されている角網入板ガラスと四角形網目の金属製の網の対角線が、製品の辺と平行にガラス内部に挿入されている菱網入板ガラスがある。

　主たる機能に防火性があり、網入板ガラスの防火性は、ガラス板面内又はガラス板と枠との間に防火上有害な隙間などができないよう、加熱試験を行ったとき、加熱開始から60分間の時間経過中に、

1　非加熱面側へ10秒を超えて継続する火炎の噴出がない。

2　非加熱面で10秒を超えて継続する発炎がない。

3　火炎が通る亀裂等の損傷及び隙間を生じない。

の事項を満足しなければならない。

　また防火上の機能に加えて爆発時のガラスの飛散防止の観点から用いられている。

〈法令〉

危政令　第9条第1項、第10条第1
　　　　項、第11条第1項、第12条第
　　　　1項、第17条第2項、第18条
　　　　第1項

危規則　第13条の6第3項、第16条
　　　　の2の4第2項、第22条の2
　　　　の3第2項、第28条の60第2項

〈施設〉

製造所、屋内貯蔵所、屋外タンク貯蔵
所、屋内タンク貯蔵所、給油取扱所、
販売取扱所、一般取扱所

網ふるい

JIS Z 8801-1（2019）「試験用ふるい―
第1部：金属製網ふるい」に規定する網
ふるい。

危規則第1条の3では、第二類可燃性
固体において、鉄粉は目開きが$53\mu m$、
金属粉は目開きが$150\mu m$、マグネシウム
は目開きが2㎜の網ふるいを通過するも
のが50％未満であれば、危険物から除
かれると規定されている。

〈法令〉

危規則　第1条の3第1項～第3項

試験性状省令　第1条第1項、別表第
　　　　1～第4、第7、第14

アルカリ金属

周期律表の第1族の金属である。

消防法では危険物第三類である自然発
火性物質及び禁水性物質の品名に掲げら
れる物品のひとつ。

リチウム、ルビジウム、セシウム及び
フランシウムの他、消防法別表第一で危
険物第三類である自然発火性物質及び禁
水性物質として品名に掲げられているカ
リウム及びナトリウムもアルカリ金属に
該当する。

密度が小さくて軟らかく、融点は低い。
銀白色ではあるが空気中ではただちに酸
化される。反応性に富み、常温でも水と
激しく反応して水素を発生し、塩基性の
強い水酸化物になる。

アルカリ金属のうち広く使用されてい
るものは、リチウム、ナトリウム及びカ
リウムである。

リチウムは、比重は0.5と固体単体中
で最も軽く、融点は180.5℃である。固
形の場合は、乾燥した空気中では室温で
酸化されにくい、融点以上に加熱すると
発火し、粉末状では常温でも発火し、深
赤色の炎を出して燃える。水と激しく反
応し、水素を発生する。ハロゲンと反応
してハロゲン化物を生成する。発火した
場合の消火方法は乾燥砂を用いた窒息消
火とし、注水は厳禁である。保管は、水
分との接触は避け、乾燥した場所又は密
閉された容器中で保管する。

ナトリウム及びカリウムは別掲する。

〈法令〉

消防法　別表第1

アルコール類

炭化水素化合物の水素（H）をヒドロ
キシ基（ヒドロキシル基）（OH）で置換
したもので、1価アルコールのみではな
く多価アルコールも含む。

消防法では、1分子を構成する炭素の
原子の数が1個から3個までの飽和1価

アルコール類	化 学 式	引火点(℃)	着火温度(℃)	燃焼範囲(%) 下限	燃焼範囲(%) 上限	比重(水=1)	蒸気密度空気=1	沸点(℃)	融点(℃)	水溶性	消 火 剤
メチルアルコール	CH_3OH	11	464	7.3	36	0.792	1.11	65	−94	溶	アルコール泡、CO_2、粉末
エチルアルコール	C_2H_5OH	13	423	4.3	19	0.79	1.59	79	−114	溶	噴霧、アルコール泡、CO_2、粉末
プロピルアルコール(正)	$CH_3CH_2CH_2OH$	15	371	2.1	13.5	0.804	2.07	97	−127	溶	CO_2、粉末、アルコール泡
プロピルアルコール(イソ)	$(CH_3)_2CHOH$	12	399	2.0	12	0.798	2.07	83		溶	CO_2、粉末、アルコール泡
ブチルアルコール(正)	$CH_3(CH_2)_2CH_2OH$	29	343	1.4	11.2	0.806	2.55	117	−80	溶	噴霧、アルコール泡、CO_2、粉末
ブチルアルコール(イソ)	$(CH_3)_2CHCH_2OH$	28	427	1.68		0.805	2.55	108	−108	溶	噴霧、アルコール泡、CO_2、粉末
ブチルアルコール(第2)	$CH_3CH_2CHOHCH_3$	24	414			0.808~0.812	2.55	100	−89	溶	噴霧、アルコール泡、CO_2、粉末
アミルアルコール(正)	$CH_3(CH_2)_3CH_2OH$	38	371	1.2		0.817	3.04	138		難	CO_2、粉末、泡
アミルアルコール(第1イソ)	$(CH_3)_2CHCH_2CH_2OH$	43	343	1.2		0.813	3.04	132		難	CO_2、粉末、泡
アミルアルコール(第2正)	$CH_3CH_2CH_2CH(OH)CH_3$	34	343			0.810	3.04	119		難	CO_2、粉末、泡
アミルアルコール(第2イソ)	$(CH_3)_2CHCH(OH)CH_3$	40				0.819	3.04	113		難	CO_2、粉末、泡
アミルアルコール(第3)	$(CH_3)_3CCH_2OH$	19	437			0.81	3.03	102		難	CO_2、粉末、泡
フーゼル油		42				0.814	3.05	130		難	CO_2、粉末

注）炭素数が増加すると、蒸気比重は大きくなり、引火点、沸点は高くなり、水に難溶となる。分子量の大きいものでは多くの異性体がある。

アルコール（変性アルコールを含む。）を対象としており、メタノール（メチルアルコール）（炭素の原子数が1）、エタノール（エチルアルコール）（炭素の原子数が2）、プロパノール（プロピルアルコール）（炭素の原子数が3）が該当し、指定数量は400ℓである。

ただし、消防法のアルコール類に該当することとなる各アルコールは水に溶解するが、

1　炭素の原子数が1個から3個までの飽和1価アルコールの含有量が60％未満の水溶液

2　可燃性液体量が60％未満で、引火点がエタノールの60％水溶液の引火点を超えるもの（燃焼点（タグ開放式引火点測定器による燃焼点をいう。）がエタノールの60％水溶液の燃焼点以下のものを除く。）

はアルコール類から除かれる。

参考：ヒドロキシ基（ヒドロキシル基）を1つ持つものを1価アルコール、2つ持つものを2価アルコール、3つ持つものを3価アルコールという。

参考：変性アルコールは、エタノールに変性剤を加えて飲用不可にした消毒用・工業用アルコールである。

13

参考：主なアルコールについて、物性等
　　　を前表に示す。

〈法令〉

消防法　別表第1

危政令　第2条、第16条第4項、別
　　　　表第3

危規則　第24条の13、第39条の2
　　　　第3項、第47条の2第2項

泡消火設備

　水と泡消火薬剤を規定の割合で混合
し、放出口等から空気とともに放出して、
形成される空気泡で引火性液体の表面を
覆うことにより、窒息作用、冷却作用等
により消火を行うもの。

　水源、加圧送水装置、泡消火薬剤混合
装置、泡消火薬剤貯槽、動力源、予備動
力源、配管、泡放出口、泡消火栓、泡モ
ニターノズル、泡ヘッド、配管等によっ
て構成される。

〈法令〉

危政令　第20条、別表第5

危規則　第32条の6、第33条第2項、
　　　　第62条の5の5

危告示　第72条

〈施設〉

製造所、屋内貯蔵所、屋外タンク貯蔵
所、屋内タンク貯蔵所、簡易タンク貯
蔵所、屋外貯蔵所、給油取扱所、移送
取扱所、一般取扱所

泡消火薬剤

　基材に泡安定剤その他の薬剤を添加し
たもので、水（海水を含む。）と一定の
濃度に混合し、空気を機械的に混入し、
泡を発生させ、消火に使用する薬剤であ
り、使用するときに、水や海水で一定の
濃度に希釈して、泡水溶液とし、ポンプ
などにより加圧された状態で配管等を経
由して発泡ノズル等の発泡機器や装置に
送られ、機械的に空気を泡水溶液に混入
し、発泡機器の中で混合攪拌して泡を形
成させる。

1　泡消火薬剤の消火原理

　　液体可燃物火災に対しては、燃焼し
ている表面を泡によって被覆封鎖し、
液体可燃物表面から発生する可燃性ガ
スと酸素との混合を阻止する「窒息効
果」により消火する泡と泡から排液し
た泡水溶液中の水による液体可燃物の
温度上昇を阻止する「冷却効果」によ
る消火に加え、消火後の再着火、再燃
焼を防止する泡による表面封鎖保持に
「冷却効果」が有効である。

2　泡消火薬剤の分類

(1)　たん白泡消火薬剤

　　牛などの動物の蹄や角などのたん
白質原料を粉砕細粒化し、アルカリ
で加水分解した後に中和調整した、
加水分解たん白質溶液を主成分とし
たものを基材とする。

　　泡の安定性と耐熱性を強化するた
めに第一鉄塩類等、低温における流
動性確保のために凝固点降下剤であ
るグリコール類が添加されているほ
か、防腐剤、防錆剤等が加えられる。

　　たん白泡消火薬剤は、泡を形成す
る際に、主成分であるたん白質が空
気との接触により酸化し、安定した
泡膜を作り出す。また、同時にたん

白質分子が空気中の酸素により酸化された鉄イオンと結合し、泡膜を固化し、より強固な泡膜を作り出す。泡が強靭であるため、泡の持続安定性、耐火、耐熱性に優れ、消火後の再着火を防止する可燃物表面被覆に優れている。

一方、液体可燃物表面上における流動展開性は劣る。また、泡膜は可燃物蒸気を取り込みやすい特性があり、泡を直接可燃物表面上に放出した場合、泡の油汚染が増し、泡の破壊に伴う消火性能低下や可燃物表面被覆性能の低下を生じる。

主に、石油貯蔵タンク等の固定泡消火設備に使用される。

(2) フッ素たん白泡消火薬剤（フッ化たん白泡消火薬剤）

たん白泡消火薬剤にフッ素系界面活性剤が添加されることにより、泡の液体可燃物表面上における流動展開性が改善し、泡膜の可燃物蒸気取り込みも少なくなり、泡の油汚染による破壊が軽減化されたもの。

たん白泡消火薬剤に比べ、消火能力のほか、耐油・耐熱・耐火性の強化による油面被覆性能が改善されている。

石油貯蔵タンク等の固定式泡消火設備に使用されるが、油汚染が少ない特性から底部泡注入方式にも使用される。

(3) 水成膜泡消火薬剤

炭化水素系界面活性剤が泡を生成する主たる基材成分で、フッ素系界面活性剤を添加することにより、合成界面活性剤泡消火薬剤が生成する泡よりも液体可燃物表面上における流動展開性が改善し、さらに泡膜の耐油・耐火性の強化により、迅速な消火が可能な泡消火薬剤。

水成膜泡（Aqueous Film Forming Foam）は、泡から排液した泡水溶液が水性のフィルム状薄膜を液体可燃物表面上に形成し、その可燃物の蒸気の逃散を抑制する能力がある。

(4) 合成界面活性剤泡消火薬剤

炭化水素系界面活性剤を基材とし、泡安定剤であるグリコールエーテル類や高級アルコール、不凍剤であるグリコール類、防錆剤等が添加されている。

起泡性（泡立ち）に富み、いろいろな発泡装置により、膨張率（発泡倍率）10倍前後の低発泡から500倍〜1,000倍の高発泡と幅広い泡性状の泡を作り出すことができる。

少量の泡消火薬剤で多量の軽い泡を形成できる特性を生かして、主として、高発泡消火用に使用され、1,000倍近い泡を一挙に大量に放出できるので、倉庫などの大空間を泡で満たしてしまうという消火方法に使われる。しかし泡の耐火、耐熱、耐油性が乏しいことから、石油貯蔵タンク火災の消火には適さない。

(5) 大容量泡放水砲用泡消火薬剤

石油コンビナート等災害防止法施行令（昭和51年政令第129号）第14条第5項に規定する泡消火薬剤

15

〈法令〉

　危規則　第 32 条の 6、第 62 条の 6

　危告示　第 72 条

安全制御装置

　移送取扱所の配管系に設けなければならない制御機能を有する装置。

1　圧力安全装置

（1）　圧力制御装置

（2）　油撃圧力安全装置

2　自動的に危険物の「漏えい」を検知することができる装置

（1）　漏えい検知装置

（2）　ラインパックテスト装置

（3）　漏えい検知口

3　緊急遮断弁

4　感震装置その他の保安のための設備等の制御回路が正常であることが確認されなければポンプが作動しない制御機能

5　保安上異常な事態が生じた場合に災害の発生を防止するため、ポンプ、緊急遮断弁等が自動又は手動により連動して速やかに停止又は閉鎖する制御機能

〈法令〉

　危規則　第 28 条の 30、第 40 条の 4、
　　　　　別表第 1 の 2

　危告示　第 57 条第 1 項

〈施設〉

　移送取扱所

安全装置

　危険物を加圧する設備又は取り扱う危険物の反応等により圧力が上昇する恐れのある設備は、圧力の制御を誤れば、危険物の噴出、設備の破損等が発生するので、異常な圧力の上昇が生じた場合にこれを有効に減圧するために設ける装置。

　安全装置には次の装置があり、設置対象設備の種別に応じて適切なものを選択する。

1　自動的に圧力の上昇を停止させる装置

2　減圧弁で、その減圧側に安全弁を取り付けたもの

3　警報装置で、安全弁を併用したもの

4　破壊板

　なお、破壊板は、危険物の性質により安全弁の作動が困難である加圧設備に限って用いることができる。

　移動タンク貯蔵所に設ける安全装置は、

　常用圧力が 20kPa 以下のタンクでは 20kPa を超え 24kPa 以下の範囲の圧力、

　常用圧力が 20kPa を超えるタンクでは常用圧力の 1.1 倍以下の圧力、

　で作動する必要がある。

　移動タンク貯蔵所に設ける安全装置は、タンク内部の圧力が有効に吹き出るために必要な通気の面積である有効吹き出し面積を有しなければならず、

　容量が 2,000 ℓ 以下のタンク室に設ける安全装置では、15cm²以上、

　容量が 2,000 ℓ を超えるタンク室に設ける安全装置では、25cm²以上

　が必要である。

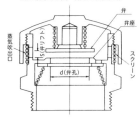

安全装置の例（移送取扱所）

〈法令〉

　危政令　第9条第1項、第11条第1
　　項、第12条第1項、第13条第
　　1項、第15条第1項、第17条
　　第2項、第26条第1項

　危規則　第19条第2項、第3項、第
　　24条の5第3項、第24条の8、
　　第25条の5第2項

〈施設〉

　製造所、屋外タンク貯蔵所、屋内タン
　ク貯蔵所、地下タンク貯蔵所、移動タ
　ンク貯蔵所、給油取扱所、一般取扱所

安全弁

　ガス、蒸気、液体などの流体を取り扱
う機器や配管などに取り付ける、流体が
設定の圧力を超えるのを防止するための弁。

　機器や配管等の圧力が設定値以上にな
ると自動的に弁が開いて流体を逃がして
圧力を下げ、設定値以下の圧力になった
場合に、自動的に弁を閉鎖する機能を持つ。

〈法令〉

　危規則　第19条第1項

〈施設〉

　製造所、屋外タンク貯蔵所、屋内タン
　ク貯蔵所、地下タンク貯蔵所、給油取
　扱所、一般取扱所

アンダーカット

　溶接の際、溶接の止端に沿って母材が
掘られて、溶着金属（溶加材から溶接部
（溶接金属及び熱影響部を含んだ部分）
に移行した金属）が満たされないで溝と
なって残っている部分のことで、アーク
溶接の溶接欠陥である。

　アンダーカットの発生は、溶接電流、
溶接速度、溶接棒ねらい位置、角度、アー
ク長の保持等が関係する。

　アンダーカットが生ずると疲労強度等
に影響するので、疲労強度等が問題とな
る溶接箇所は、溶接部を入念に仕上げる
必要がある。

　屋外貯蔵タンクの側板と底板の溶接部
又は移送取扱所の配管の溶接部等は、アン
ダーカットに注意しなければならない。

〈法令〉

　危規則　第20条の7第2項、第20条
　　の8第2項

　危告示　第41条第1項、第2項

〈施設〉

　屋外タンク貯蔵所、移送取扱所

イエローカード

　危険物運搬車両（毒物、高圧ガス、危
険物等の有害な物質を運搬する車両及び
これらを移送するタンクローリーをいう。）
に積載しておき、万一事故が発生した場
合の応急措置を記載した書面のこと。黄
色のカードで作成することとなっている
ので、「イエローカード」と呼ばれている。

　イエローカードの記載内容は、①品名、

②国連番号、③該当法規・危険有害性、④事故発生時の応急措置、⑤緊急通報、⑥緊急連絡、⑦災害拡大防止措置である。（危険物運搬車両の事故防止等対策の実施について（平成9年12月12日消防危第116号））

移送基地

一般には移送取扱所の起点、中継点及び終点が存する事業所の敷地で、法令上は、ポンプにより危険物を送り出し又は受け入れをする場所とされており、事業所の敷地以外にシーバース等船舶のポンプにより危険物を送り出し又は受け入れをする場所を含むものである。

移送基地には、構内に公衆がみだりに入らないようにさく、へい等を設けなければならない。また、移送基地には当該移送基地の構外への危険物の流出を防止するための措置を講じなければならない。

このほか、移送基地は他の移送取扱所の敷地と比べ厳しい保安上の基準が課されている。

〈法令〉
　危規則　第28条の16、第28条の27、
　　　　　第28条の51、第33条第2項、
　　　　　別表第1の2、別表第6
　危告示　第15条、第17条、第52条、
　　　　　第53条、第64条、第66条、
　　　　　第68条
〈施設〉
　移送取扱所

移送取扱所

1　配管及びポンプ並びにこれらに附属する設備によって危険物の移送の取扱いを行う取扱所。

ただし、次のものは該当しない。
(1)　危険物の送り出し施設から受け入れ施設までの間の配管が、施設の敷地及びこれとともに一団の土地を形成する事業所の用に供する敷地内にとどまるもの。（一般取扱所又は他の製造所等の附属設備として規制される。以下同様。）
(2)　危険物の送り出し施設から受け入れ施設までの間の配管が、1の道路を横断するもの。
(3)　危険物の送り出し施設から受け入れ施設までの間の配管が、関連のある事業又は類似する事業を行う第三者の敷地で、通過する配管の長さが概ね100m以下のもの。

2　危険物を運搬する船舶からの陸上への危険物の移送については、配管及びこれに附属する設備によって危険物の移送の取扱いを行う取扱所。ただし、危険物の送り出し施設又は受入れ施設が桟橋に設けられるもので、岸壁からの配管の長さが概ね30m以下のものは該当しない。（第一石油類を移送する配管の内径が300mm以上のものは、配管の長さに関わらず移送取扱所に該当することとなる。）

〈法令〉
　消防法　第12条の4
　危政令　第18条の2
　危規則　第28条2の9〜第28条の53

18

〈施設〉

　移送取扱所

移送取扱所の設置場所

　移送取扱所が設置できる場所。

　移送取扱所及び事業用施設は、次に掲げる場所に設置してはならないこととされている。

1　災害対策基本法上の都道府県防災計画等に基づく震災時のための避難空地

2　鉄道及び道路の隧道内

3　高速自動車国道等の車道等並びに狭あいな道路

4　河川区域及び水路敷

5　利水上の水源である湖沼、貯水池等

6　急傾斜地崩壊危険区域

7　地すべり防止区域及びぼた山崩壊防止区域

8　海岸保全施設及びその敷地

　これは、移送取扱所を設置することが、公共的、技術的にみて社会通念上不適当である場所を選定し原則的に当該場所に移送取扱所を設置することを禁止したものである。ただし、上記3～8の場所については、地形の状況その他特別の理由によりやむを得ない場合であって、かつ、保安上適切な措置を講ずる場合は、設置除外場所とはならない。

　また、移送取扱所の横断設置についても特例がある。

〈法令〉

　危規則　第28条の3第1項

〈施設〉

　移送取扱所

移送に係る書面

　アルキルアルミニウム等を移動タンク貯蔵所により移送する場合に、あらかじめ関係消防機関に送付しなければならない移送の経路等を記載した書面。移送計画書という。

　移送計画書には移送の経路その他必要な事項を記載しなければならず、それをあらかじめ経路を所轄する関係消防機関に送付しなければならない。

　また、移送に従事する危険物取扱者は、移送計画書の写しを携帯し、移送計画書に記載された内容に従わなければならない。ただし、災害その他やむを得ない理由がある場合には、当該記載された内容に従わないことができる。

　関係消防機関への移送計画書の送付は、次によること。

1　移送計画は、出発地の消防機関及び出発地の都道府県消防主管課に提出させること。

　この場合、出発地の都道府県消防主管課に対して提出する部数は、当該都道府県の分のほか、当該都道府県管下の移送の経路にあたる消防機関の数、移送の経路にあたる都道府県（以下「関係都道府県」という。）の数及び関係都道府県管下の移送の経路にあたる消防機関の数を合算した数に相当する部数とすること。

2　出発地の都道府県消防主管課が、1により移送計画書を受理した場合は、すみやかに、当該移送計画書を当該都道府県管下の移送の経路にあたる消防機関及び関係都道府県の消防主管課に

送付するとともに、移送する危険物の特殊性にかんがみ、その写しを当該都道府県の公安委員会に送付すること。

3　関係都道府県の消防主管課が2により移送計画書を受理した場合は、すみやかに、当該移送計画書を当該関係都道府県管下の移送の経路にあたる消防機関に送付するとともに、その写しを当該関係都道府県の公安委員会に送付すること。

〈法令〉

　危政令　第30条の2

　危規則　第47条の3、様式第18条

　昭和47年9月13日消防予第133号

〈施設〉

　移動タンク貯蔵所

位置、構造及び設備

　危険物施設における技術上の基準を定める要素の一つ。

　指定数量以上の危険物を貯蔵し、又は取り扱う施設（危険物施設）を規制する場合、当該施設における危険物の貯蔵、取扱いの方法のみを規制しても、当該施設の位置、構造及び設備そのものに欠陥がある場合は真の保安は確保されない。このため危険物施設の位置、構造及び設備の技術上の基準は、危政令でこれを定めることとされている（消防法第10条第4項）。

　具体的な危険物施設の技術上の基準においては、

　「位置」の基準は、保安距離と保有空地。

　「構造」の基準は、施設本体、建築物、タンク関係等。

　「設備」の基準は、採光・照明・換気の設備、温度測定装置、電気設備、静電気除去設備、配管、避雷設備、消火設備等。である。

　危険物施設の所有者等に対しては危険物施設の位置、構造及び設備の基準維持義務が課されており、これに違反したときは権原者に対し基準適合命令が発せられ、さらにこの命令に違反した場合当該危険物施設は使用停止を命じられることがある。

〈法令〉

　消防法　第9条の4、第10条第4項、第11条第2項、第12条第1項、第2項、第12条の2第1項

〈施設〉

　共通

一般取扱所

　取扱所（危険物の製造以外の目的で指定数量以上の危険物を取り扱うため市町村長等の許可を受けた場所）のうち、給油取扱所、販売取扱所及び移送取扱所に該当しない一切の取扱所。

1　形態

　最終的に危険物を製造する取扱い形態とはならないものの、危険物の混合、分離、加熱、加圧等の物理的操作や化合、分解、重合等の化学的操作を伴う工程が存在するものが多くあり、これらは危険物の取扱い操作の観点から製造所と同様であることから、基本的形態としては危政令第9条の製造所等の位置、構造及び設備の技術上の基準が準用される。

類型化された一般取扱所

	一般取扱所の区分	具体例	取扱う危険物	設置場所条件
1	吹付塗装作業等	塗装・印刷・塗布	第二類、特殊引火物を除く第四類で、指定数量の30倍未満。	建築物
2	洗浄作業	洗浄	引火点40℃以上の第四類で、指定数量の30倍未満。更に10倍未満にも特例。	建築物
3	焼入れ作業等	焼入れ、放電加工	引火点70℃以上の第四類で、指定数量の30倍未満。更に10倍未満にも特例。	建築物
4	ボイラー等で危険物を消費	ボイラー、バーナー等	引火点40℃以上の第四類で、指定数量の30倍未満。更に10倍未満にも特例。	建築物
5	充てん	ローリー充てん	アルキルアルミニウム等、アセトアルデヒド等、ヒドロキシルアミン等を除く。	－
6	詰め替え	容器詰替、車両に固定された容量4,000ℓ以下のタンクへの充てん	引火点40℃以上の第四類で、指定数量の30倍未満。	－
7	油圧装置等	油圧装置、潤滑油循環装置	高引火点危険物を100℃未満で、指定数量の50倍未満。更に30倍未満にも特例。	建築物、平家建ての特例、耐火構造の特例
8	切削装置等	切削装置、研削装置	高引火点危険物を100℃未満で、指定数量の30倍未満。更に10倍未満にも特例。	建築物
9	熱媒体油循環装置	熱媒体油循環装置	高引火点危険物で、指定数量の30倍未満。	建築物
10	蓄電池設備	蓄電池設備	第四類で、指定数量の30倍未満。更に10倍未満にも特例。	建築物

　しかし技術上の基準を準用する製造所における工程との類似性が少ないものや、製造所には見られない特別な設置条件の場所に設置されるものもあり、これらについては、上表「類型化された一般取扱所」のように、取扱い形態を類型的に分類し、その施設に応じた、位置、構造及び設備の技術上の基準の特例が定められている。

2　規制の範囲

　1棟又は連続した1工程のプラント単位に規制され、場所的に一体性を有すると認められる範囲及び保有空地に規制が及ぶ。

　ただし、類型化された一般取扱所のうち、吹付塗装作業等、洗浄作業、焼入れ作業等、ボイラー等で危険物を消費、油圧装置等、切削装置等、熱媒体油循環装置及び蓄電池設備の一般取扱所は、建物の一部に設置することができる。

3　その他

（1）　高引火点危険物を100℃未満で取扱う一般取扱所には基準の特例が定められている。

（2）　アルキルアルミニウム等、アセトアルデヒド等、ヒドロキシルアミン等を取扱う一般取扱所には基準の特例が定められている。

〈法令〉

　危政令　第3条、第19条

　危規則　第28条の54～第28条の66

〈施設〉

　一般取扱所

移動タンク貯蔵所

　車両に固定されたタンクにおいて危険物を貯蔵し、又は取扱う貯蔵所。単一の

車両にタンクが固定されたもの及び被けん引車（セミトレーラー）にタンクが固定されたものが該当し、フルトレーラーは該当しない。

1　区分

　　移動タンク貯蔵所は、次のように区分される。

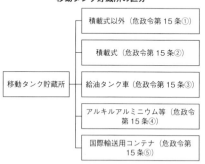

移動タンク貯蔵所の区分

　ここで、積載式以外とは、移動貯蔵タンクが車両等に固定されているものをいい、単一車形式及び被けん引車形式の2種類がある。

　積載式とは、移動貯蔵タンクを車両等に積み替えるための構造を有するものをいい、単一車形式及び被けん引車形式の2種類がある。

　給油タンク車とは、航空機給油取扱所において航空機の燃料タンクに直接給油するための設備を備えたものをいう。

　アルキルアルミニウム等とは、アルキルアルミニウム等、アセトアルデヒド等及びヒドロキシルアミン等を貯蔵し取扱うものをいい、基準を超えた特例が適用される。

　国際輸送用コンテナとは、国際海事機関が採択した危険物の運送に関する規程

に定める基準に該当するものをいう。

2　形式

　　移動タンク貯蔵所形式は、次のように分類される。

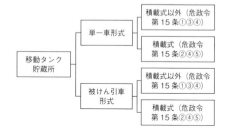

移動タンク貯蔵所の種類

3　常置場所

　　常置場所では、移動貯蔵タンクに危険物を貯蔵しない状態で駐車させることを前提としているので、保安距離、保有空地は必要ない。

(1)　屋外の場合

　　　常時火気を使用する箇所より十分な距離をとった防火上安全な場所に常置する。

(2)　屋内の場合

　　　耐火構造又は不燃材料で造った建築物の1階に常置する。

4　構造

(1)　移動貯蔵タンクは、厚さ3.2mm以上の鋼板又はこれと同等以上の機械的性質を有する材料で気密に造るとともに、圧力タンクにあっては最大常用圧力の1.5倍の圧力で、それ以外のタンクにあっては70kPaの圧力で、それぞれ10分間行う水圧試験において、漏れ、変形しないものである必要がある。

(2)　移動貯蔵タンクの容量は30,000ℓ

以下とし、4,000ℓ以下ごとに区切る間仕切板を設け、容量が2,000ℓ以上のタンク室には防波板を設ける。

(3) 移動貯蔵タンクには安全装置を設けるとともに、保護するため防護枠、側面枠を設ける。

(4) 移動貯蔵タンクの外面には、さびどめのための塗装をする。

5 設備

(1) 移動貯蔵タンクの下部に排出口を設ける場合は、排出口に底弁を設けるとともに、原則として非常時に備え、その底弁に手動閉鎖装置及び自動閉鎖装置を設ける。

(2) 移動貯蔵タンクの配管は、先端に弁等を設ける。

(3) 可燃性の蒸気が滞留するおそれのある場所に設ける電気設備は、可燃性の蒸気に引火しない構造とする。

(4) ガソリン、ベンゼン等静電気による災害が発生するおそれのある液体の危険物の移動貯蔵タンクには、接地導線を設ける。

(5) 液体の危険物の移動貯蔵タンクには、危険物を貯蔵し、又は取扱うタンクの注入口と結合できる結合金具を備えた注入ホースを設ける。

(6) 移動貯蔵タンクには、そのタンクが貯蔵し、又は取扱う危険物の類、品名及び最大数量を表示する設備を見やすい箇所に設けるとともに、標識を掲げる。

6 移動タンク貯蔵所に備えておく書類

(1) 完成検査済証

(2) 定期点検記録

(3) 譲渡又は引渡の届出書

(4) 品名、数量又は指定数量の倍数の変更の届出書

〈法令〉

消防法　第10条第1項他

危政令　第2条、第15条他

危規則　第7条の4他

〈施設〉

移動タンク貯蔵所

移動タンク貯蔵所の停車

走行中の移動タンク貯蔵所について、消防吏員又は警察官は、危険物の移送に伴う火災の防止のため特に必要があると認める場合には、当該移動タンク貯蔵所を停止させる停車命令権を有する。

移動タンク貯蔵所を停車させた場合には、消防吏員又は警察官は、当該移動タンク貯蔵所に乗車している危険物取扱者に危険物取扱者免状の提示を求める。そして、市町村長等は危険物施設としての立入検査を行うことができる。

立入検査の結果、違反が認められるときは、市町村長等は消防法に基づく命令を発することとなるが、移動タンク貯蔵所が移動する危険物施設であることから、

1 許可をした移動タンク貯蔵所に対してのみ行うことができる命令

(1) 位置、構造及び設備の基準適合命令（消防法第12条第2項）

(2) 使用停止命令（消防法第12条の2）

(3) 緊急使用停止命令（消防法第12条の3）

2 他の市町村長等が許可した移動タンク貯蔵所にも行うことができる命令

(1) 危険物の貯蔵又は取扱いに関する命令（消防法第11条の5）

(2) 危険物施設に対する応急措置命令（消防法第16条の3）

(3) 無許可施設等に対する措置命令（消防法第16条の6）

に区分される。

移動タンク貯蔵所を停止させる停車命令権は、消防吏員又は警察官は、互いに密接な連絡を取る限り、それぞれが行使できるが、走行中の移動タンク貯蔵所から危険物が漏れ出ている等明白に危険が逼迫している場合を除き、両者は協同してその職務を果たす必要がある。

消防吏員又は警察官の停止に従わず、又は危険物取扱者免状の提示要求を拒んだ者には罰則が適用される。

〈法令〉

消防法　第16条の5第2項、第44条

〈施設〉

移動タンク貯蔵所

犬走り

1　給油取扱所

可燃性蒸気の建物内への侵入を防ぐため、給油取扱所の事務所等の外周部を幅数10cm、高さ15cm以上給油空地より高くした部分。

〈法令〉

危規則　第25条の4第5項、第40条の3の6第2項

〈施設〉

給油取扱所

2　屋外タンク貯蔵所

屋外貯蔵タンクのタンク側板の周囲に1m程度以上の幅で設ける盛り土の概ね水平の部分。

設置目的は

(1) タンク荷重の作用点から法面を離すことによる、盛り土の滑りに対する安定性の確保。

(2) タンクが沈下した場合の盛り土の安定性の確保。

(3) タンク周囲の点検等に必要なスペースの確保。

である。

〈法令〉

危告示　第4条の10、第4条の22の9

〈施設〉

屋外タンク貯蔵所

引火性液体

危政令で定められた引火点測定器で引火点を測定する試験（引火点測定試験）において引火点を有する液体で、消防法別表第1第四類の項の品名欄に掲げる、特殊引火物、第一石油類、アルコール類、第二石油類、第三石油類、第四石油類、動植物油類の7種の物品。

引火性液体に共通する特性は次のとおりである。

1　いずれも引火性の液体であり、発生する蒸気は、空気との混合物をつくり、火気等による引火又は爆発の危険を持つ。

2　蒸気比重は1より大であり、空気より重い。

3　液比重は1より小であり、水より軽く、アルコール類等一部の物品を除き水に不溶なものが多い。

4　電気の不良導体であり、静電気が蓄

積されやすい。

5 発火点の低いものがある。特殊引火物である二硫化炭素の発火点は90℃である。

6 有毒な蒸気を発生する物品がある。（第一石油類ベンゼン等）

〈法令〉

消防法　別表第1

危政令　別表第4

危規則　第1条の4

引火性固体

第二類可燃性固体のうち固形アルコールその他1気圧において、引火点が40℃未満のもの。

常温で可燃性蒸気を発生し、引火危険を有する。

ゴムのり、ラッカーパテなども該当する。

指定数量は1,000kg。

〈法令〉

消防法　別表第1

危政令　第2条、第9条第1項、第10条第1項、第2項、第16条第4項、第25条第1項、別表第3、別表第5

危規則　第18条第1項、第24条の13、第33条第1項、第38条第1項、第38条の4、第39条、第44条第1項

危告示　第55条、第68条の2の2

引火点

液体において液体表面付近に燃焼下限界濃度に達する可燃性蒸気を発生させるようになる温度。

〈法令〉

消防法　別表第1

危政令　第1条の4他

危規則　第1条の3第4項、第5項他

危告示　第4条の40他

試験性状省令　第2条他

引火防止装置

危険物タンクの通気管の途中（通常は先端部）に取り付け、通気管内の炎の伝播を止める銅網等による装置。

網目の大きさは一般的には40メッシュを基本とするが、高引火点危険物のみを100℃未満で貯蔵し取り扱うタンクに設ける通気管では20メッシュ程度とする。

炎の伝播を止める原理は、金網による炎の冷却効果による。

〈法令〉

危規則　第20条第1項

〈施設〉

製造所、屋外タンク貯蔵所、一般取扱所

ウインドガーダー

屋外貯蔵タンクの円筒形側板は、極めて柔軟性に富み、内圧による円周方向応力に対しては強度上優れているが、薄鋼板の構造であるため風等の外面からの圧力には抗力が弱く、座屈等の変形が生じやすい。この風等による座屈防止のために側板円周方向に取り付けた強め輪。

側板は貯蔵危険物の液頭圧（告示第4条の21）及び地震時の慣性力（告示第

4条の22及び同第4条の23）から求められた板厚で、上段は小さく、下段は大きくなっており、上段側については風荷重に対する補強が必要な場合がある。

側板上部が屋根骨等により拘束されない浮き屋根タンクは固定屋根が無いため、側板上縁の剛性を風圧に対して耐えるように、最上部の外側に設けるものを上部ウインドガーダーと呼ぶ。また上部ウインドガーダー以外のもの及び固定屋根タンクの強め輪を中間ウインドガーダーという。ウインドガーダーの大きさ及び中間ウインドガーダーの設置間隔等は、危告示第4条の19第2項の規定により求めることができる。

また浮き屋根及び固定屋根式屋外貯蔵タンクにかかわらず側板最上部に取り付ける強め輪をトップアングルという。

〈法令〉
危告示　第4条の19第2項
〈施設〉
屋外タンク貯蔵所

浮き蓋

固定屋根タンクの附属設備で、危険物液面に浮いている蓋。

浮き蓋によって貯蔵内容物の蒸発損失を防止し、また、雨等の水分の混入や空気との接触を嫌う製品の貯蔵に使われる。

浮き蓋の形状は次のとおり区分される。

1　パンルーフ型

アウターリムとデッキ板からなる皿型のもの。浮き室がないため、デッキ板の損傷や傾斜による内容物の乗り上げが起きると沈没する。

2　バルクヘッド型

パン型にインナーリムとバルクヘッド（隔壁）を設けて内容物の乗り上げによる沈没に対する性能の向上を図ったもの。パン型と同様に浮き室がないため傾斜による内容物の乗り上げが起きると沈没の危険性がある。

3　ポンツーン形式シングルデッキ型（ポンツーン型）

ポンツーンとデッキ板から構成されており、ポンツーンの浮力により、一定の損傷が生じても沈まない。

4　ポンツーン形式ダブルデッキ型（ダブルデッキ型）

二枚のデッキ板の間を隔壁により区分して浮き室としたもので、浮き性能及び耐震性に優れている。

5　簡易フロート型

デッキシート（厚さ1mm以下）の下に浮き室を取り付けたもので、デッキシートと内溶液の間に空間を有する。浮き室はパイプ状のものと枕状のものとがある。

6　ハニカム型

ハニカム構造のアルミ合金製パネル（標準寸法1,500mm×3,000mm）をつなぎ合わせて製作されるもので、個々のパネルが独立した浮き室となっている。

なお法令では、一枚板構造の浮き蓋、二枚板構造の浮き蓋、ステンレス製の簡易フロート型の浮き蓋、ステンレス製以外の簡易フロート型の浮き蓋に区分され、それぞれ技術上の基準が定められている。

〈法令〉

　危政令　第11条第2項

　危規則　第20条の9、第22条の2、

　　　　第22条の2の2、第22条の4他

　危告示　第4条の23の2～第4条の

　　　　23の8

〈施設〉

　屋外タンク貯蔵所

浮き屋根

　屋外貯蔵タンクの貯蔵液体の液面に浮かび、液面の上下に従って上下に移動する浮体。

　屋根が貯蔵液体に密着しており、屋根と液面との間に気相部がないことから、可燃性蒸気の発生が抑制される。

　主に大型で原油やガソリンのような揮発損失を考慮する必要のある石油類の貯蔵に用いられる。しかし屋根水が浸入しやすいので品質保証が要求される場合は用いられない。

　浮き屋根の種類は以下のように分類できる。

1　一枚板構造の浮き屋根（シングルデッキタイプ）

　　浮き屋根が単層の形式。外周部に環状の密閉された浮箱（ポンツーン）を備えている。

2　二枚板構造の浮き屋根（ダブルデッキタイプ）

　　全体に屋根が二重になっている形式。浮力が大きく、剛性が高く、断熱性に優れている。

〈法令〉

　危政令　第11条第1項

　危規則　第20条の4、第20条の9、

　　　　第21条の5、第22条の3の2

　　　　第3項、第62条の2の2第2項

　石災令　第13条第1項

　石災施設省令　第17条の2

〈施設〉

　屋外タンク貯蔵所

雨水浸入防止措置

　屋外貯蔵タンク底部のアニュラ板等外側張出し部近傍から貯蔵タンク下へ雨水が浸入するのを防止するための措置。

　アニュラ板又は底板の外側張出し部上面から盛り土基礎等の犬走りにかけての部分を防水性等を有するゴム、合成樹脂等の材料で被覆する方法により行う。

〈法令〉

　危政令　第11条第1項

　危規則　第21条の2

　昭和54年12月25日消防危第169号通知

〈施設〉

　屋外タンク貯蔵所

雨水の浸入を防ぐ構造

　第四類の危険物貯蔵タンクに設ける無弁通気管において、通気管を通してタンク内に雨水の浸入を防ぐため先端が水平より下に45度以上曲げた構造。

〈法令〉

　危規則　第20条第1項

〈施設〉

　製造所、屋外タンク貯蔵所、屋内タンク貯蔵所、地下タンク貯蔵所、簡易タンク貯蔵所、給油取扱所、一般取扱所

埋めもどし

1　移送取扱所において掘削溝に配管を
敷設した後に地下に埋設した状態にす
ること。

　(1)　掘削溝の底面

　　　配管等に損傷を与える恐れのある
岩石等を取り除き、砂若しくは砂質
土を20cm（列車荷重又は自動車荷
重を受ける恐れのない場合は10cm）
以上の厚さに敷きならし、又は砂袋
を10cm以上の厚さに敷きつめ、平
坦に仕上げること。

　(2)　砂若しくは砂質土を用いての締め
固め

　　①　道路の車道に埋設する場合は、
配管の底部から路盤の下までの間。

　　②　道路の車道以外に埋設する場合
は、配管の底部から配管の頂部の
上方30cm（列車荷重又は自動車
荷重を受ける恐れのない場合は
20cm）までの間。

2　移送取扱所において配管を海底に設
置する場合には、掘削した海底に配管
を敷設後に埋設すること。

〈法令〉

危規則　第28条の12、第28条の17
危告示　第27条、第35条

〈施設〉

移送取扱所

ウレタンフォーム

　イソシアン酸塩とアルコールからウレ
タンを生ずる反応を高分子の生成反応に
利用して作る発泡樹脂。

　ウレタンフォームは、軽く、熱性、電
気絶縁性、耐薬品性、耐水性、耐老化性
等がすぐれており、特に耐熱温度が常用
で80℃以下、低温には約－62℃まで耐
えることから、危険物施設においては屋
外貯蔵タンクの保温（断熱）材等に広く
利用された。なお、屋外貯蔵タンクの外
表面にウレタンフォームを保温施工する
場合は、難燃性のものに限り使用するこ
とができるものである。（難燃化の添加
剤としてハロゲン化物又はりん化物を添
加したものを除く。）

　屋外貯蔵タンクに保温材として使用さ
れた吹付けによるウレタンフォーム工法
は、自己接着の独立気泡により吸水が少
ない上、継目無く施工されるなど多くの
利点により、昭和年代には国内で広く使
われてきた。しかし昭和49年に起きた
石油タンク不等沈下事故の調査におい
て、使用されたウレタンフォーム下のタ
ンク下部側面に著しい腐食が認められ、
この原因がウレタンフォームと雨水の反
応で溶出する塩素イオンにあるとされ
た。その後、ロックウール保温材、けい
酸カルシウム保温材が多用されることと
なっている。

〈法令〉

昭和51年9月25日消防危第57号
改正平成17年8月19日消防危第175
号通知

〈施設〉

屋外タンク貯蔵所

運転要員

　危険物を移送する者は、移送の開始前
に移動貯蔵タンクの底弁、マンホール及

び注入口のふた、消火器等の点検を十分に行うとともに、長時間（連続運転時間が４時間を超える、又は１日当たりの運転時間が９時間を超える。）の恐れがある移送には、原則的に２名以上の運転要員を確保しなければならない。

〈法令〉

危政令　第30条の2

〈施設〉

移動タンク貯蔵所

運搬容器

危険物を運搬するための容器。運搬とは、ある位置から異なる位置へ動かすことをいう。なお、移動タンク貯蔵所によるものは、移送の概念でとらえ、運搬の概念ではとらえない。

以下に示す基準その他の安全基準が定められている。

1　材質

鋼板、アルミニウム板、ブリキ板、ガラス、金属板、紙、プラスチック、ファイバー板、ゴム類、合成繊維、麻、木又は陶磁器。

2　構造

堅固で容易に破損するおそれがなく、かつ、その口から収納された危険物が漏れるおそれがないこと。

3　最大容積

(1)　機械により荷役する構造の容器以外

①　固体の危険物を収納するもの、危規則別表第3による。

②　液体の危険物を収納するもの、危規則別表第3の2による。

(2)　機械により荷役する構造の容器

①　固体の危険物を収納するもの、危規則別表第3の3による。

②　液体の危険物を収納するもの、危規則別表第3の4による。

4　「運搬容器」外部への表示

(1)　危険物の品名、危険等級及び化学名（第四類の危険物のうち水溶性のものは「水溶性」）

(2)　危険物の数量

(3)　収納する危険物に応じた次の注意事項

類別等		品名	注意事項
第一類		アルカリ金属の過酸化物、この含有品	「火気、衝撃注意」「可燃物接触注意」「禁水」
		その他のもの	「火気、衝撃注意」「可燃物接触注意」
第二類		鉄粉、金属粉、マグネシウム、これらの含有品	「火気注意」「禁水」
		引火性固体	「火気厳禁」
		その他のもの	「火気注意」
第三類	自然発火性物品	全て	「空気接触厳禁」「火気厳禁」
	禁水性物品	全て	「禁水」
第四類		全て	「火気厳禁」
第五類		全て	「火気厳禁」「衝撃注意」
第六類		全て	「可燃物接触注意」

(4)　運搬容器を他の容器に収納し、又は包装して運搬する場合で、全各項の規定に適合する表示を行うときは、当該運搬容器にこれらの表示を行わないことができる。

〈法令〉

　危政令　第 28 条、第 29 条、第 30 条
　　　　　第 1 項

　危規則　第 39 条の 3、第 40 条の 5 の
　　　　　2、第 41 条、第 42 条、第 43 条、
　　　　　第 43 条の 2、第 43 条の 3、第
　　　　　44 条、第 45 条、第 46 条の 2、
　　　　　別表第 3、別表第 3 の 2、別表
　　　　　第 3 の 3、別表第 3 の 4 他

運搬容器の試験

　運搬容器が所定の基準に適合する性能
を有しているか否かを調べる試験。

1　機械により荷役する構造の容器以外
　　落下試験、気密試験、内圧試験、積
　　み重ね試験。
2　機械により荷役する構造の容器
　　落下試験、気密試験、内圧試験、積
　　み重ね試験、底部持ち上げ試験、頂部
　　つり上げ試験、裂け伝播試験、引き落
　　とし試験、引き起こし試験。

〈法令〉

　危告示　第 68 条の 5、第 68 条の 6 の 2

運搬容器の落下防止措置

　十分なロープがけや車両の荷台の側面
及び後面のあおり板の天端をはるかに越
えて積まないことによる積荷積載時にお
ける措置。

〈法令〉

　危政令　第 29 条

エアゾール

　容器に充された液化ガス又は圧縮ガス
の圧力により、その容器又は他の容器に
封入されているそのガス以外の目的物質
（香料、医薬、殺虫剤等）を噴霧状又は
練り歯磨き状等に排出する機構を有する
製品におけるその内容物。

〈法令〉

　危規則　第 39 条の 3 第 5 項、第 44 条
　　　　　第 4 項

映写室

　映画を上映するために映写機を操作す
る室。

　危険物規制の対象となる緩燃性でない
映画フィルムを上映する映画館等の映写
室は、常時映画を上映する建築物その他
の工作物に設けられたものに限られる。
常時映画を上映する映写室には、映画常
設館、映画の上映も行われる興行場、常
時映画の試写を行う試写室等の映写室が
該当する。

　緩燃性でない映画フィルムを上映する
映画館等の映写室の構造及び設備の技術
上の基準は、

1　映写室である旨を表示した標識及び
　　火気厳禁と掲示した掲示板を、出入口
　　等の見やすい箇所に設ける。
2　映写室に存在する緩燃性でない映画
　　フィルムの火災危険性にかんがみ、他
　　の室等と区画して、出火及び延焼の危
　　険に対して防火上の配慮から、壁、柱、
　　床及び天井を耐火構造とする。

3　間口（スクリーンに平行した映写室の幅）を、1mに映写機1台につき1mを加えた長さ以上、奥行き（映写方向に対する映写室の奥行き）を、3m以上、天井の高さ（映写室の床面からの高さ）を、2.1m以上とする。

　通常映画上映は2台の映写機で行うことから間口は3m以上が考慮される。

4　出入口は、火災等に対し映写室の区画を完全に行える外開きの自動閉鎖の特定防災設備を設けるとともに、人の出入り、映写機の搬入等に必要最小限の大きさである幅0.6m以上、高さ1.7m以上とする。

5　映写窓は、客席等他の室に対する開口部であるので、火災が発生した場合に火炎等による延焼拡大を防止するために直ちに閉鎖できる装置を有する防火板を設ける。

6　映写室には、光源による発熱及び熱等の蓄積、換気を考慮して、不燃材料で造った映写機排気筒及び室内換気筒を屋外に通じるように設ける。

7　映写室には映写するためのフィルムが場合によっては大量に存置されることから不燃材料で造った格納庫を設け、これに収納して整理しておく。

8　映写機には、光源となるカーボンアーク等を点火させるための受電した交流を直流に整流する整流器が必要であり、水銀整流器等が考えられるが、これらの機器は、火災発生の原因となるおそれがあるため映写室に設けることはできない。

9　第5種消火設備を2個以上設ける。

　これらの基準に違反して映写室において緩燃性でない映画フィルムを上映した場合は、罰則の適用がある。

　なお、危険物規制は、建築物その他の工作物に設けられた映写室に限定されていることから、船舶内に設けられた映写室は除外される。

〈法令〉

消防法　　第15条
危政令　　第39条
危規則　　第66条、第67条

液化石油ガススタンド

　液化石油ガスを内燃機関の燃料として用いる自動車等に当該液化石油ガスを充填するための設備を設けた給油取扱所。消防法上の危険物ではないが、爆発等災害を発生させる危険性を有する液化石油ガスを取り扱う給油取扱所であるため、危政令第17条第1項及び第2項に掲げる基準の特例として、危政令第17条第3項第4号に基づき、屋外給油取扱所の技術上の基準を危規則第27条の3、及び屋内給油取扱所の技術上の基準を危規則第27条の4に定めている。

　技術上の基準の概要は次のとおりである。

1　高圧ガス保安法の液化石油ガススタンド

　液化石油ガス保安規則第2条第1項第20号の液化石油ガススタンドをいい、受入設備、圧縮機、貯蔵設備、充填用ポンプ機器、ティスペンサー、ガス配管及び防火設備を主な設備として構成されている。

2　防火設備

液化石油ガス保安規則第6条第1項第31号に定める防消火設備のうち、火災の予防及び火災による類焼の防止のための設備で、当該液化石油ガススタンドの貯蔵設備に設けられ、当該液化石油ガススタンドの受入設備若しくはその近傍に設けられ、又は当該液化石油ガススタンドのディスペンサー若しくはその近傍に設けられる散水装置等及び防火用水供給設備。

3 位置、構造及び設備の技術上の基準
受入設備、圧縮機、貯蔵設備、充填用ポンプ機器、ディスペンサー、ガス配管は液化石油ガス保安規則第8条の規定によるほか、危規則第27条の3第6項各号に定める基準および「圧縮天然ガス等充填設備設置給油取扱所の技術上の基準に係る運用上の指針について」(平成10年3月11日消防危第22号改正平成29年1月26日消防危第31号)に適合することとされている。
また、消防法上の設置の許可に係る事項は次のとおりである。

1 液化石油ガスの充填設備設置給油取扱所を設置する場合は、消防法第11条第1項の許可のほかに高圧ガス保安法(第5条及び第14条)の許可を受ける必要がある。この場合、高圧ガス保安法の許可を受けた後に消防法の許可申請をする必要がある。なお、危規則第27条の3第6項第4号から第6号に掲げる設備が、当該設備に係る法令の規定(液化石油ガススタンドにあっては液化石油ガス保安規則第8条中の当該設備に係る規定。以下「高圧ガス保安法の規定」という。)に適合していることの確認は、高圧ガス保安法の許可を受けていることの確認をもって行う。

2 高圧ガス保安法に係る設備については、他の行政庁等により完成検査(高圧ガス保安法第20条)が行われることを踏まえ、高圧ガス保安法の規定に係る完成検査(消防法第11条第5項)においては、他の行政庁等による完成検査の結果の確認をもって行うことができる。
策定が必要となる予防規程の中に、液化石油ガスによる災害その他の非常の場合にとるべき措置に関する事項を定める。

〈法令〉
　危政令　第17条第3項
　危規則　第27条の2、第27条の3、第27条の4

〈施設〉
　給油取扱所

液状の危険物

「液体の危険物」と同義。
なお、液状の危険物を貯蔵し取り扱う建築物、貯蔵倉庫及び屋内貯蔵タンクのタンク専用室においては、危険物が流出した場合に備えて、床は、

1 危険物が浸透しないコンクリート造等の構造であること。
2 日常の作業性等に支障を及ぼさない程度の、流出した危険物が貯留設備の方向へ流れる程度の傾斜を設けること。
3 回収等の事後措置を容易にするため、流出した危険物を集油するための

ためます等の貯留設備を設けること。
という構造とする必要がある。

さらに屋外に設けられた液状の危険物
を取り扱う設備において液状の危険物が
流出した場合は、広範囲に拡大する危険
性が大きいので、これに備えて

1　液状の危険物を取り扱う設備の地盤
　面の周囲に高さ0.15m以上の囲いを
　設けること。
2　当該地盤面はコンクリート等の危険
　物が容易に浸透しない材料で舗装する
　こと。
3　日常の作業性等に支障を及ぼさない
　程度の、流出した危険物が貯留設備の
　方向へ流れる程度の傾斜を設けること。
4　回収等の事後措置を容易にするた
　め、流出した危険物を集油するための
　ためます等の貯留設備を設けること。
5　水に溶けない第四類の危険物を取り
　扱う設備では、ためます等の貯留設備
　に流入した危険物を安全な場所に導
　き、油と水との比重の差を利用して油
　と水を分離して処理する油分離装置を
　設け、流出した危険物が直接排水口に
　流入して施設外に拡大することを防ぐ
　こと。
という構造とする必要がある。

〈法令〉
　危政令　第9条第1項、第10条第1
　　　　　項、第12条第1項
　危規則　第28条の55第2項
〈施設〉
　製造所、屋内貯蔵所、屋内タンク貯蔵
　所、一般取扱所

液体

　1気圧において温度20℃で液状であ
るもの又は温度20℃を超え40℃以下の
間において液状となるもの。

　ここで液状とは、垂直にした試験管（内
径30mm、高さ120mmの平底円筒型のガラ
ス製のもの。）に物品を試験管の底から
の高さが55mmとなるまで入れ、試験管
を水平にした場合に、当該物品の移動面
の先端が試験管の底からの距離が85mm
の部分を通過するまでの時間が90秒以
内であることをいう。

〈法令〉
　消防法　別表第1備考第1号他
　危政令　第1条の5
　危規則　第1条の3他

液体加圧法

　地下貯蔵タンク、地下埋設配管及び移
動貯蔵タンクの定期点検における漏れの
点検の一方法。

1　地下貯蔵タンク
　　タンクに液体を封入し、20kPaで加
　圧し、15分静置後、圧力の降下が2％
　以下であること。なお、容量10kℓを
　超える場合は、当該容量を10kℓで除
　した値を15分間に乗じた時間加圧する。
2　地下埋設配管
　　配管に液体を封入し、20kPaで加圧
　し、15分静置後、圧力の降下が2％
　以下であること。なお、容量10kℓを
　超える場合は、当該容量を10kℓで除
　した値を15分間に乗じた時間加圧する。
3　移動貯蔵タンク
　(1)　アルキルアルミニウム等の移動貯

蔵タンク

　　タンク室に液体を封入し、1 MPa で加圧し、加圧終了後 10 分間、圧力の降下がないこと。

(2)　上記以外の移動貯蔵タンクのタンク室に液体を封入し、20kPa で加圧し、加圧終了後 10 分静置後、圧力の変化を測定し、危告示に定められた式より求めた圧力の変動率が 0.05 以下であること。

〈法令〉

　危告示　第 71 条第 1 項、第 71 条の 2 第 1 項、第 71 条の 3

〈施設〉

　地下タンク貯蔵所、移動タンク貯蔵所

液体危険物タンク

　液体危険物を貯蔵し、又は取り扱うタンク。

　屋外タンク貯蔵所のうち、500kℓ 以上の液体危険物タンクは、許可を行う市町村が、審査の一部を危険物保安技術協会に委託することができる。

〈法令〉

　危政令　第 8 条の 2 第 1 項〜第 5 項、第 8 条の 2 の 3 第 2 項、第 4 項、第 8 条の 4 第 2 項、第 3 項、第 5 項〜第 7 項、第 9 条

　危規則　第 3 条第 2 項、第 4 条第 3 項、第 6 条の 2、第 6 条の 2 の 2〜第 6 条の 2 の 6、第 62 条の 2 の 4〜第 62 条の 2 の 8

液体の危険物

　危険物のうち、1 気圧において、20℃で液状であるもの又は 20℃ を超え 40℃ 以下の間において液状となるもの。

　ただし、危険物第四類引火性液体では、第三石油類、第四石油類及び動植物油類は、1 気圧において、20℃ で液状であるものである。

　液体は、固体及び気体とともに物質の三態のひとつである。物質はそれを取り巻く条件である温度及び圧力が変われば、固体、液体、気体のいずれかの状態を呈し、これを物質の三態といい、三態の間の物理変化を状態変化という。物質をつくり上げている粒子は、分子間力や電気的な引力などによって互いに結合しようとする。一方、粒子は絶えず運動しており、これを粒子の熱運動というが、熱運動が弱い低温では、粒子は規則的に集まって結合し固体になる。固体が加熱され熱運動が活発になると、結合の一部が切れて少数の粒子からなる集団となって動きまわるようになり、この状態になったものが液体である。

　液体の危険物としては、第四類引火性液体及び第六類酸化性液体の全てと、第三類自然発火性物質及び禁水性物質並びに第五類自己反応性物質の一部が該当する。

〈法令〉

　危政令　第 8 条の 2 第 1 項他

　危規則　第 6 条の 5 他

　危告示　第 68 条の 3 の 2 他

液表面積

　タンク液面の水平面積。

　当該タンクの最大水平断面積であり、球形タンクや横置きタンク等水平面積が

液量により変動する場合には最大値を用いる。

消火設備の能力を定める際に用い、危険物貯蔵タンクでは40㎡以上のものは著しく消火困難な施設となり、固定式の泡消火設備が必要となる。

〈法令〉
危規則　第33条第1項3号、4号

〈施設〉
屋外タンク貯蔵所、屋内タンク貯蔵所

液面揺動（スロッシング）

地震波と屋外貯蔵タンク内の液体が共振して液面が大きく揺れる現象。

地震波には周期が数秒から十数秒のやや長周期の地震動があり、大型タンクでは液面揺動の1次の固有周期のほとんどがこの範囲に含まれるので、タンク内の液体の自由表面は共振して大きな波高である液面揺動を生じる。

「液面揺動」が発生すると、固定屋根タンクでは液体危険物の衝撃圧による側板上部や屋根の変形及び側板と屋根との接合部の破断が起こる可能性がある。浮き屋根タンクでは側板上部からの液体危険物の溢流、浮き屋根の変形及び破損とこれによる浮き屋根の沈下、また、回転止、液面計等の変形が発生する可能性がある。このため、液面上の空間容積の確保及び部材強度の確保によるタンク本体及び浮き屋根に作用する力に対する安全基準が定められている。

〈法令〉
危規則　第20条の4第2項、第22条の2

危告示　第2条の2、第4条の20第1項、第2項、第4条21の4、第4条の23の4

〈施設〉
屋外タンク貯蔵所

エコー高さ

超音波探傷試験方法で、探傷器の表示器に表示される試験体中の音響的不連続部分（きずや底面など）からのエコー信号の振幅。

〈法令〉
危告示　第41条

〈施設〉
移送取扱所

SDS（安全データシート）

化学製品を安全な取扱を確保するため、化学製品の危険有害性等に関する情報を記載した文書。日本国内においては、JIS Z 7253にSDSの記載項目が次のように規定されている。

①化学品及び会社情報、②危険有害性の要約、③組成及び成分情報、④応急措置、⑤火災時の措置、⑥漏出時の措置、⑦取扱い及び保管上の注意、⑧ばく露防止及び保護措置、⑨物理的及び化学的性質、⑩安全性及び反応性、⑪有害性物質、⑫環境影響情報、⑬廃棄上の注意、⑭輸送上の注意、⑮適用法令、⑯その他の情報

また、消防機関においても危険物施設の新設、変更等の許可申請において、貯蔵・取扱う物質において安全データシートを作成しているか確認し添付させている。

エポキシ樹脂

分子内に2つ以上のオキシラン環（エポキシ基）という反応基を持つ樹脂状物質。

種々の硬化剤を使用することにより、不溶不融性の硬化物となり、優秀な接着性、硬化時の体積収縮が少ないこと、強度と強靱性に優れていること、優れた電気特性、溶剤その他の薬品に対する耐性を有するなどの特長を有する。

地下貯蔵タンクの塗覆装材の一部である。

〈法令〉

危告示　第4条の48第1項、第3項

〈施設〉

地下タンク貯蔵所

円周方向引張応力

屋外貯蔵タンクの側板が、当該屋外貯蔵タンク及びその附属設備の自重、貯蔵する危険物の重量、当該屋外貯蔵タンクに係る内圧、温度変化の影響等の主荷重及び積雪荷重、地震の影響等の従荷重によって膨張することにより受ける、円周方向の引張応力。

〈法令〉

危規則　第20条の4の2第2項

平成6年9月1日自治省令第30号附則第7条第2項

〈施設〉

屋外タンク貯蔵所

延焼のおそれのある外壁

危険物を取り扱う建築物の外壁であって、隣接する建築物等で火災が発生した場合、隣接した建物に面し延焼する恐れがある外壁。

具体的には、当該製造所等の敷地境界線、道路の中心線又は同一敷地内に他の建築物がある場合には相互の外壁間の中心線から、1階にあっては3m、2階以上の階にあっては5m以内の距離にある外壁部分が該当する。

危険物を取り扱う建築物の延焼のおそれのある外壁は、隣接建築物の火災時の類焼を防止するため出入り口以外の開口部を有しない耐火構造の壁とする必要がある。ただし、防火上有効な公園、広場、川等の空地又は水面その他これらに類するものに面する外壁は除かれる。

〈法令〉

危政令　第9条第1項、第10条第1項第2項、第12条第1項

危規則　第13条の6第3項、第16条の2の4第2項、第16条の2の5第2項、第22条の2の3第3項、第28条の55第2項、第28条の60第2項

建基法　第2条第1項6号

〈施設〉

製造所、屋内貯蔵所、屋外タンク貯蔵所、屋内タンク貯蔵所、一般取扱所

延焼防止措置

上部に上階を有する屋内給油取扱所に施す上階への延焼を防止するための措置。

危規則第25条の10に具体的な措置が規定されており、建築物に係る概要は次のとおりである。

1　専用タンクの注入口等並びに固定給油設備等は、建築物内の出入口付近以外の場所で、屋内給油取扱所の上階へ

の延焼防止上安全な建築物の屋内給油
取扱所の用に供する部分に設ける。当
該部分の屋根は建築物の屋内給油取扱
所の用に供する部分のうち、給油又は
灯油の詰替えのための作業場の出入口
の幅以上で外壁と接続し、当該屋根に
は採光用の窓等の開口部がないもので
あること。

2　建築物の給油又は灯油若しくは軽油
の詰替えのための作業場の用途に供す
る部分の開口部には、当該開口部の上
部に上階の外壁からひさし等（水平距
離1.5m以上張り出した屋根又は30分
以上の耐火性能を有するひさし）を設
けること。ただし、当該開口部の上端
部から高さ7mの範囲内の上階の外
壁に開口部がない場合には、この基準
は適用されない。

　上階の外壁から水平距離1.5m以上
張り出したひさし等の設置が困難なも
のは、上階の外壁から水平距離1.0m
張り出たひさし等及び次のドレン
チャー設備を設けることで代替でき
る。なお、ひさし等の張り出し長さを
1.0m未満には危政令第23条を適用し
てもできない。

・ドレンチャー設備

　(1)　ドレンチャーヘッドは、ひさし
　　　等の先端部に当該先端部の長さ
　　　2.5m以下ごとに1個。

　(2)　水源は、その水量がドレン
　　　チャーヘッドの設置個数に1.3m³
　　　を乗じて得た量以上の量。

　(3)　全てのドレンチャーヘッドを同
　　　時に使用した場合に、それぞれの

　　　ヘッドの先端で放水圧力が
　　　0.3MPa以上、放水量が毎分130
　　　ℓ以上。

　(4)　予備動力源を必要とする。

3　屋根又はひさしの先端は、上階の開
口部までの間に、7mから当該屋根
又はひさしの上階の外壁からり出した
水平距離を減じた長さ以上の距離を保
つこと。

　ただし、次に掲げる開口部は除く。

(1)　はめごろし戸である防火設備を設
けた開口部

(2)　延焼防止上有効な措置を講じた開
口部（消防令別表第1(1)項から(4)項
まで、(5)項イ、(6)項及び(9)項イに掲
げる、避難対策上危険性が大である
防火対象物の用途以外の用途に供す
る部分に設けるものに限る。）

(3)　「延焼防止上有効な措置」は、日
本産業規格R3206に定める「強化
ガラス」が温度変化に対し通常有し
ている強度以上の強度を有するもの
を用いたはめごろし戸を設けたもの
をいう。

4　上部に上階を有する屋内給油取扱所
に施す上階への延焼を防止するための
措置として、他に危険物の漏洩範囲を
局限化する設備が有効に機能する位置
にタンクへ注入する車両を停車させる
必要があることも規定されている。

〈法令〉

危政令　第17条第2項第11号

危規則　第25条の10

平成元年3月3日消防危第15号

〈施設〉

給油取扱所

鉛直方向地震動

構造物に鉛直方向に作用する地震動。

地震動のうち水平方向地震動とともに短周期地震動の成分のひとつであり、屋外貯蔵タンクに対する地震の影響として地震動によるタンク本体慣性力、側板部に作用する地震時動液圧及びこれに基づく荷重となる。

〈法令〉

危告示　第4条の20

昭和58年4月28日消防危第44号（改正　平成11年9月24日消防危第86号）

〈施設〉

屋外タンク貯蔵所

応急措置命令

危険物施設において、危険物の流出、火災、爆発等の事故が発生したとき、危険物施設の所有者等は自主的に応急措置を行わなければならないが、大規模事故等では十分には行われないことが予想されることから、市町村長等が当該危険物施設の所有者等に対し応急措置をより的確に実施させるために発する命令。

移動タンク貯蔵所は市町村の境界を越えて運行されることから、許可をした市町村長等が管轄する区域外の場所で事故が発生した場合、許可をしたか否かに関わらず事故が発生した場所を管轄する市町村長等が命令できる。

この命令の内容については具体的な事項の指摘を行うことが望ましいが、緊急かつ、やむを得ないときは一般的な内容を口頭で命令することも認められる。

この命令に違反して応急措置を講じない危険物施設の所有者等に対しては罰則が適用される。

〈法令〉

消防法　第16条の3第3項、第4項、第42条第1項

応力

物体に外力が加わる場合、それに応じて物体の内部で生ずる力。

物体の内部にとった任意の単位面積を通して、その両側の物体部分が互いに相手に及ぼす力をその面に関する応力という。

面に垂直な応力の成分を法線応力、接線成分をせん断応力と呼ぶ。

法線応力が、考える面の両側の部分で互いに押し合うような向きに働く場合を圧力、引っ張り合う場合は張力という。

屋外消火栓設備

第1種消火設備に区分される。

水源、加圧送水装置、放水用器具、放水用器具を格納する屋外消火栓箱、配管、動力源、予備動力源等により構成される。

危険物を貯蔵し、又は取り扱う製造所等の屋外に屋外消火栓及び放水用器具を格納した屋外消火栓箱を設置し、加圧送水装置より所要の流量と水圧の水の供給を受け、人が放水用器具を自由に移動操作して放水することにより消火する設備。加圧送水装置から屋外消火栓までは

固定した配管により接続されている。

屋外消火栓は、防護対象物の各部分から1のホース接続口までの水平距離が40m以下となるように設ける。(建築物の場合は、当該建築物の1階及び2階の部分に限る。また、設置個数が1であるときは2としなければならない。)

水源は、屋外消火栓の設置個数に13.5m³を乗じて得た量以上の量とする。(なお、設置個数が4を超えるときは4とする。)

全ての屋外消火栓を同時に使用した場合に、それぞれのノズルの先端において、放水圧力が0.35MPa以上で、かつ、放水量が毎分450ℓ以上の性能とする。(なお、設置個数が4を超えるときは4とする。)

〈法令〉

　危政令　別表第5

　危規則　第32条の2

屋外タンク貯蔵所

危険物施設のひとつであり、消防法では屋外にあるタンクにおいて危険物を貯蔵し、又は取扱う貯蔵所をいい、危政令では、地下タンク貯蔵所、簡易タンク貯蔵所及び移動タンク貯蔵所を除く屋外にあるタンクにおいて危険物を貯蔵し、又は取扱う貯蔵所をいう。

1　分類

　　屋外タンク貯蔵所の位置、構造及び設備の基準は、許可容量と設置時期により次図のように分類されている。

2　位置

(1)　保安距離

　　危険物製造所の基準を準用する。

(2)　敷地内距離

　　屋外貯蔵タンクの火災による隣接敷地への延焼を防止するために、タンク側板から敷地境界線まで確保す

屋外タンク貯蔵所の分類

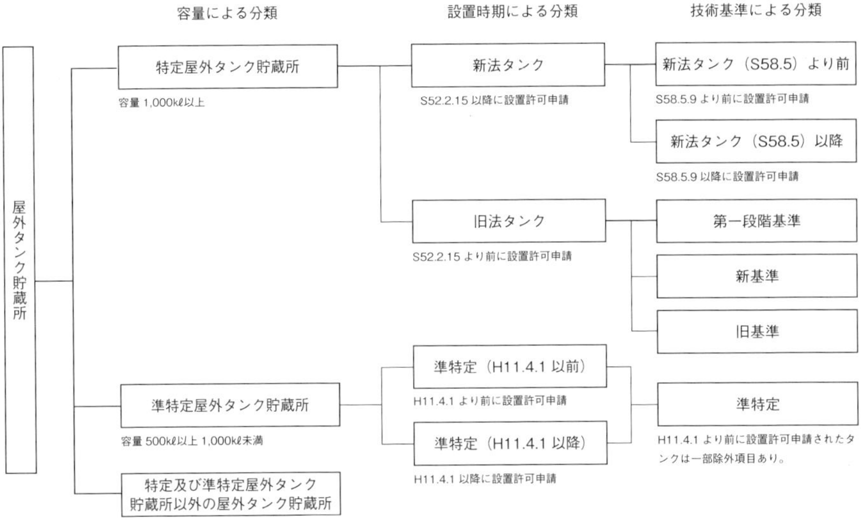

容量による分類	設置時期による分類	技術基準による分類

屋外タンク貯蔵所

特定屋外タンク貯蔵所
容量1,000kℓ以上

新法タンク
S52.2.15以降に設置許可申請

新法タンク（S58.5）より前
S58.5.9より前に設置許可申請

新法タンク（S58.5）以降
S58.5.9以降に設置許可申請

旧法タンク
S52.2.15より前に設置許可申請

第一段階基準

新基準

旧基準

準特定屋外タンク貯蔵所
容量500kℓ以上1,000kℓ未満

準特定（H11.4.1以前）
H11.4.1より前に設置許可申請

準特定（H11.4.1以降）
H11.4.1以降に設置許可申請

準特定
H11.4.1より前に設置許可申請されたタンクは一部除外項目あり。

特定及び準特定屋外タンク貯蔵所以外の屋外タンク貯蔵所
容量500kℓ未満または固体の危険物

る必要のある距離で、貯蔵する危険物の引火点により次表のように分類される。

(3) 保有空地

危険物を貯蔵する屋外貯蔵タンクの周囲には、指定数量の倍数に応じて、次の表に示す所定の幅の空地が必要となる。

屋外貯蔵タンクの敷地内距離

貯蔵する危険物の引火点	石油コンビナート等災害防止法の第一種又は第二種事業所の1,000kℓ以上の屋外貯蔵タンク	左欄に掲げる屋外貯蔵タンク
21℃未満	1.8D 又は H 若しくは 50 m のうち最大の数値以上の距離	1.8D 又は H のうち大きい数値以上の距離
21℃以上 70℃未満	1.6D 又は H 若しくは 40 m のうち最大の数値以上の距離	1.6D 又は H のうち大きい数値以上の距離
70℃以上	1.0D 又は H 若しくは 30 m のうち最大の数値以上の距離	1.0D 又は H のうち大きい数値以上の距離

D：タンク直径（横型タンクではタンクの横の長さ）
H：タンクの地盤面からの高さ

屋外貯蔵タンクの保有空地

	区分	空地の幅
指定数量の倍数	500 以下	3 m 以上
	500 を超え 1,000 以下	5 m 以上
	1,000 を超え 2,000 以下	9 m 以上
	2,000 を超え 3,000 以下	12 m 以上
	3,000 を超え 4,000 以下	15 m 以上
	4,000 を超える	タンクの直径又は高さのうち大なるものに等しい距離以上。ただし、15 m未満とすることはできない。

注）引火点が 70℃以上の第四類の危険物を貯蔵し、又は取扱う 2 以上の屋外タンク貯蔵所を隣接して設置するときは、空地の幅を緩和することができる。

3 構造

(1) 屋外貯蔵タンク（特定屋外貯蔵タンクと準特定屋外貯蔵タンク、固体

の危険物の屋外貯蔵タンクを除く。）は、厚さ 3.2mm 以上の鋼板で造り、圧力タンクの場合は最大常用圧力の 1.5 倍の圧力で 10 分間行う水圧試験に、それ以外のタンクの場合は水張試験に合格したものでなければならない。

(2) 地震、風圧に耐える構造とし、その支柱は鉄筋コンクリート造、鉄骨コンクリート造その他これらと同等以上の耐火性能を有するものとする。

(3) 内圧が異常に高くなった場合、内部のガス等を上部に放出できる構造とする。

(4) 外部にさび止めのための塗装をするとともに、底板を地盤面に接して設けるものでは、底板の外面の腐食を防止するための措置を講じる。

(5) 特定屋外タンク貯蔵所及び準特定屋外タンク貯蔵所は、基礎、地盤、材質、溶接方法等について厳しい基準が設けられている。

4 設備

(1) 圧力タンクは安全装置を必要とする。圧力タンク以外のタンクは無弁通気管又は大気弁付通気管を必要とする。

(2) 液体の危険物の屋外貯蔵タンクには、危険物の量を自動的に表示する装置を設ける必要がある。

(3) 注入口は、注入ホース又は注入管と結合することができ、危険物が漏れないものであり、弁又はふたを設けるとともに、ガソリン等静電気による災害が発生するおそれのある液

体の危険物のタンクの注入口付近には、静電気を有効に除去するための接地電極を設ける必要がある。

(4) ポンプ設備は、原則として周囲に3m以上の幅の空地を確保するとともに、構造、設備については、危政令第11条第1項第10号の2の規定による。

(5) 配管の材質は、製造所の基準を準用し、弁は鋳鋼又はこれと同等以上の機械的性質を有する材料で作る必要がある。

(6) 避雷設備は、製造所の基準を準用する。

(7) 液体の危険物（二硫化炭素を除く。）の屋外貯蔵タンクの周囲には防油堤を設ける必要がある。

5　その他

(1) 浮き蓋付屋外タンク貯蔵所には、当該貯蔵所に係る技術上の基準がある。

(2) 高引火点危険物のみを貯蔵し、又は取り扱う屋外タンク貯蔵所及び岩盤タンク等には基準の特例がある。

(3) アルキルアルミニウム、アセトアルデヒド等を貯蔵し、又は取り扱う屋外タンク貯蔵所については、基準を超える特例がある。

〈法令〉
　消防法　第11条の3、第14条の3他
　危政令　第2条、第11条他
　危規則　第1条の3他
〈施設〉
　屋外タンク貯蔵所

屋外タンク貯蔵所の空地の特例

空地の幅を減ずることができる範囲は、引火点が70℃以上の第四類の危険物を貯蔵し又は取り扱う屋外タンク貯蔵所が同一の敷地内に設置されている他の屋外タンク貯蔵所の間の空地の幅を3分の2まで緩和できるが、空地の幅を3m未満にはできない。

〈法令〉
　危規則　第15条
〈施設〉
　屋外タンク貯蔵所

屋外タンク貯蔵所の保安距離の特例

屋外貯蔵タンクにおいて、貯蔵する危険物の引火点に応じて当該屋外タンク貯蔵所の存する敷地の境界線から距離を保たなければならないが、次の条件で、市町村長等が安全だと認めた時は、当該市町村長の定めた距離とすることができる。

1　不燃材料で造った防火上有効なへいを設けること。

2　地形上火災が生じた場合において延焼の恐れが少ないこと。

3　防火上有効な水幕設備を設けること。

4　敷地境界線の外縁に、告示でさだめる施設が存在すること。

〈法令〉
　危規則　第19条の2
　危告示　第4条の2の2
〈施設〉
　屋外タンク貯蔵所

屋外貯蔵所

　屋外の場所において第二類の危険物の
うち硫黄、硫黄のみを含有するもの若し
くは引火性固体（引火点が0℃以上のも
のに限る。）又は第四類の危険物のうち
第一石油類（引火点が0℃以上のものに
限る。）、アルコール類、第二石油類、第
三石油類、第四石油類若しくは動植物油
類を容器に収納して貯蔵し、又は取り扱
う貯蔵所。

　なお、塊状の硫黄等のみを貯蔵する場
合には、容器に収納することなく貯蔵す
ることができる。

1　位置

　(1)　保安距離

　　　危険物製造所の基準を準用する。

　(2)　保有空地

　　　さく等の周囲に確保しなければな
らない保有空地の幅は次のとおり。

屋外貯蔵所の保有空地

区分		空地の幅
指定数量の倍数	10 以下	3m 以上
	10 を超え 20 以下	6m 以上
	20 を超え 50 以下	10m 以上
	50 を超え 200 以下	20m 以上
	200 を超える	30m 以上

硫黄等のみを貯蔵し取り扱う場合は空地の幅を 1/3 にする
ことができる。

2　構造・設備

　(1)　貯蔵場所は、湿潤でなく、かつ排
水の良い場所とする。

　(2)　周囲には、さく等を設けて明確に
区画する。

　(3)　架台を設ける場合には、不燃材料
で造るとともに、堅固な地盤面に固
定する。

　(4)　架台の高さは、6m 未満とする。

3　その他

　(1)　塊状の硫黄等のみを地盤面に設け
た囲いの内側で貯蔵し、又は取り扱
う屋外貯蔵所の基準がある。

　(2)　高引火点危険物のみを貯蔵し、又
は取り扱う屋外貯蔵所には、基準の
特例がある。

　(3)　第二類の危険物のうち引火性固体
（引火点が21℃未満のもの）、第四
類の危険物のうち第一石油類若しく
はアルコール類を貯蔵し、又は取り
扱う屋外貯蔵所には、位置、構造及
び設備について基準を超える特例が
ある。

〈法令〉

　危政令　第2条、第7条の3、第16条、
　　　　　第20条、第26条第1項、第
　　　　　31条の2

　危規則　第16条、第24条の10～第
　　　　　24条の13

〈施設〉

　屋外貯蔵所

屋外貯蔵タンクの底部

　一般には屋外貯蔵タンクのタンク本体
の底の部分を指し、タンク底部の板の厚
さとは、屋外貯蔵タンクの底部及びア
ニュラ板の板の厚さをいう。これに対し
タンク底部の溶接部とは、屋外貯蔵タン
クの底板と底板、底板とアニュラ板、ア
ニュラ板とアニュラ板及びアニュラ板と
側板との溶接部を総称する。

〈法令〉

　危政令　第11条第1項第7の2号

〈施設〉

屋外タンク貯蔵所

屋内給油取扱所

次の2種の形態の給油取扱所は屋内給油取扱所に区分される。

1　建築物内に設置する給油取扱所

2　建築物の給油取扱所の用に供する部分の水平投影面積から床又は壁で区画された部分の1階の床面積の合計を引いた面積が、給油取扱所の敷地面積から床又は壁で区画された部分の1階の床面積の合計を引いた面積の3分の1を超えるもの。次式に示す。

Ⅰ及びⅡから、

$\dfrac{③}{⑤} > \dfrac{1}{3}$ の場合、屋内給油取扱所となる。

1　位置

保安距離及び保有空地について規制はない。

2　構造・設備

（1）建築物の用途制限

建築物内には、消防法施行令別表第一（六）項に掲げる用途に供するもの（例　病院等、幼稚園等、特別養護老人ホーム等）を有してはならない。

（2）建築物の構造

建築物の屋内給油取扱所の用に供する部分の壁・柱・床・はり及び屋根は耐火構造とする。ただし、上階がない場合は屋根を不燃材料で造ることができる。

（3）建築物内の区画

建築物の屋内給油取扱所の用に供する部分とその他の部分との区画は、開口部のない耐火構造の床又は壁とする。

（4）防火設備

建築物の屋内給油取扱所の用に供する部分の窓及び出入口（自動車等の出入口を除く。）には、防火設備を設ける。

（5）二方開放

建築物の屋内給油取扱所の用に供する部分の1階の二方は壁を設けることができない。ただし、一定の措置を講じた場合は一方とすることができる。

（6）上部に上階を有する屋内給油取扱所において講ずる措置

建築物の屋内給油取扱所の上部に上階を有する場合は、漏えい拡大及び上階への延焼を防止するため必要な措置を講じる。

（7）過剰注入防止措置

専用タンクには、危険物の過剰な注入を自動的に防止する設備を設ける。

（8）穴、くぼみ等の制限

建築物の屋内給油取扱所の用に供する部分には、可燃性蒸気が滞留す

るおそれのある穴、くぼみ等を設け
ることはできない。

(9)　その他

その他の構造、設備は給油取扱所
の例による。

〈法令〉

危政令　第17条第2項、第27条第6
項

危規則　第20条第5項、第25条の6
～第25条の10

〈施設〉

給油取扱所

屋内消火栓設備

危険物を貯蔵し、又は取り扱う製造所
等の建築物の屋内の部分に屋内消火栓の
開閉弁及び放水用器具を格納した屋内消
火栓箱を設置し、加圧送水装置より所要
の流量と水圧の水の供給を受け、人が放
水用具を自由に移動して放水することに
より消火する設備。

水源、加圧送水装置、放水用器具、放
水用器具を格納する屋内消火栓箱、屋内
消火栓の開閉弁、動力源、予備動力源等
により構成され、加圧送水装置から屋内
消火栓の開閉弁までを固定した配管によ
り接続されている。

製造所等の建築物の階ごとに、その階
の各部分から1のホース接続口までの水
平距離が25m以下となるように設け、
放水圧力は、当該階の全ての屋内消火栓
を同時に使用した場合に、それぞれのノ
ズルの先端において0.35MPa以上で、
放水量は260ℓ/分以上の性能が必要で
ある。

水源は、屋内消火栓の設置個数が最も
多い階における設置個数に7.8㎥を乗じ
た量以上が必要となる。

〈法令〉

危政令　第20条

危規則　第32条

〈施設〉

製造所、屋内貯蔵所、屋内タンク貯蔵
所、給油取扱所、一般取扱所

屋内タンク貯蔵所

屋内にあるタンクにおいて危険物を貯
蔵し、又は取扱う貯蔵所。ただし、地下
タンク貯蔵所、簡易タンク貯蔵所及び移
動タンク貯蔵所を除く。

1　位置

保安距離、保有空地の規制はない。

2　構造

(1)　平家建のタンク専用室に設置す
る。ただし、引火点が40℃以上の第
四類の危険物のみを貯蔵し、又は取
扱うものではタンク専用室を平家建
以外の建築物に設けることができる。

(2)　屋内貯蔵タンクとタンク専用室の
壁、及び同一のタンク専用室に2以
上の屋内貯蔵タンクを設置する場合
のタンク相互に0.5m以上の間隔を
保つ。

(3)　容量は指定数量の40倍以下とす
る。ただし、第四石油類及び動植物
油類以外の第四類の危険物は、
20,000ℓ以下とする。

(4)　本体の構造は、屋外貯蔵タンクの
基準（危政令第11条第1項第4号）
を準用する。

(5)　タンク専用室の構造は、壁、柱及び床を耐火構造（延焼のおそれのある外壁は、出入口以外の開口部を有しないこと。）とし、はり及び屋根を不燃材料で造るとともに、窓及び出入口には防火設備（延焼のおそれのある外壁に設ける出入口は自閉式の特別防火設備）を設けなければならない。

(6)　タンク専用室は、屋根を不燃材料で造り、かつ、天井を設けることはできない。

(7)　タンク専用室の窓及び出入口にガラスを用いる場合は、網入ガラスとする。

(8)　液状の危険物の屋内貯蔵タンクを設置しているタンク専用室の床は、危険物が浸透しない構造とし、適当な傾斜を付け、かつ、貯留設備を設けるとともに、タンク専用室の出入口のしきいの高さは0.2m以上としなければならない。

3　設備

(1)　配管の基準は、製造所の基準（危政令第9条第1項第21号）を準用する。

(2)　採光、照明、換気及び排出設備は、屋内貯蔵所の基準（危政令第10条第1項第12号）を準用する。

(3)　ポンプ設備は、タンク専用室の存する建築物以外の場所に設ける場合には、屋外貯蔵タンクのポンプ設備の基準（危政令第11条第1項第10号の2　但しイ及びロを除く。）を準用し、タンク専用室の存する建築

物に設ける場合には危規則第22条の5により設ける。

(4)　注入口は、屋外貯蔵タンクの基準（危政令第11条第1項第10号）を準用する。

(5)　弁は、屋外貯蔵タンクの基準（危政令第11条第1項第11号）を準用する。

(6)　圧力タンクには安全装置を設ける。

(7)　圧力以外のタンクには、無弁通気管を設ける。

(8)　液体の危険物の屋内貯蔵タンクには、危険物の量を自動的に表示する装置を設ける必要がある。

(9)　電気設備は、製造所の基準（危政令第9条第1項第17号）を準用する。

4　その他

(1)　引火点が40℃以上の第四類の危険物のみを貯蔵し、又は取扱うものでタンク専用室を平家建以外の建築物に設ける屋内タンク貯蔵所は、基準緩和及び特例がある。

(2)　アルキルアルミニウム、アセトアルデヒド等を貯蔵し、又は取扱う屋内タンク貯蔵所は、基準を超える特例がある。

〈法令〉

危政令　第2条、第12条他
危規則　第3条第1項他

〈施設〉

屋内タンク貯蔵所

屋内貯蔵所

屋内の場所において危険物を貯蔵し、又は取り扱う貯蔵所。

1 位置
(1) 保安距離

製造所の基準（危政令第9条第1項第1号）を準用する。

(2) 保有空地

周囲に確保しなければならない保有空地の幅は次のとおりとする。

区分 指定数量の倍数	空地の幅	
	壁、柱、床が耐火構造の場合	壁、柱、床が耐火構造以外の場合
5以下	0m	0.5m以上
5を超え10以下	1m以上	1.5m以上
10を超え20以下	2m以上	3m以上
20を超え50以下	3m以上	5m以上
50を超え200以下	5m以上	10m以上
200を超える	10m以上	15m以上

隣接して2以上の屋内貯蔵所を設置する場合には、緩和措置がある。

2 構造
(1) 指定数量の20倍以下の危険物を貯蔵する場合を除き、独立した専用の建築物に設置する。
(2) 貯蔵倉庫は、軒高（地盤面から軒までの高さ）が6m未満の平家建とし、床は地盤面以上とする。

ただし、第二類又は第四類の危険物のみの貯蔵倉庫のうち、危規則第16条の2に定める措置を講じているものについて、軒高は20m未満とすることができる。
(3) 床面積は1,000㎡以下とする。
(4) 壁、柱及び床を耐火構造（延焼のおそれのある外壁は、出入口以外の開口部を有しないこと）とし、かつはりを不燃材料とする。

なお、指定数量の10倍以下の危

険物の貯蔵倉庫、又は第二類若しくは第四類の危険物（引火性固体及び引火点が70℃未満の第四類の危険物を除く。）のみの貯蔵倉庫は、延焼のおそれのない外壁、柱及び床を不燃材料で造ることができる。
(5) 屋根を不燃材料で造るとともに、金属板等の軽量な不燃材料で葺き、かつ、天井は設けることはできない。
(6) 窓及び出入口は、防火設備（延焼のおそれのある外壁に設ける出入口は自閉式特定防火設備）を設ける。
(7) 窓、出入口にガラスを用いる場合は、網入りガラスとする。
(8) 液状の危険物の貯蔵倉庫の床は、危険物が浸透しない構造とするとともに、適当な傾斜をつけ、かつ、貯留設備を設ける。

3 設備
(1) 貯蔵倉庫に架台を設ける場合は、不燃材料で造る。
(2) 貯蔵倉庫には、採光、照明及び換気の設備を設けるとともに、引火点が70℃未満の危険物の貯蔵倉庫では、滞留した可燃性蒸気を屋根上に排出する設備を設ける。
(3) 電気設備は、屋外貯蔵タンクの基準（危政令第11条第1項第17号）を準用する。
(4) 指定数量の10倍以上の危険物の貯蔵倉庫には、避雷設備を設ける。ただし、周囲の状況によって安全上支障がない場合はこの限りではない。

4 その他

平家建以外の屋内貯蔵所、階層設置

の屋内貯蔵所、高引火点の屋内貯蔵所、指定過酸化物の屋内貯蔵所、アルキルアルミニウム等の屋内貯蔵所には、基準の緩和や特例がある。

〈法令〉

　危政令　第2条、第7条の3、第10条、
　　　　　第20条第1項他

　危規則　第14条、第16条の2の3、
　　　　　第16条の2の4他

〈施設〉

　屋内貯蔵所

乙種危険物取扱者

　3種ある危険物取扱者の種類の一つで、乙種危険物取扱者免状の交付を受けている者。

　取得した乙種危険物取扱者免状に指定された種類の危険物を自ら取り扱うこと及び自分以外の者の取扱作業に立ち会うことができる。

　また、当該危険物を貯蔵し、又は取り扱う危険物施設のうち危険物保安監督者を定めなければならない危険物施設において危険物保安監督者に選任される資格を有する。ただし、6月以上の危険物取扱いの実務経験が必要となる。

〈法令〉

　消防法　第13条第1項第3項、第13
　　　　　条の2第1項第2項、第13条
　　　　　の3第2項、第4項

　危政令　第33条

　危規則　第49条、第50条、第53条
　　　　　の3、第55条第2項、第4項、
　　　　　第5項、第6項、第55条の2

温度上昇防止措置（地下貯蔵タンクの油中ポンプ設備）

　地下貯蔵タンクのポンプ設備として、ポンプ又は電動機を地下貯蔵タンク内に設けるポンプ設備である「油中ポンプ設

油中ポンプ設備の参考図
（電動機の内部に危険物を通過させる場合）

↑：危険物の流れ

軸受け

固定子（危険物に侵されない樹脂が充填された金属製の容器に収納されたもの）

回転子

外装

ポンプ

吸引口

油中ポンプ設備の設置例

液面計ディスプレイ

液面計コントロールユニット

液面計

制御盤

ピット

フランジ接合

戻り配管

地下貯蔵タンク

ポンプ及び電動機（十分な強度を有する外装により保護されているもの）

出典：消防庁
ウェブサイト

備」において、締切運転による電動機の温度の上昇を防止するために講じられる措置。

締切運転による電動機の温度の上昇を防止するための措置とは、固定子の周囲にポンプから吐出された危険物を通過させる構造により当該固定子を冷却する場合に、ポンプ吐出側の圧力が最大常用圧力を超えて上昇した場合に一定値以上になると戻し弁が開放され、危険物を自動的に地下貯蔵タンクに戻すための弁及び配管をポンプ吐出管部に設ける方法をいうものである。これにより電動機の周囲は常に危険物で冷却され、温度上昇は防止されることとなる。つまり、油中ポンプ設備の電動機の固定子は、危険物に侵されない樹脂が充填された金属製の容器に収納されているが、運転中に固定子が冷却される構造とする必要があるので、固定子の周囲は全て危険物の通路となっており、流れる危険物で常に冷却され温度上昇を防止する構造となっている。

他に油中ポンプ設備の温度の管理に関して配慮すべき事項として、長時間、締切運転を行うなどして電動機の温度が著しく上昇した場合、危険な温度に達する前に電動機の回路を遮断する装置を設ける必要がある。

油中ポンプ設備には、電動機の温度が著しく上昇した場合等に警報を発する装置を設けることが望ましい。

〈法令〉

危政令　第13条第1項第9号の2

危規則　第24条の2第3号、第4号

平成5年9月2日消防危第67号

〈施設〉

地下タンク貯蔵所

温度上昇防止措置（ヒドロキシルアミン等）

危険物第5類自己反応性物質であるヒドロキシルアミン等（ヒドロキシルアミンおよびその塩）を貯蔵し、又は取り扱う製造所等は、温度の上昇による危険な反応を防止するための措置を講ずることとなっている。危険な反応を防止するための措置としては、温度制御装置の設置又は緊急冷却装置の設置が必要である。

ヒドロキシルアミン等は、鉄イオン等の触媒作用による発熱分解が鉄イオン等の増加や加熱によって促進される性質を有しており、濃度等の使用条件により爆発の危険があるため、ヒドロキシルアミン等を製造し、又は取扱う場合は、爆発の危険を防止するための措置が必要であり、そのひとつである。

なお、労働安全衛生規則関係通知では、「温度を調整すること」とは、温度を自動的に調整する装置を設ける等により、ヒドロキシルアミン等を設定温度の範囲内に保つようにするとともに、異常な温度上昇が生じた場合には、緊急冷却、又は冷却水による緊急希釈等により、ヒドロキシルアミン等の爆発を生じない温度にすることとされている。

〈法令〉

危規則　第16条の7、第22条の2の7、第22条の10、第24条の2の8、第24条の9の2、第28条の66

〈施設〉

　製造所、屋内貯蔵所、屋外タンク貯蔵所、屋内タンク貯蔵所、地下タンク貯蔵所、移動タンク貯蔵所、一般取扱所

加圧漏れ試験

　特定屋外貯蔵タンクの漏れ試験の一つであり、タンク内部に水柱50mm程度の空気圧を加えることにより、屋根外面の溶接継手にあらかじめ塗布された発泡剤が発泡するか否かにより漏れの有無を検出するもの。

　特定屋外貯蔵タンクの溶接部のうち、接液部以外の側板に係る溶接部（取替え工事によるものを除く。）、屋根（浮き屋根のものにあっては、その総体）及び浮き蓋の総体に係る溶接部、ノズル、マンホール等に係る溶接部については、真空試験、加圧漏れ試験、浸透液漏れ試験等の試験によって漏れがないことを確認しなければならない。

〈法令〉

　危規則　第20条の9

　昭和52年3月30日消防危第56号

〈施設〉

　屋外タンク貯蔵所

海域に係るもの

　危険物施設の設置若しくは変更の許可、又は危険物の数量若しくは指定数量の倍数の変更の届出を受理した市町村長等が、海上保安庁長官に通報を必要とする危険物施設の態様で、海域と陸域にまたがって設置される状態又は海域に設置される状態にある危険物施設。

〈法令〉

　消防法　第11条第7項、第11条の4第3項

　危政令　第7条の4

〈施設〉

　移送取扱所

海上警備救難機関

　危険物施設で危険物の流出その他の事故が発生したときに、これを発見した者が通報を行う、消防署、市町村長の指定した場所及び警察署と並ぶ通報場所のひとつ。

　海上保安本部、海上保安監部、海上保安部又は海上保安署をいう。

〈法令〉

　消防法　第16条の3第2項、第44条

海上タンク

　屋外タンク貯蔵所の一形態であり、海上に浮かび、同一場所に定置するよう措置され、かつ、陸上に設置された諸設備と配管等により接続された液体危険物タンク。

1　位置

　(1)　自然に、又は人工的にほぼ閉鎖された静穏な海域に設置する。

　(2)　陸地、海底又は当該海上タンクに係る屋外タンク貯蔵所に係る工作物以外の海洋工作物から当該海上タンクの外面までの間に、安全を確保するために必要と認められる距離を保つ。

2　構造

船舶安全法による。

3　定置設備

（1）　海上タンクを安全に保持するように配置する。

（2）　当該定置設備に作用する荷重によって生ずる応力及び変形に対して安全な構造とする。

4　防油堤

　海上タンクの周囲には、危険物が漏れた場合にその流出を防止するための防油堤を設ける。浮き式のものも含む。

5　災害の発生又は拡大防止設備

　危険物若しくは可燃性の蒸気の漏えい又は危険物の爆発等の災害の発生又は拡大を防止する設備を設ける。

6　保安検査及び定期点検に関する事項

　海上タンクに係る特定屋外タンク貯蔵所には、保安検査及び定期点検のうち内部点検の適用はない。タンクの定期検査は船舶安全法に基づき行われる。

〈法令〉

　危規則　第3条第2項、第4条第3項、第5条第3項、第6条の2、第6条の2の2、第6条の2の3、第6条の3、第6条の5、第22条の2の8、第22条の3の3第3項、第33条第1項、第2項、第62条の5他

　平成元年4月10日消防危第33号（改正　平成11年9月24日消防危第86号）

〈施設〉

　屋外タンク貯蔵所

階高

　建築物の床面から上階の床の下面まで

の高さ。上階のない場合には、軒までの高さ。

　屋内貯蔵所のうち第二類又は第四類の危険物（引火性固体及び引火点が70℃未満の第四類の危険物を除く。）のみを貯蔵し、又は取り扱うもの（貯蔵倉庫が平家建以外の建築物であるものに限る。）の貯蔵倉庫は、階高を6m未満とする。

　屋内貯蔵所のうち指定数量の倍数が20以下のもの（屋内貯蔵所の用に供する部分以外の部分を有する建築物に設けるものに限る。）の建築物の屋内貯蔵所の用に供する部分は、階高を6m未満とする。

〈法令〉

　危政令　第10条第2項、第3項

〈施設〉

　屋内貯蔵所

化学消防自動車の規格

　自衛消防組織に備える化学消防自動車の消火能力及び設備の基準は、次のとおり。

1　泡を放射する化学消防自動車

　自車の泡原液槽内に薬液を貯蔵し、これを水槽内に貯蔵した水と泡混合装置で適切な比率で混合させて発泡状態にしたものを放水砲等で火点に注ぐという機能を有する消防自動車。

　放水能力は2,000ℓ/分以上で、消火薬液槽及び消火薬液混合装置を車体に固定する。なお、24万ℓ以上の泡水溶液を放射可能な量の消火薬液を備える。

　泡を放射する化学消防自動車の台数は、自衛消防組織が備えなければならない化学消防自動車（危規則別表第5）

のうち3分の2以上の台数とする。

2 消火粉末を放射する化学消防自動車
自車の消火粉末槽内の消火粉末を加圧用ガス設備を用いて放水砲等で火点に注ぐという機能を有する消防自動車。

放水能力は35kg/秒以上で、消火粉末及び加圧用ガス設備を車体に固定する。

なお、1,400kg以上の消火粉末を備える。

3 指定移送取扱所を有する事業所の自衛消防組織に編成されるべき化学消防自動車のうち移送取扱所に係るものとして算定される化学消防自動車は、上記泡を放射する化学消防自動車又は消火粉末を放射する化学消防自動車の基準の他、容量1,000ℓ以上の水槽及び放水銃を備える。

〈法令〉

危政令 第38条の2

危規則 第60条の2第1項、第64条、第64条の2、第65条、別表第5、別表第6

化学に関する学科又は課程

甲種危険物取扱者試験の受験資格のうち学歴において必要とされる修得学科又は課程。(「甲種危険物取扱者試験の受験に係る運用基準について」(平成6年11月28日消防危第98号消防庁長官通知))

1 化学科

2 応用化学科、反応化学科又は合成化学科

3 工業化学科又は化学工業科

4 化学工学科又は化学機械科

5 電気化学科

6 燃料化学科

7 窯業化学科

8 色染化学科

9 醗酵化学科

10 繊維化学科

11 農芸化学科又は林産学科

12 生物化学科

13 高分子学科又は高分子化学科

14 物質工学科又は物質化学工学科

15 資源化学科又は環境化学科

16 薬学科、製剤学科、製薬学科、製薬化学科、厚生薬学科、衛生薬学科、生物薬学科又は製造薬学科

17 その他専門科目として大学、短期大学、高等専門学校又は危規則第53条の2第1号に掲げる学校(告示第1号に掲げる学校を含む。)が設けた授業科目の必修科目(準必修を含む。)のうち、化学に関する授業科目が単位数において50%を超える学科又は課程

〈法令〉

消防法 第13条の3第4項

危規則 第53条の3

火気使用設備・器具

火災の発生に直接の関連を有する火を使用する設備若しくは器具、若しくはその使用に際し火災の発生の恐れのある設備若しくは器具。設備・器具の具体は下記に例示する。

これら設備・器具の位置、構造、管理又は取扱いその他火の使用に関し火災の予防のために必要な事項は、市町村火災予防条例の所管事項であり、各市町村が規制を行い、市町村火災予防条例は消防

法施行令で定める基準に従って定めることとされている。

火気使用設備・器具についての市町村火災予防条例の所管事項は、

1　火を使用する設備及びその使用に際し、火災の発生のおそれのある設備の位置、構造及び設備の管理の基準

2　火を使用する器具及びその使用に際し、火災の発生のおそれのある器具の取扱いの基準

3　火の使用に関する制限その他火の使用に関し火災の予防のために必要な事項

である。

(1)　火を使用する設備又はその使用に際し、火災の発生のおそれのある設備（対象火気設備等）

① 炉

② ふろがま

③ 温風暖房機

④ 厨房設備

⑤ ボイラー

⑥ ストーブ（移動式のものを除く）

⑦ 乾燥設備

⑧ サウナ設備（サウナ室に設ける放熱設備）

⑨ 簡易湯沸設備（入力が 12kw 以下の湯沸設備）

⑩ 給湯湯沸設備（簡易湯沸設備以外の湯沸設備）

⑪ 燃料電池発電設備（固体高分子型燃料電池、リン酸型燃料電池、溶融炭酸塩型燃料電池又は固体酸化物型燃料電池による発電設備であって火を使用するものに限る）

⑫ ヒートポンプ冷暖房機

⑬ 火花を生ずる設備（グラビア印刷機、ゴムスプレッダー、起毛機、反毛機その他その操作に際し火花を生じ、かつ、可燃性の蒸気又は微粉を放出する設備）

⑭ 放電加工機（加工液として消防法第 2 条第 7 項に規定する危険物を用いるものに限る）

⑮ 変電設備（全出力 20kw 以下のもの及び第 20 号に掲げるものを除く）

⑯ 内燃機関を原動力とする発電設備

⑰ 蓄電池設備（4,800Ah・セル未満のものを除く）

⑱ ネオン管灯設備

⑲ 舞台装置等の電気設備（舞台装置若しくは展示装飾のために使用する電気設備又は工事、農事等のために一時的に使用する電気設備）

⑳ 急速充電設備（電気を設備内部で変圧して、電気を動力源とする自動車等に充電する設備（全出力 20kw 以下のもの及び全出力 50kw を超えるものを除く））

(2)　火を使用する器具又はその使用に際し、火災の発生のおそれのある器具（対象火気器具等）

① 気体燃料を使用する器具（ガスこんろ、移動式のガスストーブ等）

② 液体燃料を使用する器具（石油こんろ、移動式の石油ストーブ等）

③ 固体燃料を使用する器具（火ばち、置きごたつ等）

④ 電気を熱源とする器具（電気アイロン、移動式の電気ストーブ等）

〈法令〉

消防法　第9条

対象火気設備等の位置、構造及び管理並びに対象火気器具等の取扱いに関する条例の制定に関する基準を定める省令　第2条、第3条、第18条

覚知

1　屋内貯蔵タンク内の危険物の量を知ること。

　平家建以外の建築物に設けられる屋内貯蔵タンク注入口は、タンクの設置場所から遠く隔たった場所に設置されることも想定されることから、屋内貯蔵タンクへの危険物の注入時における過剰注入による危険物の漏えい等を防止する目的で、注入口付近には液量を表示する計量装置、警報装置、伝声装置等の液量表示装置を設置する必要があるが、注入口付近でも屋内貯蔵タンクの量を容易に知ることができる状況であれば不要とされている。

2　地下タンク及び外殻、並びに地下埋設配管の漏れを知ること。

(1)　一週間に1回以上の漏えい検査管による検査で、危険物の漏れを知ること。

(2)　一週間に1回以上、危険物の貯蔵又は取扱い数量の100分の1以上の精度で在庫管理を行い、危険物の漏れを知ること。

〈法令〉

危政令　第12条第2項

危規則　第62条の5の2第2項、第62条の5の3第2項

危告示　第4条の42、第71条第4項、第71条の2第3項

〈施設〉

屋内タンク貯蔵所、地下タンク貯蔵所

囲い

　屋外に設置された液状の危険物を取り扱う設備において、当該設備から危険物が漏えいした場合は、広範囲に流失拡散する可能性が大きいため、当該設備の周囲に設ける措置。

　高さ0.15m以上の高さとし、火災等が発生した場合でも機能を維持しなければならないので、コンクリート、厚手の鉄板等によって造る。

　また、次の施設の設備等において、それぞれ所定の高さの囲いが必要となる。

1　屋外タンク貯蔵所、屋内タンク貯蔵所のポンプ設備

2　屋外貯蔵所のうち塊状の硫黄等のみを地盤面に設けた囲いの内側で貯蔵し、又は取り扱うもの

3　専ら洗浄作業を行う一般取扱所、危険物を消費するボイラー等以外では危険物を取り扱わない一般取扱所、油圧装置等以外では危険物を取り扱わない一般取扱所の危険物を取り扱うタンク、蓄電池設備以外では危険物を取り扱わない一般取扱所

4　給油取扱所の蒸気洗浄機

〈法令〉

危政令　第9条第1項、第11条第1項、第16条第2項、第26条第1項

危規則　第22条の5、第22条の6、

第24条の11、第25条の5第
2項、第28条の55の2第2項、
第28条の57第2項、第4項、
第28条の60第2項、第4項、
第28条の60の4第3項

〈施設〉

製造所、屋外タンク貯蔵所、屋内タン
ク貯蔵所、屋外貯蔵所、給油取扱所、
一般取扱所

火災報知設備

警報設備の一つであり、火災による煙
や熱を感知器が早期に自動的に感知し
て、警報ベルなどで、施設関係者に火災
を知らせる設備。

受信機・発信機・中継器・表示灯・地
区音響装置・感知器で構成される。

次の施設に設置が必要となる。

1 製造所、一般取扱所

(1) 延べ面積500㎡以上

(2) 屋内で指定数量の倍数が100以上
（高引火点危険物を100℃未満の温
度で取り扱うものを除く。）

(3) 一般取扱所の用に供する以外の部
分を有する建築物に設ける一般取扱
所（完全耐火区画のものを除く。）

2 屋内貯蔵所

(1) 指定数量の倍数が100以上（高引
火点危険物を除く。）

(2) 延べ面積150㎡を超えるもの（150
㎡以内ごとの不燃区画があるもの、
貯蔵危険物が第二類引火性固体、第
四類（引火点70℃未満の第四類の
危険物を除く。））

(3) 軒高が6m以上の平家建

(4) 屋内貯蔵所の用に供する部分以外
の部分を有する屋内貯蔵所（完全耐
火区画のもの。貯蔵危険物が第二類
引火性固体、第四類（引火点70℃
未満の第四類を除く。））

3 屋外タンク貯蔵所
岩盤タンク

4 屋内タンク貯蔵所
タンク専用室を平家建以外に設ける
もので著しく消火困難な施設

5 給油取扱所

(1) 一方開放の屋内給油取扱所

(2) 上部に上階を有する屋内給油取扱所

〈法令〉

危政令　第21条

危規則　第4条第3項、第5条第3項、
第25条の7、第38条他

危告示　第52条

〈施設〉

製造所、屋内貯蔵所、屋外タンク貯蔵
所、屋内タンク貯蔵所、給油取扱所、
一般取扱所

火災予防条例

火災の予防行政の特質に即して、これ
を適切に推進させる目的をもって制定さ
れたものであり、火災予防条例（例）（「火
災予防条例（例）について」昭和36年
11月22日付け自消甲予発第73号　改
正平成31年2月28日消防予第63号）
が示されており、これに基づき市町村で
は、市町村火災予防条例を制定する。

火災予防条例（例）は次の内容で構成
される。

第1章　総則

第2章　削除

第3章　火を使用する設備の位置、構造及び管理の基準等

　　第1節　火を使用する設備及びその使用に際し、火災の発生のおそれのある設備の位置、構造及び管理の基準

　　第2節　火を使用する器具及びその使用に際し、火災の発生のおそれのある器具の取扱いの基準

　　第3節　火の使用に関する制限等

　　第4節　火災に関する警報の発令中における火の使用の制限

第3章の2　住宅用防災機器の設置及び維持に関する基準等

第4章　指定数量未満の危険物及び指定可燃物の貯蔵及び取扱いの技術上の基準等

　　第1節　指定数量未満の危険物の貯蔵及び取扱いの技術上の基準等

　　第2節　指定可燃物等の貯蔵及び取扱いの技術上の基準等

　　第3節　基準の特例

第5章　避難管理

第5章の2　屋外催しに係る防火管理

第6章　雑則

第7章　罰則

附則

　このうち第2章から第4章まで及び第7章の規定については、消防法第3条、第9条、第9条の2、第9条の4、第22条及び第46条の委任を受けたもの、第5章及び第6章の規定については、地方自治法第14条をその根拠とするものである。

その他、地域的な事情により必要とされるもの、自主的に安全性効能のため規制すべきもの等について、市町村において火災予防条例に制定されることとなる。

〈法令〉

　消防法　第9条、第9条の2、第9条の4、第22条第4項、第37条

重ね補修

　屋外タンク貯蔵所のタンク本体に係る溶接工事において、母材表面に当て板を行い、当該当て板外周部全周をすみ肉溶接によって接合する補修。

　ただし、タンク附属物取付用当て板は除く。

〈法令〉

　危規則　第20条の7第1項、第20条の8第1項、第22条の4第1項

〈施設〉

　屋外タンク貯蔵所

過酸化ベンゾイル

　白色で粒状の結晶であり、危険物第五類である自己反応性物質の品名に掲げられた有機過酸化物に属する。

　性質は第一種自己反応性物質に該当し、指定数量は10kgである。

　なお、爆発の危険性を判断するための熱分析試験に、2,4－ジニトロトルエンとともに標準物質として取り扱われる。

　物性等は次のとおりである。

　常温では安定であるが、およそ100℃で白煙を発して分解を始め、125℃で発火する。

　可燃性である。

強力な酸化作用を有し、濃硫酸、硝酸、アミン類などと接触すると燃焼又は爆発する。

高濃度の物品は、爆発する。

水分又は不活性物質と混合すると爆発しにくくなる。

〈法令〉

危政令　第1条の7第1項、第3項

危規則　第1条の3第8項

試験性状省令　別表第12

ガス加圧法

定期点検のうち漏れの有無を確認する漏れの点検方法の一つ。

地下貯蔵タンク、鋼製強化プラスチック製二重殻タンクの外殻、強化プラスチック製二重殻タンクの外殻、地下埋設配管及び移動貯蔵タンクの漏れの点検に適用される。

加圧ガスにはいずれも窒素ガスが使用される。

1　地下貯蔵タンク

点検範囲は、点検により加圧されている部分である。

地下貯蔵タンクにガスを封入し、20kPa（地下水が存する場合にあっては、地下水圧を加えた値）の圧力になるように加圧し、加圧終了後15分間静置した後、15分間（容量10kℓを超える地下貯蔵タンクは、当該容量を10kℓで除した値を15分間に乗じた時間）の圧力降下が2％以下であること。

2　鋼製強化プラスチック製二重殻タンクの外殻

点検範囲は、点検により加圧されている部分である。

地下貯蔵タンクと外殻との間隙にガスを封入し、20kPaの圧力になるように加圧し、加圧終了後15分間静置した後、15分間の圧力降下が10％以下であること。

3　強化プラスチック製二重殻タンクの外殻

点検範囲は、点検により加圧されている部分である。

地下貯蔵タンクと外殻との間隙にガスを封入し、20kPaの圧力になるように加圧し、加圧終了後15分間静置した後、35分間（容量50kℓを超える地下貯蔵タンクは、当該容量を50kℓで除した値（その値に小数点以下一位未満の端数があるときは、これを切り下げる。）から1を減じた値を、15分間に乗じた値に、35分間を加えた時間）の圧力降下が10％以下であること。

4　地下埋設配管

点検範囲は、点検により加圧されている部分である。

地下埋設配管にガスを封入し、20kPa（地下水が存する場合にあっては、地下水圧を加えた値）の圧力になるように加圧し、加圧終了後15分間静置した後、15分間（容量10kℓを超える地下埋設配管は、当該容量を10kℓで除した値を15分間に乗じた時間）の圧力降下が2％以下であること。

5　移動貯蔵タンク

(1)　アルキルアルミニウム等貯蔵タンク

タンク室にガスを封入し、1MPaの圧力になるように加圧し、加圧終

了後 10 分間圧力が降下しないこと。

(2) 移動貯蔵タンク（アルキルアルミニウム等貯蔵タンク以外の移動貯蔵タンク）

タンク室にガスを封入し、20kPa の圧力になるように加圧し、加圧終了後 20 分間静置した後、圧力及び温度の変化を測定し、[危告示第 71 条の 3 第 1 項第 2 号イ] により求めた温度補正圧力降下が、0.2kPa 以下であること。

〈法令〉
危告示　第 71 条第 1 項第 2 項、第 71 条の 2 第 1 項、第 71 条の 3 第 1 項

〈施設〉
製造所、屋外タンク貯蔵所、地下タンク貯蔵所、移動タンク貯蔵所、給油取扱所、一般取扱所

風荷重

屋外貯蔵タンクに短期的に作用する荷重である従荷重（動荷重）の一つであり、風圧による荷重ともいう。

屋外貯蔵タンクは風荷重によって生じる応力及び変形に対して安全なものでなければならず、風荷重による応力が屋外貯蔵タンクの側板又は支柱の限られた点に集中しないように当該タンクを堅固な基礎及び地盤の上に固定したものでなければならない。

風荷重の計算方法で 1 ㎡当たりの風荷重は、[危告示第 4 条の 19] の式により求める。

ただし、海岸、河岸、山上等強風を受

けるおそれのある場所に設置するタンク又は円筒形タンクで地盤面からの高さが 25m 以上のものに係る風荷重の値は、2.05kN/㎡、円筒形タンク以外のタンクで地盤面からの高さが 25m 以上のものに係る風荷重の値は、2.94kN/㎡とする。

〈法令〉
危規則　第 20 条の 4 第 1 項、第 20 条の 4 の 2 第 1 項、第 21 条、第 24 条の 10 第 1 項、第 28 条の 5 第 1 項

危告示　第 4 条の 16 の 2、第 4 条の 19 第 1 項、第 4 条の 22 の 10、第 4 条の 23、第 9 条、第 11 条

〈施設〉
製造所、屋外タンク貯蔵所、移送取扱所

加速度

単位時間あたりの速度の変化の度合い。

消防法令での「加速度」の単位は、「ガル」である。ただし特定屋外貯蔵タンクの固有周期の算定に用いられる重力加速度の単位は、「m/s²」で表示されている。

また「加速度」は、移送取扱所の地震の影響に関しての規定で用いられており、

1　移送取扱所の配管経路に設けられた感震装置又は強震計が 80 ガル以下に設定した加速度以上の地震動を検知した場合に緊急遮断弁を速やかに閉鎖すること。

2　特定移送取扱所に設けられた感震装置が 40 ガルを超えない範囲内で設定した加速度以上の地震動を感知した場合には、ポンプの停止、緊急遮断弁の

閉鎖等の措置が講じられるようにすること。
とされている。

〈法令〉
　危規則　第28条の33第2項、第40条の4
　危告示　第4条の20第2項、第44条、第48条、第50条

〈施設〉
　屋外タンク貯蔵所、移送取扱所

ガソリン携行缶

　「専ら乗用の用に供する車両（乗用の用に供する車室内に貨物の用に供する部分を有する構造のものを含む。）」によりガソリンを運搬するための容器には、特定の構造及び最大容積の基準があり、一般にこの容器を「ガソリン携行缶」という。具体的には、ガソリン携行缶については、構造が金属製で最大容積が22ℓで、落下試験、気密試験、内圧試験及び積み重ね試験に適合する性能を有しなければならない。

　危険物保安技術協会は、製造業者や輸入業者の申請に基づき、「ガソリン携行缶」の性能に係る落下試験等の試験確認を実施するとともに、国民がガソリン携行缶を購入する際の判断に資するよう、基準に適合していると認められる携行缶には、申請者が試験確認済証（例）を携行缶本体に表示できることとしている。

試験確認済証（例）

　2013年8月15日に京都府福知山市における花火大会会場において発生した事故に鑑み、次のラベルをガソリン携行缶の注ぎ口近傍に表示するようになっている。

ラベルの例

！噴出注意！
★周囲の安全を確認
★フタを開ける前に
①エンジン停止
②エア抜きをする
★高温の場所禁止

〈法令〉
　危規則　第43条第2項、第4項
　危告示　第68条の4、第68条の5

ガソリンの容器への詰替え販売

　令和元年7月18日、京都市伏見区にて死者36名、負傷者34名（容疑者1名を含まず）の人的被害を伴う爆発火災が発生した。この火災を受け、ガソリンを容器に詰め替えて販売する場合には、消防法令に適合した容器を用いて行う等、消防法令の遵守を徹底するとともに、購入者に対する身分証の確認や使用目的の問いかけ、当該販売記録の作成（以下「顧客の本人確認等」という。）を行うこと

とされた。

1　顧客の本人確認について

（1）　本人確認は、公的機関が発行する写真付きの証明書（以下「身分証等」という。）によって行う。

（例：運転免許証等）

（2）　以下のいずれかに該当する場合には、身分証等の提示を省略することができる。

　①　既に上記身分証等により本人確認が行われている顧客の場合

　②　顧客と継続的な取引があり、当該事業所において氏名や住所を把握している場合

　③　当該事業所や提携する企業が発行する会員証・組合員カードなど、あらかじめ本人確認が行われていて、当該事業所において顧客を特定することができる書類が提示されている場合

　④　顧客の所属する企業と継続的な取引があり、当該企業が発行する写真付き社員証が提示されている場合

2　使用目的の確認について

　使用目的の問いかけは、「農業機械器具用の燃料」、「発電機用の燃料」等の具体的な内容を確認する。

3　販売記録の作成について

　販売記録には、販売日、顧客の氏名、住所及び本人確認の方法、使用目的、販売数量を記入し、1年を目安としてこれを保存すること。また、販売記録の作成及び保存においては、個人情報の保護に関する法律に基づき、適切に運用する。

4　その他

（1）　顧客に対し、本人確認や使用目的の確認を求めた際、本人確認書類の提示等を拒否され、本人確認等が行えないにもかかわらず、詰替え販売を行った場合は、消防法令に係る技術上の基準違反となる。また、本人確認等を行う際、氏名、住所、使用目的等を明らかにすることを拒否する等、顧客の言動等に不審な点を感じた場合は、警察署へ通報する。

（2）　震災時、風水害発生時又は長時間停電の発生時など、災害その他緊急やむを得ない場合において、ガソリンの詰替え販売を行う場合は、顧客の本人確認、使用目的の確認及び販売記録の作成を省略することができる。

〈法令〉

危政令　第27条第3項

危規則　第39条の3の2

令和元年7月25日消防危第95号

令和元年12月20日消防危第197号

〈施設〉

給油取扱所

架台

屋内貯蔵所及び屋外貯蔵所において危険物を収納した容器を収容するための棚。

架台の構造及び設備は次のとおり。

1　不燃材料で造るとともに、堅固な基礎（地盤面）に固定する。

2　架台及びその附属設備の自重、貯蔵する危険物の重量、地震の影響等の荷重によって生ずる応力に対して安全な

ものである。

3　危険物を収納した容器が容易に落下しない措置を講ずる。

4　高さは、6m未満（屋外貯蔵所のみ）とする。

架台の耐震対策は、平成8年10月15日消防危第125号通達でも示されている。

〈法令〉

危政令　第10条第1項、第16条第1項

危規則　第16条の2の2、第24条の10

平成8年10月15日消防危第125号通達

〈施設〉

屋内貯蔵所、屋外貯蔵所

加熱及び保温のための設備

物質の性状によって、配管等の加熱及び保温のために設置する設備。

設備として、単に断熱材のみを施工したもの、断熱材と熱媒油配管、スチーム配管、電熱線等を組み合わせたもの等がある。

〈法令〉

危政令　第9条第1項

危規則　第28条の11、別表第1の2

〈施設〉

製造所、移送取扱所

加熱分解

熱の作用、すなわち加熱によって起こる分解反応。熱分解とも呼ばれる。

危険物第五類自己反応性物質の判定は、爆発の危険性を判断するための試験とともに、加熱分解の激しさを判断するための試験により行う。

加熱分解の激しさを判断するための試験として破裂板及び孔径1mmのオリフィス板を取り付けた圧力容器の中の試験物品を加熱する圧力容器試験を行い、破裂板が破裂する場合に加熱分解の激しさに係る性状を示すものとされる。

〈法令〉

消防法　別表第1備考18

危政令　第1条の7第4項、第6項

可燃性液体類

消防法第9条の4で定義される指定可燃物のひとつ。

消防法第9条の4で指定可燃物とは「わら製品、木毛その他の物品で火災が発生した場合にその拡大が速やかであり、又は消火の活動が著しく困難となるものとして政令で定めるもの」と定義され、更に危険物の規制に関する政令第1条の12では、「別表第4の品名欄に掲げる物品で同表の数量欄に定める数量以上のもの」が指定可燃物として位置づけられる。

可燃性液体類は、

1　1気圧において引火点が40℃以上70℃未満の液体で可燃性液体量が40％以下であって燃焼点が60℃以上のもの。

2　1気圧において引火点が70℃以上250℃未満の液体（1気圧において温度20℃で液状のものに限る）で可燃性液体量が40％以下のもの。

3　動物の脂肉等又は植物の種子若しくは果肉から抽出したものであって、1気圧において引火点が250℃未満の液体（1気圧において温度20℃で液状

のものに限る）で一定の要件を満たす
屋外貯蔵タンク、屋内貯蔵タンク若し
くは地下貯蔵タンクに加圧しないで常
温で貯蔵保管されているもの又は一定
の要件を満たす容器に収納され貯蔵保
管されるもの。

4　1気圧において温度20℃で液状を示
すもので引火点が250℃以上のもの。

で、危政令別表第4で示す数量は、2㎥
である。

〈法令〉
　危政令　別表第4
　危規則　第1条の3第1項～第3項

可燃性固体

　危険物第二類に類別される危険物。
　固体であり、

1　火炎による着火の危険性を判断する
ための小ガス炎着火試験において試験
物品が10秒以内に着火し、かつ、燃
焼を継続する

2　引火の危険性を判断するためのセタ
密閉式引火点測定器により引火点を測
定する試験において40℃未満の引火
点が測定される

ものである。

〈法令〉
　消防法　別表第1
　危政令　別表第3、別表第4
　危規則　第1条の4、第39条の2第
　　　　　3項

可燃性の蒸気

　可燃性の液体が蒸発したものであり、
ガソリン等の可燃性液体の蒸気をいう。

　可燃性の蒸気が滞留するおそれのある
建築物には、その蒸気を屋外の高所に排
出する設備を設ける必要がある。

　可燃性の蒸気は空気より重いため、万
が一危険物等が漏えいした場合にその蒸
気は、床面、地盤面に沿って流れ、くぼ
み等に滞留するので、可燃性の蒸気が滞
留するおそれのある場所では、電線と電
気器具とを完全に接続し、かつ、火花を
発する機械器具、工具、履物等を使用し
てはならない。

　ここで、可燃性の蒸気が滞留するおそ
れのある建築物及び場所とは、危険物を
露出して取り扱う部分を有する設備等、
通常の危険物の取扱い状態で、可燃性の
蒸気を放出する設備が設置されている、
又は、危険物を取り扱う設備の保守、管
理等の際、可燃性の蒸気を放出する設備
が設置されている建築物等が該当する。

〈法令〉
　危政令　第9条第1項、第10条第1
　　　　　項、第11条第1項、第15条第
　　　　　1項、第17条第1項、第2項、
　　　　　第24条他
　危規則　第20条第3項、第5項
　危告示　第61条

〈施設〉
　製造所、屋内貯蔵所、屋外タンク貯蔵
　所、地下タンク貯蔵所、移動タンク貯
　蔵所、給油取扱所、販売取扱所、移送
　取扱所、一般取扱所

可燃性の微粉

　粉体硫黄、金属粉等の微粉。
　空気中で粉じん爆発を起こしやすい。

可燃性の微粉が滞留するおそれのある
建築物には、その微粉を屋外の高所に排
出する設備を設ける必要がある。

可燃性の微粉が著しく浮遊するおそれ
のある場所では、電気設備は防爆構造と
し、静電気の蓄積を防止するとともに、
火花を発する機械器具、工具、履物等を
使用してはならない。

ここで、可燃性の微粉が滞留するおそ
れのある建築物及び場所とは、危険物を
露出して取り扱う部分を有する設備等、
通常の危険物の取扱い状態で、可燃性の
微粉を放出する設備が設置されている、
又は、危険物を取り扱う設備の保守、管
理等の際、可燃性の微粉を放出する設備
が設置されている建築物等が該当する。

〈法令〉
　危政令　第9条第1項、第18条第1
　　　　　項、第24条
　危規則　第28条の55第2項、第28
　　　　　条の55の2第3項、第28条の
　　　　　57第4項、第33条第2項
〈施設〉
　製造所、販売取扱所、一般取扱所

可搬式制御機器

顧客に自ら給油等をさせる給油取扱所
において、顧客の給油作業等を監視し、
制御し、並びに顧客に必要な指示を行う
ためのタブレット端末（タブレット端末
若しくはモバイル決済端末）等の携帯型
の電子機器。

可搬式制御機器サーバ機能（API）を
搭載した制御卓に設ける制御装置、可搬
式制御機器と通信するための Wi-Fi アク

セスポイント、可搬式制御機器が給油許
可エリア内に入っているかを確認するた
めに使用するビーコンと合わせて構成さ
れる。

可搬式の制御機器を設けたセルフスタ
ンドにおける位置、構造及び設備に係る
技術上の基準は、

1　可搬式の制御機器を用いて給油許可
　を行うことができる場所の範囲は、各
　給油取扱所のレイアウト等を考慮の
　上、従業者が適切に監視等を行うこと
　ができる範囲となるよう設定すること
　が適当であるため、位置に応じて当該
　機器の給油許可機能を適切に作動さ
　せ、又は停止させるためのビーコン等
　の機器を配置する。

2　可搬式の制御機器の給油停止機能及
　び一斉停止機能は、火災その他災害に
　際して速やかに作動させること等が必
　要であることから、上記の範囲を含め、
　給油空地、注油空地及びその周辺の屋
　外において作動させることができるよ
　うにする。

であり（危規則第28条の2の5第7号
関係）、可搬式の制御機器を用いて給油
許可等を行う場合には、使用する制御機
器の機能（給油許可の制御機能及び停止
機能等）に係る位置、構造及び設備の技
術上の基準への適合性を確認する必要が
あることから、消防法第11条第1項に
基づく変更許可を要するものである。

また、可搬式の制御機器を設けたセル
フスタンドにおける取扱いの技術上の基
準は、

1　可搬式の制御機器を用いて給油許可

等を行う場合の顧客の給油作業等の監視は、固定給油設備や給油空地等の近傍から行うこと。

である。(危規則第40条の3の10第3号イ関係)

なお、給油取扱所において携帯型電子機器を使用する場合には、電気火花等によりガソリン等の可燃性蒸気に着火しないようにするとともに、適切な給油作業等の妨げとならないようにすることが必要となることから、「給油取扱所において携帯型電子機器を使用する場合の留意事項等について」(平成30年8月20日消防危第154号) が取りまとめられており、主な内容は次のとおりである。

1 携帯型電子機器の規格

防爆構造のもの又は下記のいずれかの規格に適合するものとする。

⑴ 国際電気標準会議規格(IEC)60950-1

⑵ 日本産業規格(JIS)C 6950-1(情報技術機器―安全性―第1部:一般要求事項)

⑶ 国際電気標準会議規格(IEC)62368-1

⑷ 日本産業規格(JIS)C 62368-1(オーディオ・ビデオ、情報及び通信技術機器―第1部:安全性要求事項)

2 給油空地等における携帯型電子機器を使用する場合の留意事項

給油空地等における使用については、給油作業等の妨げとならないよう、以下の点に留意する。

⑴ 携帯型電子機器の落下防止措置を講ずる(肩掛け紐付きカバー、アームバンド等)。

⑵ 危険物の取扱作業中の者が同時に携帯型電子機器の操作を行わない。

⑶ 火災や危険物の流出事故が発生した場合は、直ちに当該機器の使用を中止し、安全が確認されるまでの間、当該機器を使用しない。

3 予防規程

次に掲げる事項について、予防規程で明らかにする。この場合、上記の規格への適合性を確認するため、予防規程の認可の申請の際に、使用する携帯型電子機器の仕様書等を申請書に添付する。

⑴ 携帯型電子機器の仕様、当該携帯型電子機器への保護措置

⑵ 携帯型電子機器の用途、使用する場所及び管理体制

⑶ 携帯型電子機器の使用中に火災等の災害が発生した場合に取るべき措置

⑷ 火災等の災害発生時における応急対応を含め、可搬式の制御機器による給油許可を行う上で必要な教育・訓練を実施する。

〈法令〉

危規則　第28条の2の5第7号、第40条の3の10第3号

平成30年8月20日消防危第154号

令和2年3月27日消防危第87号

〈施設〉

給油取扱所

火薬類に係る適用除外

危険物のうち火薬類取締法第2条に掲げられた火薬類に該当する危険物につい

て、同法の規制と消防法との間で調整を行うもので、危政令で定める製造所等の位置、構造及び設備の基準並びに貯蔵及び取扱いの基準等に関して特例を定め、適用を除外するもの。

火薬類に該当する危険物は、

1 第一類の危険物のうち塩素酸塩類、過塩素酸塩類若しくは硝酸塩類又はこれらのいずれかを含有するもの。

2 第二類の危険物のうち硫黄、鉄粉、金属粉若しくはマグネシウム又はこれらのいずれかを含有するもの

3 第五類の危険物のうち硝酸エステル類、ニトロ化合物若しくは金属のアジ化物又はこれらのいずれかを含有するもの。

のうち火薬類取締法第2条に掲げられた火薬類である。

適用を除外する基準等は、

1 製造所・一般取扱所の基準

(1) 保有空地（危政令第9条第1項第2号）

(2) 地階の制限（危政令第9条第1項第4号）

(3) 壁、柱、床、はり及び階段は不燃材料（危政令第9条第1項第5号）

(4) 屋根は不燃材料で造り軽量な不燃材料で葺く。（危政令第9条第1項第6号）

(5) 窓及び出入口は防火設備（危政令第9条第1項第7号）

(6) 液状の危険物を取扱う建築物の床は危険物が浸透しない構造（危政令第9条第1項第9号）

(7) 20号タンクの位置、構造及び設備（危政令第9条第1項第20号）

(8) 配管の位置、構造及び設備（危政令第9条第1項第21号）

2 屋内貯蔵所の基準

(1) 保安距離（危政令第10条第1項第1号）

(2) 軒高が6m未満の平家建で、床は地盤面以上（危政令第10条第1項第4号）

(3) 床面積は1,000平方メートル未満（危政令第10条第1項第5号）

(4) 壁、柱及び床を耐火構造ではりを不燃材料（危政令第10条第1項第6号）

(5) 屋根は不燃材料で造り軽量な不燃材料で葺く。（危政令第10条第1項第7号）

(6) 引火点が70℃未満の危険物の貯蔵倉庫に滞留した可燃性蒸気を屋根上に排出する設備（危政令第10条第1項第12号）

3 消火設備の基準のうち消火器（危政令第20条第1項第3号）

4 取扱いの基準のうち廃棄の技術上の基準（危政令第27条第5項第3号）

5 電気設備の消火設備（危規則第36条）

6 警報設備の設置の基準（危規則第38条）

7 危険物の容器及び収納（危規則第39条の3）

8 運搬容器の材質（危規則第41条）

9 運搬容器の構造及び最大容積（危規則第43条）

であり、これらの基準の適用が除外される。

〈法令〉

　危政令　第41条

　危規則　第72条

〈施設〉

　製造所、屋内貯蔵所、一般取扱所

ガラスクロス

　ガラス繊維の糸を交差させて織って布状にしたもの。

　ガラスマットよりも薄いが長い繊維を織り込んでいるので、引っ張り強度が高い。薄く均一な成型品を作るときなどに使用される。

　ガラスクロスは、

1　地下貯蔵タンクのうち二重殻タンクの強化プラスチックの強化材

　（JIS R 3416）

2　地下埋設配管に塗覆装を行う場合において塗装材による塗装を保護又は補強するための十分な強度を有する覆装材の一つ。

3　移送取扱所の地下又は海底に設置する配管等に塗覆装を行う場合において塗装材による塗装を保護又は補強するための十分な強度を有する覆装材の一つ。

として使用される。

〈法令〉

　危規則　第24条の2の2第3項

　危告示　第3条、第22条

〈施設〉

　地下タンク貯蔵所、移送取扱所

ガラスマット

　短く切ったガラス繊維をランダムに重ねて布状にしたもの。

型の曲面にもなじみやすく重ね合わせて目的の厚みにすることができる。

　ガラスクロスに比較して引っ張り強度は低いが樹脂は浸み込みやすい。

　ガラスマットは、

1　地下埋設配管に塗覆装を行う場合において塗装材による塗装を保護又は補強するための十分な強度を有する覆装材の一つ。

2　移送取扱所の地下又は海底に設置する配管等に塗覆装を行う場合において塗装材による塗装を保護又は補強するための十分な強度を有する覆装材の一つ。

として使用される。

〈法令〉

　危告示　第3条、第22条

〈施設〉

　地下タンク貯蔵所、移送取扱所

カリウム

　危険物第三類である自然発火性物質及び禁水性物質の品名に掲げられる物品のひとつで、指定数量は10kg。

　リチウム、ナトリウムと同じアルカリ金属である。

　物性等は次のとおりである。

　銀白色の柔らかい金属で、比重0.86、融点63.2℃の物性を有し、融点以上に加熱すると、紫色の炎を出して燃える。

　水と激しく作用して水素ガスと熱を出し発火し、場合によっては爆発する。（発生した水素とカリウム自体が燃焼する。）

$$2K + 2H_2O \rightarrow 2KOH + H_2 + 388kj$$

　アルコールに溶け金属アルコキシドであるカリウムアルコキシドと水素を生成

する。

$$2K + 2CH_3OK \rightarrow 2CH_3OK + H_2$$

ハロゲン元素と激しく反応する。

高温では水素と反応する。

金属材料を腐食する。

吸湿性を示す。

触れると皮膚をおかすなど、多くの有機物に対して強い還元性を示し、その程度はナトリウムより強い。

〈法令〉

消防法　別表第1

危政令　第10条第1項、別表第3

危規則　第39条の2第2項

仮使用

すでに完成検査を受け使用している危険物施設の一部について変更の工事を行う場合、変更の工事に係る部分以外の部分を使用することについて市町村長等に申請し、市町村長等の承認を受けて、変更工事に係る完成検査を受ける前において当該承認を受けた部分を使用すること。

危険物施設の一部を変更する場合、許可申請を行ったことで、完成検査を受けるまで危険物施設内全体が使用できないのでは実情にそぐわないことから、危険物施設内の変更とは無関係な場所などについて仮使用申請し、危険性がないと認められた場合のみ、仮使用が認められる。

仮使用の承認に当たっては、当該仮使用の承認申請に係る施設の部分が、変更の工事中においても、火災の発生及び延焼のおそれが著しく少ない部分であるかどうかを調査し、必要に応じ防火上の措置を講ずるよう指導のうえ、火災の発生

及び延焼のおそれが著しく少ないと認められる場合に限り承認すべきである。なお、承認を与えるかどうかは市町村長等の裁量に属する。

仮使用の承認を与えられた部分以外の部分を使用した場合は、仮使用の承認が取り消されることがあるほか、使用停止命令の対象となる。

〈法令〉

消防法　第11条第5項、第12条の2
　　　　第1項

危政令　第40条

危規則　第5条の2、第5条の3

仮貯蔵・仮取扱い

指定数量以上の危険物は、貯蔵所以外の場所でこれを貯蔵し、又は製造所、貯蔵所及び取扱所以外の場所でこれを取扱ってはならない制限があるが、所轄消防長又は消防署長の承認を受けて指定数量以上の危険物を、10日以内の期間に限り、仮に貯蔵し、又は取扱うこと。

承認を行う際には、

1　場所の安全性

(1)　付近に火気を使用する設備がないこと。

(2)　周囲に可燃性の物件等がないこと。

(3)　民家、学校等から適当な距離があること。

2　危険物の数量

制限はないが、品名、場所の広さ、周囲の状況等から判断する。

3　期間

時間的限度は10日以内であるが、多人数が集まることが予想される日は

避ける、又は岸壁において仮貯蔵又は仮取扱いに使用する場合は、次の船舶の入港予定を考慮に入れる等、具体的な諸条件によって決定する。

4　仮貯蔵又は仮取扱いの方法

5　湿度、風速等の気象条件

6　火災予防上の必要と思われる事項

等の条件を考慮する必要がある。

　なお、仮貯蔵又は仮取扱いが10日以内に限って認められている趣旨から、同一の事情の下においてでも、承認を引き続き受けることにより、実質的には10日を超えて貯蔵又は取扱いを行うことは、適当ではない。その貯蔵又は取扱いが一連のものである限り10日を超えてなされることは安全では有り得ないとして、原則として再承認は行うべきではない。

〈法令〉

　消防法　第10条第1項

簡易タンク貯蔵所

　容量600ℓ以下の簡易タンク3基以内で危険物を貯蔵する貯蔵施設。

　簡易貯蔵タンクは原則として屋外に設置することとされているが、一定条件に適合する場合は専用室内に設置することができる。

1　位置

　(1)　保安距離

　　　規制はない。

　(2)　保有空地

　　　屋外に設ける場合は、簡易貯蔵タンクの周囲に1m以上の空地を確保する。

2　構造

(1)　簡易貯蔵タンク1基の容量は600ℓ以下とする。

(2)　一の簡易タンク貯蔵所には簡易貯蔵タンクを3基まで設置できる。ただし、同一品質の危険物の簡易貯蔵タンクを2基以上設置できない。

(3)　簡易貯蔵タンクをタンク専用室に設ける場合は、タンクと専用室の壁との間に0.5m以上の間隔を保つ必要がある。なお、タンク専用室の構造は、屋内タンク貯蔵所のタンク専用室の基準（危政令第12条第1項第12号及び第13号）を準用する。

(4)　簡易貯蔵タンクは、容易に移動しないように地盤面、架台等に固定する。

(5)　簡易貯蔵タンクは、厚さ3.2mm以上の鋼板で造り、その外側にさび止めの塗装をするとともに、70kPaの圧力で10分間行う水圧試験で漏れ又は変形しないものとする。

3　設備

(1)　簡易貯蔵タンクには危規則第20条に基づき通気管を設ける。

(2)　簡易貯蔵タンクに給油又は注油のための設備を設ける場合は、給油取扱所の固定給油設備又は固定注油設備の基準（危政令第17条第1項第10号）による。

〈法令〉

　危政令　第2条、第14条第1項、第17条第1項、第31条の2

　危規則　第27条の5第4項、第32条の11

〈施設〉

　簡易タンク貯蔵所

67

換気・排出設備

　換気設備は、換気が不十分になりがちな建築物内に、危険物の取扱中の事故を防止するために十分な換気を行うために設ける設備。併せて空気の流れが生じることで建築物内の室温を上昇させない効果も見込める。換気の設備として自然の換気による設備（自然換気設備）と動力を用いた強制的に排出する設備（強制換気設備）に大別される。

　換気設備を設ける建築物のうち、可燃性の蒸気又は可燃性の微粉が滞留する恐れのある建築物には、その蒸気又は微粉を屋外の高所に放出するための排出設備として強制換気設備を設ける必要がある。可燃性蒸気排出設備及び強制換気設備の排出口の位置は、強制換気設備を設置する建築物の軒高以上の高さで、かつ、地上4m以上の高さとする必要がある。通気筒にブロアーを設けるのも強制的換気の一方法であるが、この場合においては、通気筒の下部は床面に接近させる必要がある。

　他建物の一部にある屋内貯蔵所および屋内タンク貯蔵所の換気及び排出の設備には、防火上有効なダンパー等を設ける。防火上有効なダンパー等を設けることにより、延焼のおそれのある耐火構造の外壁に換気及び排出設備を設けている場合にも危険物を取り扱う建築物は、壁、柱、床、はり及び階段を不燃材料で造るとともに、延焼のおそれのある外壁を出入口以外の開口部を有しない耐火構造の壁とみなすことが出来る。

〈法令〉

　危政令　第9条第1項第10号、第10条第1項第12号、第10条第3項第7号、第11条第1項10の2号リ、ヌ、第12条第1項第18号、第12条第2項第7号、第14条第1項ニ、第17条第1項第20号ロ、ハ、第18条第1項第9号ヘ、第24条第6項

　危規則　第22条の6第1号ホ、第22条の3の2第3項第8号ロ、第28条の55第2項第6号、第7号、第8号、第28条の55の2第3項第4号、第28条の57第4項第4号、第28条の57第4項第9号ハ、ニ、第10号

〈施設〉

　製造所、屋内貯蔵所、屋外タンク貯蔵所、屋内タンク貯蔵所、給油取扱所、販売取扱所、一般取扱所

関係市町村長・関係都道府県知事

　移送取扱所は複数の地方公共団体にまたがって設置される場合があり、この場合当該移送取扱所の許可権者は、

1　消防本部等所在市町村以外の市町村の区域又は二以上の市町村の区域にまたがる場合は、都道府県知事

2　二以上の都道府県の区域にまたがる場合は、総務大臣である。

　ここで許可権者に該当しないが移送取扱所が設置されることとなる地方公共団体が関係市町村長、そして関係都道府県知事である。

　都道府県知事又は総務大臣の許可に係

る移送取扱所は安全防災上の観点から関係地方公共団体の意向が反映される必要があり、許可権者が当該移送取扱所の設置又は変更の許可を行おうとする際に、許可権者が総務大臣の場合には関係市町村長及び関係都道府県知事が、都道府県知事の場合には関係市町村長が意見を申し出ることができる。(意見申出権)

関係市町村長は、

1　設置又は変更の工事に際し技術上の基準に適合しない工事が行われている
2　使用開始後において位置、構造及び設備が技術上の基準に適合するように維持されていない
3　危険物の取扱いが法令に違反している

等の場合に許可権者である都道府県知事又は総務大臣に必要な措置を講ずべきことを要請することができる。(措置要請権)

また関係市町村長は、特定移送取扱所において、危険物の流出その他の事故が発生し、危険な状態になった場合において講ずべき応急の措置についてあらかじめ所有者等と協議しておくことができる。(保安上の協議権)

〈法令〉

消防法　第11条第3項、第4項、第12条の4、第12条の5

〈施設〉

移送取扱所

感震装置

あらかじめ設定された加速度以上の加速度を地震により感知した場合に電気信号を発生することのできる装置で、概ね10から100ガルの範囲の加速度値に設定することができる。

検知方式には、

1　機械的方式：振り子の揺れにより検出用接点が接触することにより検知するもの。
2　電気的方式：振り子の揺れを板ばねのひずみとしてとらえ、これを圧電素子により電流変化として検知するもの。

がある。

移送取扱所の配管経路には、感震装置等を配管経路の25km以内の距離ごとの箇所及び保安上必要な箇所に設ける必要があり、

1　移送取扱所の配管経路に設けられた感震装置又は強震計が80ガル以下に設定した加速度以上の地震動を検知した場合に緊急遮断弁を速やかに閉鎖すること。
2　特定移送取扱所に設けられた感震装置が40ガルを超えない範囲内で設定した加速度以上の地震動を感知した場合には、ポンプの停止、緊急遮断弁の閉鎖等の措置が講じられるようにすること。

とされている。

〈法令〉

危規則　第28条の30、第28条の33第2項、第28条の35、第40条の4、別表第1の2

危告示　第44条、第50条、第57条第2項

〈施設〉

移送取扱所

完成検査

　設置許可又は変更許可を受けた危険物施設を設置し、又はその位置、構造若しくは設備を変更した後、その位置、構造及び設備が技術上の基準に適合しているか否かを市町村長等が確認する検査。

　許可がなされた後に危険物施設の工事がなされ、これが完成したときには完成検査を受けなければならないが、許可が書類上の設計審査であり、これだけでは危険物施設の基準適合性を確認するには十分ではないので、許可された計画に従い基準に適合するように造られたか否かを確かめるものである。

　この検査に合格した後でなければ危険物施設として使用してはならない。

　完成検査を受けないで危険物施設を使用した場合には、設置又は変更を問わず、また、変更部分のみならず当該危険物施設全体について使用の停止を命ずることができる。

　完成検査は、設置許可又は変更許可を受けた時点での危険物施設のあるべき状態（許可内容）と、現実に工事を完了した段階における危険物施設の位置、構造及び設備とが一致しているかどうかを審査するものであり、形式的には技術基準に適合している危険物施設であってもその位置、構造又は設備の全部又は一部が許可内容と一致しない場合は検査不合格となる。

　検査事項は、設置許可、変更許可を問わず当該対象危険物施設の位置、構造及び設備の全部であると解される。なお、石油コンビナート等災害防止法による第一種事業所の新設等の届出があり、消防法上の危険物施設の許可が行われた場合、市町村長等は、完成検査時において当該危険物施設が石油コンビナート等災害防止法の規程による届出に係る計画に適合しているかについてもあわせて審査しなければならない。

　また完成検査前検査を義務付けられる危険物施設については完成検査前検査により検査を受けた事項については完成検査を受ける必要はない。

　完成検査は申請により行われ、これに合格したときは完成検査済証が交付される。

　完成検査済証の交付日が法令上の完成検査を受けた日となる。

〈法令〉

　　消防法　第11条第5項、第11条の2
　　　　　第1項、第2項、第3項、第
　　　　　12条の2第1項
　　危政令　第8条他
　　石災法　第9条第3項

完成検査済証

　市町村長が行った完成検査の結果、

1　製造所は、危政令第9条、第20条から第22条
2　貯蔵所は、危政令第10条から第16条、第20条から第22条
3　取扱所は、危政令第17条から第19条、第20条から第22条

に定める技術上の基準（完成検査前検査にかかるものを除く。）に適合していると認められたときに、当該完成検査を申請したものに交付するもの。

　危規則の様式第10に移動タンク貯蔵

所以外の危険物施設に係る様式、同じく様式第11に移動タンク貯蔵所に係る様式が規定されている。

なお移動タンク貯蔵所については、行政機関が路上における立入検査を実施する際に、移動タンク貯蔵所の現状が適正なものであるかどうかの確認を適切に実施する必要があることから完成検査済証を備え付けておかなければならない。

全ての危険物施設に係る完成検査済証は、亡失、滅失、汚損又は破損した場合は再交付されるが、特に移動タンク貯蔵所は事故又は不注意により亡失又は滅失することも考えられることから導入されたものである。

〈法令〉

危政令　第8条第3項、第4項、第5項、第6項、第26条第1項

危規則　第6条第2項、第3項、第62条の5第1項、第62条の5の2第2項、第62条の5の3第2項、第62条の5の4

完成検査前検査

設置又は変更許可を受けた危険物施設で液体の危険物を貯蔵し、又は取り扱うタンクを設置又は変更する場合に、危険物施設全体の完成検査を受ける前に工事の工程ごとに市町村長が行う検査。完成検査前検査は、水張（水圧）検査、基礎・地盤検査及び溶接部検査があるが、基礎・地盤検査及び溶接部検査は容量1,000kℓ以上の液体の危険物を貯蔵する屋外貯蔵タンク（特定屋外貯蔵タンク）に限られる。

市町村長は、完成検査前検査実施後、技術上の基準に適合すると認められたときは、完成検査前検査を申請した者に通知（水張検査又は水圧検査は、タンク検査済証の交付）する。

完成検査前検査は当該タンクの設置場所で行うのが一般的であるが、水張検査又は水圧検査は、製造地で検査を受けることもできる。

また、完成検査前検査において消防法第10条の技術基準に適合していると認められた特定事項に係る危険物施設の設置又はその位置、構造若しくは設備の変更の工事につき、完成検査を受けるときは、当該特定事項については、完成検査を受けることを要しない。

なお市町村長等は、完成検査前検査のうち基礎・地盤検査及び溶接部検査に係る審査を危険物保安技術協会に委託することができる。

〈法令〉

消防法　第11条の2

危政令　第8条の2第5項～第7項

危規則　第6条の3、第6条の4第1項、第6条の5

慣性力

加速度系である地震動では、ある物体に対して「質量」×「加速度」の値に等しい力が加速度の方向と反対に働くが、この力はあくまで見かけ上の力であり、この見かけ上の力を慣性力という。

屋外貯蔵タンクの慣性力の計算は、特定屋外貯蔵タンクはタンクの応答を考慮し、特定屋外貯蔵タンク以外の屋外貯蔵タンクは、タンクの応答が小さいことか

ら静的震度法による。

1　特定屋外貯蔵タンク以外の屋外貯蔵
タンクの地震動による慣性力

屋外貯蔵タンクの自重と当該タンク
に貯蔵する危険物の重量との和に、設
計水平震度を乗じて求めた値。設計水
平震度は、危告示第4条の23により
算定する。

2　特定屋外貯蔵タンクの地震動による
慣性力

水平方向及び鉛直方向地震動による
本体慣性力を考慮する。

〈法令〉

危規則　第21条第1項、第2項

危告示　第4条の20第1項、第4条
の23、第4条の45第1項、第
13条第1項、第2項

〈施設〉

屋外タンク貯蔵所

完全溶込み突合せ溶接

母材の溶接を施す部分に開先とよばれ
る溝を設け、この開先の中に溶着金属を
溶かし込むとともに、母材の一部も溶け
込ませて一体化する溶接が突合せ溶接で
あり、溶接する部材を完全に溶かし込む
突合せ溶接を完全溶込み突合わせ溶接と
いう。

特定屋外貯蔵タンクの側板の縦継手及
び水平継手は完全溶込み突合わせ溶接で
行う。

側板縦継手は液圧による円周方向引張
応力を直接受けるので完全溶込みとする。

側板水平継手は正常状態においては引
張応力を発生せず、上部の荷重を受ける

だけであるが、内圧がかかる場合、風、
地震などでそのモーメントによる曲げ作
用等の影響と溶接部の信頼性及び検査を
考慮して完全溶込みとする。

〈法令〉

危規則　第20条の4第3項

〈施設〉

屋外タンク貯蔵所

感知器

火災報知設備の構成部品のひとつで、
火災により生ずる熱、燃焼生成物である
煙又は炎を利用して自動的に火災の発生
を感知し、火災信号又は火災情報信号を
受信機若しくは中継器又は消火設備等に
発信するもの。

火災を感知する方式の違いにより、熱
感知器、煙感知器及び炎感知器の3種類
に大別される。

〈法令〉

消防法　別表第3

危規則　第38条第2項

火災報知設備の感知器及び発信機に係
る技術上の規格を定める省令

〈施設〉

製造所、屋内貯蔵所、屋外タンク貯蔵
所、屋内タンク貯蔵所、給油取扱所

管継手

危険物、水、水蒸気、空気等液体や気
体の配管を接続し、配管の方向、口径を
変え、配管を分岐させるため等に用いる
継手である。

用途に応じて種々の形状がある。溶接
での接続により管と一体化させたタイプ

とボルト等で接続した取り外しが可能な
タイプに大別される。

〈法令〉

　危規則　第22条の3第3項、第28条
　　の4

　危告示　第5条、第15条

〈施設〉

　屋外タンク貯蔵所、移送取扱所

緩燃性でない映画フィルム

　映画のフィルムの一種で、可燃性映画
フィルム又は速燃性映画フィルムを指す。

　危険物第五類であるニトロセルロース
を主体とし、燃焼性は激しく、特に燃焼
速度が大きい。

　緩燃性でない映画フィルムを映写する
映写室には構造及び設備について技術上
の基準が定められている。

　なお、緩燃性映画フィルムは、アセチ
ルセルロース（酢酸セルロース）を主体
とするもので、燃焼性が低く、緩燃性の
ものである。最近の映画フィルムは緩燃
性であり、36mmの標準フィルムの場合
は、パーポレーション（横にある穴）の
外の耳の部分にSAFETYの文字があ
る。また16mmフィルムは緩燃性映画
フィルムである。

〈法令〉

　消防法　第15条

　危政令　第39条

　危規則　第66条、第67条

岩盤タンク

　屋外タンク貯蔵所の一形態であり、岩
盤内の空間を利用する液体危険物タンク。

　岩盤タンクは、地下水面下の岩盤内に
直径20〜30m、長さ500m程度の横穴（空
洞）を掘削し、鋼板などの内張りをしな
いで、壁面を吹付けコンクリートで覆った
もので、この空間内に原油を貯蔵する。
当該空間の周りの岩盤にある自然または
人工の地下水圧を空間内の圧力より高く
維持することにより漏油・漏気を防止す
る水封システムを採用した構造となって
いる。

　特徴、水封システムのしくみ、主な法
令基準は次のとおりである。

1　特徴

（1）　地中に貯蔵することから陸上部の
　　　土地面積が少なくてすむ。

（2）　タンクが地中にあることから景観
　　　への影響が少ない。

（3）　地中構造物であるので、地震の影
　　　響が少ない。

（4）　岩盤内で貯蔵しているため、地表
　　　面への漏油、拡散の危険性が低い。

2　水封システムのしくみ

　　横穴（空洞）周辺の岩盤内に存在す
　る地下水の水圧を、貯蔵された原油及
　び蒸発ガスの圧力より高く保持するこ
　とによって、原油は地下水によって封
　じ込められ、漏油・漏気を防いでいる。

　　タンク内部に浸み出た地下水は底部
　に溜まりその上に原油は浮いた形で安
　全に貯蔵される。自然にこの水圧が保
　持される場合を「自然水封」、人工的
　に水を供給することにより水封を維持
　する場合を「人工水封」という。

3　主な法令基準

（1）　岩盤タンクの内壁から岩盤タンク

の最大幅の５倍の水平距離を有する範囲の地下水位は、安定したものであることとされている。

(2)　岩盤タンク及び坑道その他の設備は、地震の影響等の想定される荷重によって生ずる応力及び変形に対して安全なものであることとされている。

(3)　消防法において定期保安検査の周期は10年とされている。

内部開放は岩盤タンクという特性上行わないが、岩盤タンクの構造に関する検査として、地下水位の安定性（人工水封水供給量、岩盤タンクの湧水量、観測井戸の地下水位等）及びサービストンネル、竪坑上部室等坑道の変状等について、安全性を確認することとされている。

久慈国家石油備蓄基地、菊間国家石油備蓄基地及び串木野国家石油備蓄基地に設置されている。

〈法令〉
　危政令　第８条の２第３項、第５項、第８条の２の３第４項、第８条の４第２項、第３項、第６項、第７項、第11条第５項
　危規則　第３条第２項、第４条第３項、第５条第３項、第６条の２の７、第６条の５、第22条の２の８、第22条の３第３項、第22条の３の２第３項、第33条第２項、第38条第１項、第62条の３第３項、第62条の５第１項

〈施設〉
　屋外タンク貯蔵所

岩盤タンク検査

岩盤タンクのタンク構造に関する事項についての完成検査前検査。

岩盤タンクのタンク本体に関する工事の開始前に申請する。

岩盤タンクの構造及び設備に関する事項のうちタンク本体の安定性に係る基準として

1　岩盤タンクは、地下水位から十分な深さとするとともに、その岩盤は、構造に支障を及ぼす断層等のない堅固なものとし、かつ、変位が収束していること。

2　岩盤タンクのプラグ（岩盤タンクの坑道に接続する部分に設ける遮へい材をいう。）は、鉄筋コンクリート等で気密に造るとともに、その配管が貫通する部分及び岩盤と接触する部分は、危険物又は可燃性の蒸気の漏れがないこと。

に適合しているかどうかについて市町村長等が行う検査を受けなければならない。

この検査については、市町村長は技術上の基準に適合するかどうかの審査を危険物保安技術協会に委託することができる。

〈法令〉
　危政令　第８条の２第５項
　危規則　第６条の２の７、第６条の５

〈施設〉
　屋外タンク貯蔵所

危害予防規程

火薬類取締法において、災害の発生を

防止するため、保安の確保のための組織及び方法その他経済産業省令で定める事項について記載した、製造業者が定め、経済産業大臣の認可を受けるもの。

危険物関係法令では、定期点検をしなければならない製造所から除かれるものとして、火薬類取締法に基づく危害予防規程を定めている製造所としている。

〈法令〉
　危規則　第9条の2

規格最小降伏点

配管や板等の材料等で許容される規格として示された降伏点のうち最も低い数値。
〈法令〉
　危規則　第28条の5第2項、第3項
　危告示　第4条の16の2、第4条の
　　　　　21、第4条の21の4、第4条
　　　　　の34、第4条の47、第4条の
　　　　　50、第16条
〈施設〉
　屋外タンク貯蔵所、移送取扱所

危険等級

危険物の危険性の程度に応じた区分で、危険等級Ⅰ、危険等級Ⅱ及び危険等級Ⅲの3の区分がある。危険度は、危険等級Ⅰ＞危険等級Ⅱ＞危険等級Ⅲの順となる。

危険等級は、品名、数量、注意事項等とともに危険物の運搬容器の外部に表示しなければならない表示のひとつである。

なお材質、形状並びに容積又は重量によっては危険等級に応じて運搬容器として適さないものもある。

危険等級	類別	品名等
Ⅰ	第一類	第一種酸化性固体の性状を有するもの
	第三類	カリウム、ナトリウム、アルキルアルミニウム、アルキルリチウム、黄りん及び第一種自然発火性物質、禁水性物質の性状を有するもの
	第四類	特殊危険物
	第五類	第一種自己反応性物質（圧力容器試験において破裂板が破裂するもの）の性状を有するもの
	第六類	全て
Ⅱ	第一類	第二種酸化性固体の性状を有するもの
	第二類	硫化リン、赤リン、硫黄及び第一種可燃性固体（小ガス炎着火試験において試験物品が3秒以内に着火しかつ燃焼を続けるもの）の性状を有するもの
	第三類	危険等級Ⅰに掲げる危険物以外のもの
	第四類	第一石油類及びアルコール類
	第五類	危険等級Ⅰで掲げる危険物以外のもの
Ⅲ	第一類	危険等級Ⅰ及び危険等級Ⅱの危険物を除いたもの
	第二類	危険等級Ⅰ及び危険等級Ⅱの危険物を除いたもの
	第四類	危険等級Ⅰ及び危険等級Ⅱの危険物を除いたもの

〈法令〉
　危規則　第39条の2

危険物

消防法別表第一の品名欄に掲げる物品で、同表に定める区分に応じ同表の性質欄に掲げる性状を有するもので、性質に応じ第一類から第六類まで6つの危険物の類に分類されており、性質欄に掲げられた性状は、消防法別表第一の備考に、類ごとに定義されている。

危険物は、火災の予防という消防法の大きな目的を達成するために必要な限り

において規制を加える必要が認められるものであり、それ自体が発火する性質又は引火する性質を有するものはもちろんのこと、他の物品の発火又は引火を促進助長するものも含まれている。つまり消防法上の危険物は、一般に①火災発生の危険性が大きい、②燃焼速度が速い、③火災発生の場合に消火の困難性が高い、といった共通の特色を持っている。

危険物は、同じ品名でも、危険物を判定する試験により示された性状に応じてランク付けが行われるとともに、そのランクごとにその危険性を勘案して、指定数量が定められており、危険性の高い危険物は指定数量を少なく、危険性の低い危険物は指定数量を多くするという合理的な方法により、危政令別表第三に規定されている。

※参考：消防法の危険物は固体又は液体である。気体は該当しない。

〈法令〉

消防法　第2条第7項、別表第1

危政令　第1条、第1条の2、別表第3

危規則　第1条の2、第1条の3、第1条の4

危険物が浸透しない構造

液状の危険物を取り扱う施設において、危険物が流出した場合に、床面に危険物が浸透することを防止するための構造をいい、コンクリート造程度の非浸透性が必要である。

〈法令〉

危政令　第9条第1項、第10条第1項、第11条第1項、第12条第1項、第17条第1項、第18条第1項

危規則　第28条の55第2項、第28条の55の2第3項、第28条の56第3項、第28条の57第3項、第4項、第28条の60第4項、第28条の60の2第3項、第28条の60の4第3項他

〈施設〉

製造所、屋内貯蔵所、屋外タンク貯蔵所、屋内タンク貯蔵所、給油取扱所、販売取扱所、一般取扱所

危険物が浸透しない材料

液状の危険物を取り扱う施設において、危険物が流出した場合に、地盤面に危険物が浸透することを防止するために地盤面を覆う材料で、コンクリートがある。

〈法令〉

危政令　第9条第1項、第11条第1項

〈施設〉

製造所、屋外タンク貯蔵所、一般取扱所

危険物事業所

危険物施設である製造所、貯蔵所又は取扱所を有する事業所。

「事業所」とは、同一の事業主体に属し、同一の事業目的のために、一定の地域に集結して事業活動を行う各施設の総体をいう。いわゆるコンビナートを構成する各施設が、それぞれ別の経営主体に属する場面は、それらは別個の事業所である。ただし、資本、経営者等が共通である場合又はいわゆる親会社と子会社の関係にある場合は、同一の事業所とみて差し支

えない。また、同会社の同名の工場が2以上の離れた地域に分散所在している場合は、別個の事業所とされる。

なお、移送取扱所については、移送取扱所の一部が一団の事業用地の区域の外に設置されている場合であっても「事業所」の区域内にあるものとして扱われる。

指定施設の指定数量の和が3,000倍以上（移送取扱所を包含するものにあっては指定数量以上）の第四類の危険物を取り扱う危険物事業所は、危険物保安統括管理者を選任し、自衛消防組織を置かなければならない。

〈法令〉

消防法 第12条の7、第14条の4

危政令 第30条の3第1項第2項、第38条

危規則 第47条の4、第47条の5

危険物施設の技術基準

危険物施設の位置、構造及び設備の技術上の基準は、危政令で定める（消防法第10条第4項）。消防法では、位置、構造及び設備の基準のうち基本的な部分を危険物の規制に関する政令にゆだね、さらに細部については危険物の規制に関する規則及び危険物の規制に関する技術上の基準の細目を定める告示において規定することとしている。

また、危険物施設の位置、構造及び設備がいかに万全なものであっても、危険物施設において行われる危険物の貯蔵又は取扱いが安全面からみて不十分である場合は、真の危険物施設の安全が確保できないことはいうまでもない。消防法は

この見地から貯蔵及び取扱いの基準（消防法第10条第3項）を定めている。

また、危険物の貯蔵又は取扱いのいずれにも該当しないが、これらに類する概念として「移動タンク貯蔵所による危険物の移送」があり、これについては移送の基準が定められている（消防法第16条の2第2項）。

危険物施設の基準適合命令

危険物施設の位置、構造又は設備が技術上の基準に適合していないと認めるとき、危険物施設の所有者等で権原を有するものに対し、基準に適合するように当該施設を修理し、改造し、又は移転することを内容として市町村長等が発する命令。

技術上の基準に適合していない状態は、自然的原因（火災、地震、風水害、落雷、年月の経過に伴う劣化・朽廃等）又は人の過失によることを想定しているが、故意に行った変更措置が技術上の違反になる場合も命令を発することができる。

本命令は、いかなる点を修理し、改造し、又は移転すべきかを具体的に指摘し、また期限を指定し、これらを書面で行う必要がある。

本命令に基づき修理、改造又は移転をする場合、変更の許可及び完成検査、完成検査前検査の手続きが必要となる。

許可を受けないで危険物施設を変更することは禁じられており、その違反について罰則があるが、基準適合命令は、技術上の基準違反という現実の危険性を排除するためのものであり、義務違反に対する制裁である罰則とはその目的を異に

しており、両者が共になされることに差し支えはない。

本命令がなされた後、当該命令の内容を履行するのに必要な相当の期間が経過しても不履行のままでいるときは、危険物施設の許可の取り消し、又は期間を定めてその使用の停止を命ずることができる。

〈法令〉

消防法　第12条第2項

危険物施設の許可

危険物施設を設置しようとする者及び危険物施設の位置、構造又は設備を変更しようとする者が申請し、受理した市町村長等が審査した結果、

1　当該危険物施設の位置、構造及び設備が技術上の基準に適合している
2　当該危険物施設において危険物の貯蔵又は取扱いが公共の安全の維持又は災害の発生の防止に支障を及ぼす恐れのないものである

場合に、市町村長等が与える許可。

前記1については、消防法第10条第4項の規定により危険物施設の区分に基づき定められている政令（危険物の規制に関する政令）、省令（危険物の規制に関する規則）、告示（危険物の規制に関する技術上の基準の細目を定める告示）及びこれらの解釈、運用上の指針により審査される。

前記2については、危険物施設が完成した後行われるであろうと想定される危険物の貯蔵方法又は取扱い方法について審査される。

〈法令〉

消防法　第11条第1項

危険物施設の緊急使用停止命令等

危険物施設又はその周囲の状況が公共の安全の維持のうえで危険な状態となった場合に災害の発生の防止のため緊急の必要があると認めるとき発動されるものであり、市町村長等が、危険物施設の所有者等に対し当該危険物施設の使用を一時停止すべきことを命じ、又はその使用の制限を命じること。

使用の制限とは、使用の停止に至らない使用の規制であり、例えば、移送取扱所において送油量を通常の20％に減じたり、屋外タンク貯蔵所において貯油量を許可容量の50％を最大限とすることなどである。

この命令は、危険物施設の近隣において火災が発生した場合、危険物施設又はこれと密接な関連をもつ施設の一部で火災、爆発等が発生した場合などに発動することができるものであり、危険な状態となった原因が危険物施設にあるか否かを問わない。

命令の発動と対象危険物施設の事故あるいは基準不適合とは必ずしも関係がない。

この命令は、期間を限定しないで行うことができるが、危険な状態が収束する時期があらかじめ客観的に予測される場合等はできるだけ期限付きで命令することが望ましい。また、緊急の危険性が去ったときは、市町村長等は直ちに命令を解除すべきである。

本命令の発令者は市町村長等である

が、緊急性のある状況での発令であることから出場した消防吏員が現場で口頭で行うことができるが、その後その内容を明確にしておくために文書で交付することが望ましい。

この命令に違反して、危険物施設の使用を続け、又は使用の制限に応じない者に対しては罰則が適用される。

〈法令〉

消防法　第12条の3、第42条第1項

危険物施設の使用停止命令

危険物施設の所有者等に一定の義務違反があった場合に、当該危険物施設を一定期間使用停止することを内容として市町村長等が発する命令。

「使用の停止を命じる」とは危険物施設について、その本来の用途である危険物の貯蔵又は取扱いの用に供することを禁止する旨の命令を発する意味であって、危険物施設を全面的に閉鎖させる旨の命令を発することまでを認めるものではない。したがって、使用停止命令の対象となっている危険物施設について危険物の貯蔵、取扱い等に無関係な使用をすることはさしつかえない。

使用停止命令は、期間を定めて行わなければならず、無期限の使用停止命令はできない。また、命令期間内であっても違反事由が解消した場合は、市町村長等は、期間にこだわることなく直ちに命令を撤回すべきである。

しかし当初の停止命令期間内に使用停止命令の要因となった違反事由が解消しない場合、命令をさらに期間を定めて更新する（再度命令をする）ことを妨げるものではない。

使用停止命令を発することができる事由は次のとおりである。

1　無許可変更

位置、構造又は設備を無許可で変更したとき。（消防法第11条第1項）

2　完成検査前使用

完成検査済証の交付前に使用したとき又は仮使用の承認を受けないで使用したとき。（消防法第11条第5項）

3　危険物の貯蔵取扱基準の遵守

危険物の貯蔵、取扱い基準の遵守命令に違反したとき。ただし、移動タンク貯蔵所は市町村長の管轄区域において、その命令に違反したとき。（消防法第11条の5第1項、第2項）

4　基準適合命令違反

位置、構造、設備に係る基準適合命令に違反したとき。（消防法第12条第2項）

5　危険物の保安に関する業務を統括管理する者

危険物保安統括管理者を定めないとき又はその者に危険物の保安に関する業務を統括管理させていないとき。（消防法第12条の7第1項）

6　危険物の保安を監督する者

危険物保安監督者を定めないとき又はその者に危険物の取扱作業に関して保安の監督をさせていないとき。（消防法第13条第1項）

7　危険物保安統括管理者又は危険物保安監督者の解任

危険物保安統括管理者又は危険物保

安監督者の解任命令に違反したとき。（消防法第13条の24）

8 保安検査未実施

危政令で定める屋外タンク貯蔵所又は移送取扱所の保安の検査を受けないとき。（消防法第14条の3第1項又は第2項）

9 定期点検未実施

定期点検の実施、記録の作成、保存が行われないとき。（消防法第14条の3の2）

〈法令〉

消防法　第12条の2第1項第2項、第42条第1項

危険物施設の譲渡引渡し

譲渡は、贈与、売買等により所有権を移転すること、引渡は、賃貸借、相続、合併その他法律関係の有無を問わず物の事実上の支配が移転すること。

危険物施設の許可は、位置、構造及び設備という物的要素に着目してなされる物的許可であり、その許可の効果も物的要素に随伴するものであることから、危険物施設の許可は、譲受人又は引渡しを受けた者が許可を受けた者の地位を承継する。

許可を受けた者の地位を承継した者は、遅滞なくその旨を市町村長等に危規則に規定する書式により届出を行わなければならない。

譲渡引渡届の受理により消防法上の規制の客体は旧所有者等から新所有者等に移り、以後消防法上の許認可、命令等の行政処分は新所有者等に対して行われる。

〈法令〉

消防法　第11条第6項

危規則　第7条、様式第15

危険物施設の設置、変更

危険物施設を設置しようとする者又は危険物施設の位置、構造又は設備を変更しようとする者は、次の行政手続を経なければならない。

1 設置又は変更の許可

危険物施設を設置しようとする者は、当該危険物施設の設置工事に着手する前に、危険物施設の位置、構造又は設備の変更をしようとする者は、変更工事等の行為に着手する前に、それぞれ市町村長等の許可を受けなければならない（消防法第11条第1項）。

前者の許可を設置許可、後者の許可を変更許可という。

許可を受ける場合には法定の手続きにより許可申請を行わなければならず、市町村長等は法定の要件に照らし許可するか否かを決定する。

2 使用前の検査

危険物施設の設置許可又は変更許可を受けた者は、当該危険物施設の設置工事又は変更工事等を完了した場合、危険物施設を使用する前に市町村長等の行う完成検査を受け、これに合格しなければ当該危険物施設を使用することができない（消防法第11条第5項）。

このほか、液体の危険物を貯蔵し、又は取扱うタンクを有する危険物施設については、設置工事又は変更工事の工程ごとに、特定事項について市町村

長等が行う完成検査前検査を受けなければならない（消防法第11条の2第1項）。

このように、危険物施設の設置（変更）の計画段階、設置（変更）の工事の工程段階及び設置（変更）工事等の完了段階において、危険物施設の使用前における安全性のチェックが行われることにより危険物施設の保安の確保が図られることとなっている。

なお、市町村長等は、許可及び完成検査前検査の各事項のうち一部の事項の審査を危険物保安技術協会に委託することができる（消防法第11条の3）。

危険物施設の変更

危険物施設の変更許可の対象となる行為。

消防法上危険物施設の変更とされるのは次のような場合である。

1 危険物施設の構造又は設備を変更する場合。

2 危険物施設の位置を変更する場合で、かつ、危険物施設の設置とはみなされない場合。

3 危険物施設の位置、構造又は設備の変更はないが、危険物施設において貯蔵し、又は取り扱う危険物の種類、数量又は危険物施設における業務形態の変更等の事由により危険物施設の位置、構造又は設備に適用されるべき技術上の基準の内容に変更が生じる場合、これらの行為を変更許可なくして行った場合は罰則の適用がある。措置命令の対象ともなる。

なお、軽微な変更については、許可を要しないものがある。

〈法令〉

消防法　第11条第1項、第16条の6第1項、第42条第1項

危険物施設の用途廃止

将来に向かって完全に危険物施設としての機能を失わせること。

廃止によって当該危険物施設の許可の効力は失われ、また、立入検査その他の取締りの権限及び責任は市町村長の手から離れることとなる。

用途を廃止した危険物施設の所有者等は遅滞なく市町村長に届け出る必要がある。なお廃止届の受理により当該施設は許可施設ではなくなる。

〈法令〉

消防法　第12条の6、第44条

危規則　第8条

危険物施設保安員

指定数量の100倍以上の危険物製造所、一般取扱所又は指定数量以上の移送取扱所（一部のものを除く。）において危険物保安監督者を補佐してその施設の構造及び設備に係る保安のための業務を行う者。選解任について届出等の義務はない。

1 資格

資格について規定はない。

ただし、その業務内容から、その危険物施設の構造や設備に詳しい者を定めるべきであり、更に危険物取扱者免状の交付を受けている者が望ましい。

2 業務範囲

(1)　製造所等の構造及び設備を技術上の基準に適合するように維持するため、定期点検や臨時点検の実施、点検場所や実施した措置の記録及び保存。

(2)　製造所等の構造及び設備に異常を発見した場合の危険物保安監督者等への連絡及び適当な措置。

(3)　火災が発生したとき又は火災発生の危険性が著しいときの危険物保安監督者と協力した応急措置。

(4)　計測装置、制御装置、安全装置等の機能保持のための保安管理。

(5)　製造所等の構造及び設備の保安に関し必要な業務。

〈法令〉

消防法　第14条

危政令　第36条

危規則　第59条、第60条、第62条の6

危険物取扱者

危険物取扱者試験に合格し、危険物取扱者免状の交付を受けている者。免状の種類は3種ある。

1　免状の区分

危険物取扱者免状は、甲種危険物取扱者、乙種危険物取扱者及び丙種危険物取扱者の3種に区分され、取り扱うことができる危険物は次表のとおり。

	取り扱える危険物	立会いができる危険物	危険物保安監督者	危険物保安統括管理者	危険物施設保安員
甲種	全ての危険物	全ての危険物	実務経験6ヶ月以上(注2)	資格要件はない	
乙種	取得した類の危険物	取得した類の危険物	実務経験6ヶ月以上(注2)		
丙種	第四類のうち指定された危険物(注1)	×	×		

注1）ガソリン、灯油、軽油、第三石油類（重油、潤滑油及び引火点が130℃以上のものに限る。）、第四石油類及び動植物油類。

注2）乙種は取得した類の危険物。

2　責務等

(1)　危険物取扱者は、危険物の取扱い作業に従事するときは、法令で定める危険物の貯蔵、取扱いの技術基準を遵守し、その危険物のその保安の確保について細心の注意を払わなければならない。

(2)　危険物取扱者（甲種又は乙種）は、危険物取扱作業の立会いをする場合、取扱作業に従事する者が法令で定める危険物の貯蔵、取扱いの技術上の基準を遵守するように監督するとともに、必要に応じてこれらの者に指示を与えなければならない。

(3)　危険物施設の定期点検は危険物取扱者が行い、危険物取扱者以外のものが定期点検を行う場合は、危険物取扱者が立ち会う必要がある。

(4)　移動タンク貯蔵所による危険物の移送は、危険物取扱者を乗車させてこれをしなければならない。

(5)　危険物取扱い作業に従事する危険物取扱者には、都道府県知事等が行

う保安講習を3年以内ごとに受講することが義務づけられている。

〈法令〉

消防法　第13条、第13条の2、第13条の23、第16条の2、第16条の5

危政令　第31条第2項、第3項、第33条

危規則　第48条、第49条、第51条の3、第58条の14第1項、第2項、第62条の6、第62条の7

危険物取扱者が取り扱うことができる危険物

危険物は製造所、貯蔵所及び取扱所以外では貯蔵又は取り扱いを行ってはならない。かつ、危険物施設においては、危険物取扱者（危険物取扱者免状の交付を受けている者をいう。）及び甲種危険物取扱者又は乙種危険物取扱者の立ち会いがある場合のみ、危険物を取り扱うことができる。

危険物取扱者免状は、甲種、乙種及び丙種の3種類があり、危険物取扱者が取り扱うことができる危険物及び甲種又は乙種危険物取扱者が立ち会うことができる危険物の類は、次のように定められている。

1　甲種危険物取扱者は、全ての類の危険物について、取り扱い、また立ち会うことができる。

2　乙種危険物取扱者は、危険物取扱者免状に記載された類の危険物について、取り扱い、又は立ち会うことができる。

3　丙種危険物取扱者は、ガソリン、灯油、軽油、第三石油類（重油、潤滑油及び引火点130℃以上のものに限る。）、第四石油類及び動植物油類について取り扱うことができる。

〈法令〉

消防法　第13条の2

危規則　第49条

危険物取扱者講習

危険物取扱者で、現に危険物施設において危険物の取扱作業に従事しているものに対し、都道府県知事が行う危険物の取扱作業の保安に関する講習。

受講場所の指定はなく、全国各県どこの危険物取扱者講習であっても受講可能となる。

受講の態様は次のとおりである。

1　継続して危険物の取扱作業に従事している場合

危険物施設において危険物の取扱作業に従事する危険物取扱者は、危険物取扱者講習を受講した日以降における最初の4月1日から3年以内に受講しなければならない。

2　危険物の取扱作業に従事していなかった者が、危険物の取扱作業に従事することとなった場合

従事することとなった日から1年以内に受講しなければならない。

ただし従事することとなった日の前2年以内に危険物取扱者免状の交付を受けている場合又は講習を受けている場合は免状交付日又はその受講日以降における最初の4月1日から3年以内

に受講しなければならない。

3　従事しなくなった者又は従事していない者。

　　受講する義務はない。

　　受講義務のある危険物取扱者が受講すべき期間内に受講しなかった場合は、消防法令の義務規定に違反したこととなり、危険物取扱者免状返納命令の対象となる。

〈法令〉

消防法　第13条の23、第16条の4

危規則　第58条の14

危険物取扱者試験

　受験者が危険物の取扱作業の保安に関して必要な知識及び技能を有するかについて都道府県知事が行う試験。

　甲種危険物取扱者試験、乙種危険物取扱者試験、丙種危険物取扱者試験の3種類がある。

　試験は毎年1回以上行われその日時、場所その他試験の施行に関し必要な事項は、都道府県知事によってあらかじめ公示される。

　受験者は、自らの本籍又は居住地を管轄する都道府県知事のみならず、その他の都道府県知事の行う試験も受験できる。

　甲種危険物取扱者試験の受験資格は、化学に関する一定の学歴又は乙種危険物取扱者免状の交付を受けた後2年以上の危険物取扱いの実務経験を有する者である。

　試験は、筆記によって行われ、試験科目は①物理学及び化学（乙種は基礎的な物理学及び化学、丙種は燃焼及び消火に関する基礎知識）、②危険物の性質並び

にその火災予防及び消火の方法、③危険物に関する法令、である。

〈法令〉

消防法　第13条の2、第13条の3、
　　　　第13条の4、第13条の5

危規則　第53条の3、第54条、第
　　　　55条、第55条の2、第57条

危険物取扱者試験委員

　危険物取扱者試験の問題の作成、採点等の事務を行わせるため都道府県に置かれる委員。

　危険物取扱者試験委員の組織、任期その他危険物取扱者試験委員に関し必要な事項は、当該都道府県の条例で定めることとされており、都道府県及び関係行政機関の職員並びに危険物の取扱いに関し、学識経験のあるもののうちから知事が任命する。

　なお、指定試験機関制度導入に伴い任意設置である。

〈法令〉

消防法　第13条の4

危険物取扱者試験事務の委任

　都道府県知事が、危険物取扱者試験事務を総務大臣が指定したものである指定試験機関に委任すること。

　試験事務を委任する際は、都道府県知事は試験実施の周知から合格決定に至る一連の事務の全てを委任することとなる。

　ただし都道府県知事は法律上は試験の実施権者であるので、指定試験機関に指示を行うことができるとともに、指定試験機関は都道府県知事の意見を聴かなけ

ればならない。

〈法令〉

消防法　第13条の5、第13条の12
　　　　第2項、第13条の13第2項、
　　　　第13条の15第2項

危険物取扱者の乗車

移動タンク貯蔵所で危険物を移送する
際に、移動タンク貯蔵所の所有者、管理
者又は占有者は危険物取扱者を乗車させ
ること。

なお、移動タンク貯蔵所の運転者自身
が危険物取扱者である場合には、運転者
の他に危険物取扱者を乗車させる必要は
ない。

移動タンク貯蔵所で危険物を移送する
際には危険物取扱者は危険物取扱者免状
を携帯する義務がある。

危険物取扱者を乗車させなかった移動
タンク貯蔵所の所有者、管理者又は占有
者及び危険物取扱者免状を携帯せず移送
中の移動タンク貯蔵所に乗車した危険物
取扱者に対しては罰則の適用がある。

〈法令〉

消防法　第16条の2、第16条の5第
　　　　2項、第43条第1項、第44条

〈施設〉

移動タンク貯蔵所

危険物取扱者免状

危険物の取扱作業の保安に関して必要
な知識及び技能を有するかについて都道
府県知事が行う試験に合格した者に交付
する免状。

甲種危険物取扱者免状、乙種危険物取

扱者免状、丙種危険物取扱者免状の3種
類がある。

危険物取扱者免状の交付を受けている
者を危険物取扱者という。

免状の記載事項に変更を生じたときは、
その書換えを申請しなければならない。

免状を亡失し、滅失し、汚損又は破
損した場合は、その再交付を申請するこ
とができる。

免状の交付を受けている者が消防法又
はそれに基づく命令の規定に違反してい
るときは、都道府県知事はその免状の返
納を命じることができる。

〈法令〉

消防法　第13条第3項、第13条の2、
　　　　第16条の2、第16条の5

危政令　第32条、第33条、第34条、
　　　　第35条

危険物取扱者免状の書換え

危険物取扱者免状の記載事項に変更を
生じた場合に、免状の交付を受けている
者の申請に基づいて行われる都道府県知
事の措置。

危険物取扱者は、免状の記載事項に変
更を生じたときは、遅滞なく、当該免状
に危規則で定める書類を添えて、居住地
又は勤務地を管轄する都道府県知事にそ
の書換えを申請しなければならない。

免状の書換えの申請先は、居住地又は
勤務地を管轄する都道府県知事。

免状の記載事項とは、①免状の交付年
月日及び交付番号　②氏名及び生年月日
③本籍地の属する都道府県　④免状の種
類並びに取り扱うことができる危険物及

び甲種危険物取扱者又は乙種危険物取扱
者がその取扱作業に関して立ち会うこと
ができる危険物の種類　⑤過去10年以
内に撮影した写真である。

〈法令〉
　消防法　第13条の2第7項
　危政令　第34条、第35条の2
　危規則　第52条、第52条の2、別記
　　　　　様式第23

危険物取扱者免状の再交付

　危険物取扱者免状に汚損等が生じた場
合に、免状の交付を受けている者の申請
に基づいて行われる都道府県知事の措置。

　危険物取扱者は、免状を亡失し、滅失
し、汚損し、又は破損した場合は、当該
免状の交付又は書換えをした都道府県知
事に再交付を申請することができる。

　免状の再交付の申請先は、当該免状の
交付又は書換えをした都道府県知事。

　亡失とは、紛失等所有者の手元を離れ
て行方の知れないこと。

　滅失とは、免償等により消滅すること。

　汚損とは、汚染により記載された文言
が容易に判断し難い状態になること。

　破損とは、破断により記載された文言
が容易に判断し難い状態になること。

　免状の汚損又は破損により再交付の申
請を行う者は、危規則に定める申請書に
汚損又は破損した免状を添えて提出しな
ければならない。

　免状の亡失により再交付を受けた者
が、亡失した免状を発見した場合は、10
日以内に再交付を受けた都道府県知事に
提出しなければならない。

〈法令〉
　消防法　第13条の2第7項
　危政令　第35条、第35条の2
　危規則　第53条、第53条の2、別記
　　　　　様式第23

危険物取扱者免状の返納

　危険物取扱者が消防法又は消防法に基
づく命令の規定に違反しているときは、
危険物取扱者免状を交付した都道府県知
事は、当該免状の返納を命ずることがで
きること。

　免状の返納を命ぜられた者は、直ちに
危険物取扱者としての資格を失うことと
なり、当該免状が返納されたか否かは資
格の存否とは関係ない。また、免状の返
納を命ぜられることは、当該免状に係る
試験の合格の効力が失われることであ
り、再受験して合格しない限り、免状の
交付申請を行うことはできない。

　危険物取扱者免状の返納命令の全国統
一的運用を図るために、「危険物取扱者
免状の返納命令に関する運用基準（平成
3年12月19日消防危第119号、改正
平成12年3月24日消防危第35号）」が
定められている。

〈法令〉
　消防法　第13条の2第5項

危険物取扱免状の交付

　危険物取扱者試験に合格した者に対し
当該試験の区分に応じ都道府県知事が危
険物取扱者免状を交付する行政処分。

　免状の交付を受けようとする者は、免
状交付申請書に危険物取扱者試験に合格

したことを証明する書類を添えて当該試験を行った都道府県知事に提出する必要がある。合格者からこの申請がない限り、都道府県知事は免状の交付をできない。

免状の交付の申請又は交付の際には、現に交付を受けている他の種類の免状を提出する必要があり、また既得免状と同一の種類の免状を重ねて受けることはできない。

都道府県知事は、次の各号の欠格事項に該当する者に対しては、危険物取扱者免状の交付を行わないことができる。

1　危険物取扱者免状の返納を命ぜられ、その日から起算して1年を経過しない者

2　消防法又はそれに基づく命令の規定に違反して罰金以上の刑に処せられた者で、その執行を終り、又は執行を受けることがなくなった日から起算して2年を経過しない者

なお免状の交付庁は、危険物取扱試験者試験を行った都道府県知事である（昭和46年7月27日消防予第105号長官通達)。

〈法令〉

　消防法　第13条の2第3項、第4項
　危政令　第32条
　危規則　第50条、第50条の2、第50条の3

危険物の移送

移動タンク貯蔵所により危険物を運ぶ行為。

危険物の移送は、危険物を移動貯蔵タンクに荷積みし、荷卸しの目的地に向かって出発する直前から目的地に到着し、荷卸しの所定の位置に停車するまでの間である。また危険物を積載した状態で移動タンク貯蔵所を常置させている行為は、危険物の移送になる。危険物を移送中に移動タンク貯蔵所から地下タンク等へ危険物を注入する行為は、危険物の取扱に当たる。

なお、移動タンク貯蔵所に危険物を収納することなく走行することは、危険物の移送ではない。

危険物の移送の基準は、

1　移送する危険物を取扱うことができる危険物取扱者を乗車させる必要がある。

2　移送を開始する前に、移動貯蔵タンクの底弁、マンホール及び注入口のふた、消火器の点検を十分に行う。

3　連続運転時間が4時間を超えたり、1日当たりの運転が9時間を超えるなどの長時間の移送である場合には、二人以上の運転要員を確保する。

4　移動タンク貯蔵所を休憩、事故等により一時停止させるときは、安全な場所を選ぶ必要がある。

5　移動タンク貯蔵所からの漏えい等災害発生のおそれのある場合は、応急措置を講ずるとともに、もよりの消防機関等に通報する。

6　アルキルアルミニウム等を移送する場合は、移送の経路等を記載した書面を関係消防機関に送付するとともに、書面の写しを携帯し、書面に記載された内容に従わなければならない。

7　移動タンク貯蔵所には、

(1)　完成検査済証

(2)　定期点検記録

(3) 譲渡・引渡の届出書

(4) 品名・数量又は指定数量の倍数の変更の届出書

を備え付けておかなければならない。

〈法令〉

消防法　第16条の2、第16条の5

危政令　第30条の2

危規則　第47条の2、第47条の3

〈施設〉

移動タンク貯蔵所

危険物の運搬

車両又は人力により、危険物を一の場所から他の場所へ移すこと。

危険物の運搬は、危険物の貯蔵又は取扱と異なり、製造所等の外部においても行われる行為でありかつ人家の密集する地域又は交通の輻輳する地域で行われることから、指定数量未満の危険物も関係規定が適用される。

消防法による危険物の運搬に係る規制内容は、

1　運搬容器の規制（運搬容器の構造、材質及び最大容積又は最大収納重量）

2　積載方法の規制（運搬容器への収納による積載、運搬容器の包装、危険物の品名、数量等の表示、危険物の転落、運搬容器の落下、転倒及び包装の破損の防止など）

3　運搬方法の規制（運搬容器の摩擦、動揺の防止など）

が挙げられる。

移動タンク貯蔵所による危険物の輸送は、危険物の運搬には該当せず、危険物の貯蔵若しくは貯蔵に伴う危険物の取扱い又は危険物の移送として規制される。

※参考：航空機、船舶、鉄道又は軌道による運搬は消防法が適用されない。（消防法第16条の9）

〈法令〉

消防法　第16条

危険物の運搬方法

危険物を運搬する際の運搬容器の運搬方法は、危政令で定める技術上の基準に従って行う。

運搬方法の技術上の基準は次の通り。

1　危険物又は危険物を収納した運搬容器に著しい摩擦又は動揺が起きないように運搬する。

2　指定数量以上の危険物を運搬する場合は、車両の前後の見やすい位置に標識を掲げる。

3　指定数量以上の危険物を運搬する場合で、積替、休憩、故障等のために車両を一時停止させるときは、安全な場所を選び、かつ、運搬する危険物の保安に注意する。

4　指定数量以上の危険物を運搬する場合は、適応する消火設備を備える。

参考

※　危険物を運搬する場合、危険物取扱者の同乗は法令上は必要ないが、運搬する危険物を取扱うことのできる危険物取扱者を乗車させることが望まれる。

※　危険物の運搬中における事故の被害拡大防止のため、危険物を運搬する場合におけるイエローカードの携行及び容器イエローカード（ラベル

方式）制度の普及が図られている。

〈法令〉

消防法　第 16 条

危政令　第 30 条

危規則　第 47 条

危険物の種類

消防法別表第 1 によって分類されている危険物の性状に応じた区分。

消防法の危険物は、第 2 条第 7 号で定義され、別表第 1 の品名欄に掲げる物品で、同表に定める区分に応じ同表の性質欄に掲げる性状を有するもので、性質欄に掲げる性状は第一類から第六類までの 6 種類に分類されている。第一類の性質は酸化性固体、第二類は可燃性固体、第三類は自然発火性物質及び禁水性物質、第四類は引火性液体、第五類は自己反応性物質、第六類は酸化性液体である。

危険物の種類別の性質及び概要を表に示す。

類別	性質	性質の概要
第一類	酸化性固体	そのもの自体は燃焼しないが、他の物質を強く酸化させる性質を有しており、可燃物と混合したとき、熱、衝撃、摩擦によって分解し、極めて激しい燃焼を起こさせる。
第二類	可燃性固体	火炎によって着火しやすく、又は比較的低温（40℃未満）で引火しやすく、燃焼が速く消火することが困難である。
第三類	自然発火性物質及び禁水性物質	空気にさらされることにより自然に発火する危険性を有し、又は水と接触して発火し若しくは可燃性ガスを発生する。
第四類	引火性液体	液体で引火性を有する。
第五類	自己反応性物質	固体又は液体で、加熱分解などにより、比較的低い温度で多量の熱を発生し、又は爆発的に反応が進行する。

第六類	酸化性液体	そのもの自体は燃焼しないが、混在する他の可燃物の燃焼を促進する性質を有する。

〈法令〉

消防法　第 2 条、別表第 1

危政令　第 33 条

危規則　第 49 条、第 50 条第 2 項、第 53 条の 3

危険物の積載方法

危険物を運搬する際の運搬容器の積載方法は、危政令で定める技術上の基準に従って行う。

積載方法の技術上の基準は次の通り。

1　危険物は運搬容器に収納して積載
 (1)　温度変化等により危険物が漏れないように密封
 (2)　収納する危険物と危険な反応を起こさない等危険物の性質に適応した材質の運搬容器に収納
 (3)　固体の危険物は、内容積の 95％ 以下の収納率で収納
 (4)　液体の危険物は、内容積の 98％ 以下の収納率で、かつ、55℃ の温度で漏れないように空間容積を有して収納
 (5)　機械により荷役する構造を有する運搬容器への収納は、危規則により適合要件がある。
2　「運搬容器」外部の表示
 (1)　危険物の品名、危険等級及び化学名（第四類の危険物のうち水溶性のものは「水溶性」）
 (2)　危険物の数量
 (3)　収納する危険物に応じた次の注意

事項

類別	収納する危険物	表示する注意事項
第一類	アルカリ金属の過酸化物もしくはこれを含有するもの	火気・衝撃注意、可燃物接触注意、禁水
	その他のもの	火気・衝撃注意、可燃物接触注意
第二類	鉄粉、金属粉、マグネシウムもしくはこれらを含有するもの	火気注意、禁水
	引火性固体	火気厳禁
	その他のもの	火気注意
第三類	自然発火性物品	空気接触厳禁、火気厳禁
	禁水性物品	禁水
第四類	すべて	火気厳禁
第五類	すべて	火気厳禁、衝撃注意
第六類	すべて	可燃物接触注意

3　機械により荷役する構造の運搬容器の外部表示

(1)　運搬容器の製造年月及び製造者の名称

(2)　積み重ね試験荷重

(3)　運搬容器の種類に応じて最大総重量又は最大収容重量

(4)　運搬容器の種類に応じ、危告示第68条の6の6で定める事項

4　運搬容器等が転落、落下、転倒又は破損しないように積載する。

5　収納口を上方に向けて積載する。

6　危険物の性質に応じ必要な措置を講じて積載する。

(1)　第一類の危険物、自然発火性物品、第四類の危険物のうち特殊引火物、第五類の危険物又は第六類の危険物
・日光の直射を避けるため遮光性の被覆で覆う。

(2)　第一類の危険物のうちアルカリ金属の過酸化物若しくはこれを含有するもの、第二類の危険物のうち鉄粉、金属粉若しくはマグネシウム若しくはこれらのいずれかを含有するもの又は禁水性物品
・雨水の浸透を防ぐため防水性の被覆で覆う。

(3)　第五類の危険物のうち55℃以下の温度で分解するおそれのあるもの
・保冷コンテナに収納する等適正な温度管理をする。

7　機械により荷役する構造の運搬容器で液体の危険物又は危険等級Ⅱの固体の危険物を収納して積載する場合は、衝撃等を防止する措置を講じる。

8　混載禁止
危険物は、類を異にするその他の危険物又は、災害を発生させるおそれのある物品と混載しないこと。
別項の「混載の禁止」を参照。

9　運搬容器の積み重ね高さは、3m以下とする。

〈法令〉

消防法　第16条

危政令　第29条

危規則　第43条の3、第44条、第45条、第46条、第46条の2

危告示　第68条の6の4～第68条の6の6

危険物の廃棄

危険物の廃棄については、危政令では、焼却と埋没の二つの手法を例示してい

る。

　焼却は、（風向、風速等気象条件を考慮して、）少量ずつ焼却する等他に危害又は損害を及ぼすことのない安全な方法で見張人をつけて行う。

　埋没は、埋没後に他に危害が及ぶことのない安全な場所で行う必要がある。

　海中や河川池沼の水中に流出又は投下することは行ってはならない。

　なお、危険物を貯蔵し、又は取り扱っている製造所等では、危険物のくずやかすが発生するが、それらを放置しておくことは、火災予防上適切ではないことから、一日に1回以上、火災予防上安全な場所において、廃棄とともにその他適当な処置として回収を行う必要がある。

　また、危険物に該当する廃棄物を排出する事業者は、産業廃棄物の運搬又は処分を他人に委託する場合は、「委託基準（廃棄物処理法施行令第6条の2ほか）」を遵守するとともに、「マニフェスト」を交付し、最終処分の終了を確認するまで、自ら排出した産業廃棄物の処理に責任を負わなければならない。（廃棄物処理法第12条第7項ほか）

〈法令〉

　危政令　第24条5号、第27条第5項

〈施設〉

　製造所、屋内貯蔵所、屋外タンク貯蔵所、屋内タンク貯蔵所、地下タンク貯蔵所、簡易タンク貯蔵所、移動タンク貯蔵所、屋外貯蔵所、給油取扱所、販売取扱所、移送取扱所、一般取扱所

危険物の被覆等

　危険物を定められた容器に収納して、転倒、落下の防止措置を講じても、安全な運搬ができないものがあり、運搬中に危険性を増加させる要因に、直射日光、雨水及び温度上昇がある。講じなければならない措置と対象となる危険物は次のとおりである。

1　日光の直射を避けるため遮光性の被覆で覆うこと。

　対象危険物：第一類の危険物、自然発火性物品、第四類の危険物のうち特殊引火物、第五類の危険物、第六類の危険物

2　雨水の浸透を防ぐため防水性の被覆で覆うこと。

　対象危険物：第一類の危険物のうちアルカリ金属の過酸化物若しくはこれを含有するもの、第二類の危険物のうち鉄粉、金属粉若しくはマグネシウム若しくはこれらのいずれかを含有するもの又は禁水性物品

3　保冷コンテナに収納する等適正な温度管理をすること。

　対象危険物：第五類の危険物のうち55℃以下の温度で分解するおそれのあるもの

4　機械により荷役する構造を有する運搬容器に収納して積載する場合は当該容器に対する衝撃等を防止するための措置を講じること。

　対象危険物：液体の危険物又は危険等級Ⅱの固体の危険物（危険等級Ⅱの固体の危険物をフレキシブルの運搬容器、ファイバー板製の運搬容器及び木

製の運搬容器以外の運搬容器に収納し
て積載する場合は除く。）

〈法令〉

危政令　第29条

危規則　第45条

危険物の品名

消防法別表第一の品名欄に掲げられた
物品。当該品名に掲げられた物品に該当
するものが消防法の危険物となる。

品名は、化学構造等からそれぞれの火
災危険性を有すると推定される化合物等
又はそのグループを限定して列挙するこ
とにより、危険物に該当する可能性のあ
る物品の範囲が明確となっている。危険
物であるか否かは、危険物の類ごとにそ
の類に該当するとされる危険性を有する
かどうかの試験により判定するが、品名
を掲げることにより、当該試験に係る負
担が必要最小限のものとなる。また別表
第一の品名欄に掲げられている品名は、
危険物に該当する可能性のある物品をで
きるだけ広く捉える趣旨から、原則とし
て化学的総称名になっている。

別表第一の品名欄では「その他のもの
で政令で定めるもの」という品名が設け
られているが、これは今後新たに出現す
る危険性物品に対し、危険物の指定がよ
り迅速に行われるようにするための規定
である。

第二類の引火性固体及び第四類につい
ては、化学的総称名ではなく「引火性固
体」「石油類」等の包括的概念による名
称を用いていることから、「その他のも
ので政令で定めるもの」の余地がないた
め政令指定対象はない。

※参考：例えば灯油の場合、危険物とし
ての品名は、「灯油」ではなく「第二
石油類」ということになる。

〈法令〉

消防法　第2条、第11条の4第1項、
別表第1

危政令　第1条の2、第29条

危規則　第1条の2、第7条の2、第
7条の3、第44条

危険物の容器

危険物を運搬するための容器。運搬容
器という。

以下に示す基準その他の安全基準が定
められている。

1　材質

鋼板、アルミニウム板、ブリキ板、
ガラス、金属板、紙、プラスチック、ファ
イバー板、ゴム類、合成繊維、麻、木
又は陶磁器。

2　構造

堅固で容易に破損するおそれがな
く、かつ、その口から収納された危険
物が漏れるおそれがないこと。

なお機械により荷役する構造の容器は、

(1)　腐食等の劣化に対して保護された
ものであること。

(2)　収納する危険物の内圧及び取扱い
時や運搬時の荷重によって、容器に
生じる応力に対して安全なものであ
ること。

(3)　附属設備には、収納する危険物が
附属設備から漏れない措置が講じら
れていること。

(4) 容器本体が枠で囲まれている場合は、危規則で定める要件を満たしていること。

(5) 下部に排出口を有する場合は、危規則で定める要件を満たしていること。

3 最大容積

(1) 機械により荷役する構造の容器以外

① 固体の危険物を収納するもの
危規則別表第3による。

② 液体の危険物を収納するもの
危規則別表第3の2による。

(2) 機械により荷役する構造の容器

① 固体の危険物を収納するもの
危規則別表第3の3による。

② 液体の危険物を収納するもの
危規則別表第3の4による。

4 運搬容器の試験

構造要件として、各試験において所定の基準に適合する性能を有すること。

(1) 機械により荷役する構造の容器以外
落下試験、気密試験、内圧試験、積み重ね試験

(2) 機械により荷役する構造の容器
落下試験、気密試験、内圧試験、積み重ね試験、底部持ち上げ試験、頂部吊り上げ試験、裂け伝播試験、引き落とし試験、引き起こし試験

5 危険等級

運搬容器の外部には危険等級の表示を行う。

「危険等級」の項参照。

〈法令〉

消防法 第16条

危政令 第28条、第29条、第30条

第1項

危規則 第39条の3、第40条の5の2、第41条、第42条、第43条、第43条の2、第43条の3、第44条、第45条、第46条の2、別表第3、別表第3の2、別表第3の3、別表第3の4 他

危告示 第68条の3～第68条の4

危険物保安監督者

一定以上あるいは特定の様態の危険物施設において危険物の取扱及び施設の安全管理について誠実に危険物の保安の監督をさせるために、その危険物施設の所有者等が選任する当該危険物施設の総括的管理監督をする責任者。

甲種又は乙種危険物取扱者で危険物施設において6ヶ月以上危険物取扱いの実務経験を有するもののうちから選任する。

1 責務

危険物保安監督者は、危険物の取扱い作業に関して保安の監督をする場合は、誠実にその職務を行わなければならない。

2 業務

危険物施設の所有者等が危険物保安監督者に行わせなければならない業務は次のとおり。

(1) 危険物の取扱作業の実施に際し、作業者に対し、貯蔵又は取扱いに関する技術上の基準、予防規程等の保安に関する規定に適合するように必要な指示を与える。

(2) 火災等災害発生時に、作業者を指揮して応急措置を講ずるとともに直

選任を必要とする危険物施設

危険物の種類	第四類の危険物				第四類以外の危険物	
貯蔵・取り扱う危険物の数量	指定数量の30倍以下		指定数量の30倍をこえる		指定数量の30倍以下	指定数量の30倍をこえる
貯蔵・取り扱う危険物の引火点	40℃以上	40℃未満	40℃以上	40℃未満		
製造所	すべて必要					
屋内貯蔵所	−	○	○	○	○	○
屋外タンク貯蔵所	すべて必要					
屋内タンク貯蔵所	−	○	−	○	○	○
地下タンク貯蔵所	−	○	○	○	○	○
簡易タンク貯蔵所	−	○	○	○	○	○
移動タンク貯蔵所	不必要					
屋外貯蔵所	−	−	○	○	○	○
給油取扱所	すべて必要					
第一種販売取扱所	−	○	/	/	○	/
第二種販売取扱所	−	○	○	○	○	○
移送取扱所	すべて必要					
一般取扱所 ボイラー等消費・容器詰替	−	○	○	○	○	○
一般取扱所 上記以外	すべて必要					

（危険物施設の区分）

○印は、危険物保安監督者を選任しなければならない対象施設
−印は、危険物保安監督者の選任を必要としない施設

ちに消防機関等へ連絡する。

(3) 危険物施設保安員を置く危険物施設では、危険物施設保安員に必要な指示を行う。

(4) 危険物施設保安員を置かない危険物施設では、次の業務を行う。

① 構造、設備の技術上の基準に適合するよう維持するため、施設の定期及び臨時の点検の実施

② 点検を行った場所の状況及び保安のために行った措置の記録及び保存。

③ 構造、設備に異常を発見した場合の連絡及び適当な措置。

④ 火災の発生又はその危険性が著しいときの応急措置。

⑤ 計測装置、制御装置、安全装置等の機能保持のための保安管理。

⑥ その他、構造、設備の保安に関し必要な業務。

(5) 火災等災害防止のため隣接危険物施設その他関連する施設の関係者との連絡を保つ。

(6) 前記の他、危険物取扱作業の保安に関し必要な監督業務。

3 選解任の届出

危険物保安監督者を定めたときは、危規則の届出様式により遅滞なくその旨を市町村長等に届け出なければならない。これを解任したときも同様である。

4 解任命令

市町村長等は、

(1) 危険物保安監督者が消防法若しくは消防法に基づく命令の規定に違反

したとき。

(2) 危険物保安監督者の業務を遂行することが公共の安全の維持若しくは災害の発生の防止に支障があると認めるとき。

危険物施設の所有者、管理者又は占有に対し、危険物保安監督者の解任を命ずることができる。

〈法令〉

消防法　第13条、第13条の24

危政令　第31条、第31条の2

危規則　第48条、第48条の3

〈施設〉

製造所、屋内貯蔵所、屋外タンク貯蔵所、屋内タンク貯蔵所、地下タンク貯蔵所、簡易タンク貯蔵所、屋外貯蔵所、給油取扱所、販売取扱所、移送取扱所、一般取扱所

危険物保安技術協会

市町村長等の委託に基づく屋外タンク貯蔵所に係る審査を行い、併せて危険物又は指定可燃物（以下「危険物等」という。）の貯蔵、取扱い又は運搬（航空機、船舶、鉄道又は軌道によるものを除く。）の安全に関する試験、調査及び技術援助等を行い、危険物等の貯蔵、取扱い又は運搬に関する保安の確保を図ることを目的として設立された認可法人。

危険物保安技術協会が行う業務は次のとおり。

1　市町村長等の委託に基づく屋外タンク貯蔵所の受託審査

(1) 特定屋外タンク貯蔵所及び準特定屋外タンク貯蔵所の設置又は変更の許可に係る審査

(2) 特定屋外タンク貯蔵所の完成検査前検査のうち「基礎・地盤検査」及び「溶接部検査」にかかる審査

(3) 特定屋外タンク貯蔵所の保安に関する審査

2　危険物等の貯蔵、取扱い又は運搬の安全に関する試験、調査、技術援助並びに情報の収集及び提供

3　危険物等の貯蔵、取扱い又は運搬の安全に関する教育

4　前3号に掲げる業務に附帯する業務

5　前各号に掲げるもののほか、協会の目的を達成するために必要な業務

協会は、1974年（昭和49年）末の三菱石油（株）水島製油所重油流出事故を契機に設立された。この事故は、屋外タンクからの石油の流出の恐ろしさをわれわれに認識させるとともに、このような事故を二度と起こさないための検査体制、保安上の規制の充実整備が何よりも必要であるとの教訓を与えることとなった。

タンクをはじめとする危険物施設の安全上の規制、検査体制の充実の方向としては、一つには危険物規制を現実に担当する市町村消防機関の人員、資機材等を整備してこれに当たらせる方法もあるが、各市町村によって危険物規制上の技術や経験に大きな開きがあり、また個別の財政力にも差異があることから、全国一律に、かつ、緊急に行う必要のあるタンク保安行政の徹底を進めるには無理があった。

そこで、タンクの構造、設備その他安全に関する専門的、技術的な知識、経験

を有する者を一定の機関に集中し、これに大規模タンクの検査等を一元的に行わせ、ひいては危険物行政全般の向上に資するべき方策が考察されるに至った。

協会は、このような経緯を経て1976年（昭和51年）の消防法改正に基づき同年11月に創設されたものである。

〈法令〉

消防法　第11条の3、第16条の10〜第16条の49

危政令　第8条の2の3、第41条の3

危険物保安統括管理者

大規模な危険物施設を敷地内に包括する危険物事業所について保安防災の実効を期するために事業所全般にわたる危険物の保安業務を統括管理する者。

1　概要

同一の危険物施設で複数の危険物施設を有している場合、連携をとった効果的な保安活動が難しい面がある。

そのため大量の第四類の危険物を取り扱う事業所においては、危険物施設の所有者、管理者又は占有者は、事業所全般における危険物の保安に関する業務を統括管理する者である危険物保安統括管理者を定め、市町村長等へ届け出る必要がある。

2　資格要件

資格は定められていない。

ただし事業の実施を統括管理する者である工場長等管理監督的な地位にある者を充てるものとされている。

3　選任を必要とする事業所

第四類の危険物を取り扱う指定施設において、取り扱う第四類の危険物の数量が製造所及び一般取扱所は3,000倍以上、移送取扱所は指定数量以上となる危険物施設を有する事業所である。自衛消防組織を置かなければならない事業所と同一である。

指定施設とは、第四類の危険物を取り扱う製造所及び一般取扱所又は移送取扱所であり、危規則第47条の4、同第60条第1号から第5号を除くものである。

4　業務

事業所内に複数の危険物施設がある場合、危険物保安監督者、危険物施設保安員は、危険物施設ごとに選任されている。これらを連携し効果的な保安管理活動体制を図るため、危険物保安統括管理者は、事業所全体としての保安業務を統括的に管理し、安全を確保する。

5　選解任の届出

危険物保安統括管理者を定めたときは、危規則の届出様式により遅滞なくその旨を市町村長等に届け出なければならない。これを解任したときも同様である。

6　解任命令

市町村長等は、

(1)　危険物保安統括管理者が消防法若しくは消防法に基づく命令の規定に違反したとき。

(2)　危険物保安統括管理者の業務を遂行することが、公共の安全の維持若しくは災害の発生の防止に支障を及ぼすおそれがあると認めるとき。

危険物施設の所有者、管理者又は占有者に対し、危険物保安統括管理者の解任を命ずることができる。

〈法令〉

消防法　第12条の7、第13条の24、第44条第8号

危政令　第30条の3

危規則　第47条の4、第47条の5、第47条の6、様式第19

〈施設〉

製造所、移送取扱所、一般取扱所

基礎・地盤検査

特定屋外タンク貯蔵所の基礎及び地盤は、工事の工程ごとに技術上の基準に適合しているかどうかについて検査を受ける必要がある。

基礎及び地盤の検査には、

1　標準貫入試験

ボーリングによる地質調査において地盤の硬軟、締まり具合を知るための試験

2　平板載荷試験

地盤の原位置（調査する地盤）において剛な載荷板を設置して荷重を段階的に加え、その荷重強さ沈下量の関係から、地盤の支持力や地盤反力係数を知るための試験

3　圧密度試験

粘性土地盤を対象とし圧密荷重（タンク荷重を基本とする。）に対する圧密度90%以上を確認する試験

4　杭打ち試験

杭の許容支持力及び支持地盤の確認をする試験

の4種の試験方法がある。

基礎に関する完成検査前検査の検査内容及び検査基準は

基礎に関する完成検査前検査の検査内容及び検査基準

種別		検査内容及び検査基準値	試験方法
盛り土基礎	盛り土の表面	K30値≧100MN/㎥（5mm沈下時）	平板載荷試験
	砕石リングの表面	K30値≧200MN/㎥（5mm沈下時）	平板載荷試験
リング基礎	盛り土の表面	K30値≧100MN/㎥（5mm沈下時）	平板載荷試験
	砕石リングの表面	K30値≧200MN/㎥（5mm沈下時）	平板載荷試験
	リング直下	K30値≧200MN/㎥（5mm沈下時）	平板載荷試験

である。

地盤に関する完成検査前検査の検査内容及び検査基準は、

地盤に関する完成検査前検査の検査内容及び検査基準

種別	検査内容及び検査基準値	試験方法
イの地盤（危規則第20条の2第2項第2号イの地盤）	N値≧20	標準貫入試験
	〔地盤の表面〕K30値≧10MN/㎥（5mm沈下時）	平板載荷試験
ロの地盤（危規則第20条の2第2項第2号ロの地盤）	（砂質土地盤の場合）N値が平均的に15以上	標準貫入試験
	（粘性土地盤の場合）圧密度90%以上微少沈下測定期間の1日当り平均沈下量が総沈下量の0.3%以上	沈下板測定法による圧密度試験
	（沈下板継続測定困難な場合）圧密度90%以上	試料を採取し、圧密度を測定するに足る試験
ハの地盤（危規則第20条の2第2項第2号ハの地盤）	（杭基礎のみの場合）許容支持力及び支持地盤の確認	杭打ち試験又は実荷重載荷試験
	（杭基礎で地盤改良を併用した場合）地盤改良効果の確認	上記のほか、標準貫入試験又は実荷重載荷試験
	（杭基礎で中堀杭又は場所打杭の場合）許容支持力及び支持地盤の確認	標準貫入試験（必要により一軸圧縮試験）又は実荷重載荷試験

	（深層混合処理の場合）改良体の設計基準強度の確認	一軸圧縮試験
	（処理深さが15mより浅い場合）改良体以深の非液状化の確認	改良体先端から15mまでの地盤の標準貫入試験

である。

　市町村長等は、基礎・地盤検査に係る審査を危険物保安技術協会に委託することができる。

　また、基礎・地盤検査に合格したときは、市町村長等から検査申請者に対して合格通知が行われる。

〈法令〉

　消防法　第11条の2、第11条の3

　危政令　第8条の2第3項、第5項、
　　　　　第8条の2の3第2項、第4項、
　　　　　第11条第1項

　危規則　第4条第3項、第6条の2の
　　　　　2、第6条の2の3、第6条の
　　　　　3、第6条の5、第20条の2
　　　　　第1項、第2項、第3項、第
　　　　　20条の3、第20条の3の2、
　　　　　第21条第1項

　危告示　第4条の16

〈施設〉

　屋外タンク貯蔵所

気密試験

　運搬容器が有しなければならない性能を確認する試験のひとつ。

1　機械により荷役する構造を有する容器以外の容器

　(1)　対象容器

　　　液体の危険物を収納する全ての種類の運搬容器の外装容器（内装容器がある場合には、外装容器又は全ての内装容器）

　(2)　危険物の危険等級と試験の空気圧力

　　ア　危険等級Ⅰ：30kPa

　　イ　危険等級Ⅱ及びⅢ：20kPa

　(3)　試験の基準

　　　外装容器からの漏えいがないこと。

2　機械により荷役する構造を有する容器（第四類の危険物のうち第二石油類（引火点が60℃以上のものに限る）、第三石油類、第四石油類又は動植物油類を収納するものを除く。）

　(1)　対象容器

　　　液体の危険物又は10kPa以上の圧力を加えて収納し、若しくは排出する固体の危険物を収納する全ての種類の運搬容器

　(2)　試験の空気圧力

　　　20kPaの空気圧力を10分加える。

　(3)　試験の基準

　　　運搬容器からの漏えいがないこと。

〈法令〉

　危規則　第43条第4項、第43条の3
　　　　　第2項

　危告示　第68条の5第1項、第3項、
　　　　　第68条の6の2第1項、第3
　　　　　項、第68条の6の6

逆止弁

　配管の途中に取り付け、配管内を流れる流体が逆方向へ流れることを防止するための弁。ほとんどの「逆止弁」は外部から弁を作動させるための電気や空気圧を必要とせず配管内を流れる流体の力だけで作動する。

消防法令では、以下の箇所に設置義務がある。

1　圧縮天然ガス等充てん設備設置屋外給油取扱所の圧縮天然ガススタンドの圧縮機の吐出側直近部分の配管
2　圧縮水素充てん設備設置給油取扱所の圧縮水素スタンドの改質装置の吐出側直近部分の配管

〈法令〉

　　危規則　第27条の3第6項、第27条の5第5項

〈施設〉

　　給油取扱所

旧基準の準特定屋外タンク貯蔵所

　危政令の一部を改正する政令（平成11年1月13日政令第3号、以下、「11年政令」という。）の施行日である平成11年4月1日において、現に消防法第11条第1項前段の規定による設置の許可を受け、又は当該許可の申請がされている準特定屋外タンク貯蔵所で、その構造及び設備が11年政令による改正後の危政令第11条第1項第3号の3に定める基礎、地盤の基準及び同項第4号に定めるタンク本体の技術上の基準（「新基準」という。）に適合しないもの。

　なお、準特定屋外タンク貯蔵所とは、屋外タンク貯蔵所で、その貯蔵し、又は取り扱う危険物の最大数量が500kℓ以上1,000kℓ未満のものをいう。

〈法令〉

　　危政令　附則（平成11年1月13日政令第3号）

　　危規則　附則（平成12年3月21日自治省令第11号）、附則（平成21年10月16日総務省令第98号）

〈施設〉

　　屋外タンク貯蔵所

旧基準の特定屋外タンク貯蔵所

　既設の特定屋外タンク貯蔵所のうち、昭和52年に改正された危政令に定める基礎、地盤（新危政令第11条第1項第3号の2）及びタンク本体（新危政令第11条第1項第4号）の基準に適合しないもので、かつ、平成7年1月1日に危政令の一部を改正する政令が施行された際、改正後の基礎、地盤及びタンク本体の基準に適合しないもの。

〈法令〉

　　危政令　附則（平成6年7月1日政令第214号）

　　危規則　附則（平成12年3月21日自治省令第11号）、附則（平成21年10月16日総務省令第98号）

〈施設〉

　　屋外タンク貯蔵所

給油空地

　固定給油設備のホース機器の周囲（懸垂式の固定給油設備では、ホース機器の下方）に、自動車等に直接給油し、また給油を受ける自動車等が出入りするために設けなければならない空地。

　広さに関して以下の基準がある。

1　少なくとも間口10m以上、奥行6m以上の矩形が道路に接して内在していること。なお、給油空地の間口とは、主要道路に面した方の幅をいう。

2　自動車等が給油空地からはみ出さず
　　に、安全かつ円滑に給油を受けること
　　ができる広さを有すること。

3　自動車等が空地からはみ出さずに、
　　安全かつ円滑に通行できる広さを有す
　　ること。

4　自動車等が安全かつ円滑に出入りで
　　きる幅で道路に面していること。

〈法令〉

　　危政令　第17条第1項

　　危規則　第24条の14

〈施設〉

　　給油取扱所

給油設備

　　固定されたポンプ機器及びホース機器
から構成された自動車等にガソリン、軽
油等の燃料を給油する設備。

　　地上設置のいわゆるアイランド形式と
懸垂式に大別される。航空機、船舶及び
鉄道車両用の給油設備は別途規定されて
いる。

〈法令〉

　　危政令　第3条第1号、第14条、第
　　　　　　15条第3項、第17条第1項、
　　　　　　第27条

　　危規則　第24条の6第1項、第3項、
　　　　　　第26条第3項、第26条の2第
　　　　　　3項、第27条第3項、第40条
　　　　　　の3の7、第40条の3の8、
　　　　　　第40条の3の9

〈施設〉

　　給油取扱所、簡易タンク貯蔵所

給油取扱所

　　固定した給油設備によって自動車等の
燃料タンクに直接給油するため危険物を
取り扱う取扱所。併せて灯油を容器に詰
め替え、又は車両に固定された容量4,000
ℓ以下のタンクに注入するため固定した
注油設備を併設する場合、給油取扱所に
含む。

　　給油取扱所は、用途、構造及び設備等
により次のように区分される。

1　給油の対象となる自動車等による区分

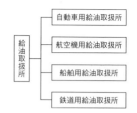

2　給油取扱所の利用形態による区分

3　給油取扱所の構造による区分

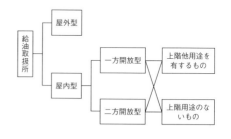

4 給油設備等による区分

5 給油等の取扱いによる区分

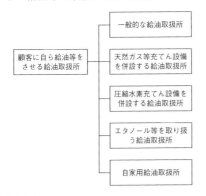

〈法令〉
　危政令　第3条、第17条、第20条、
　　第27条第6項
　危規則　第24条の14～第28条の2
　　の8

〈施設〉
　給油取扱所

給油取扱所の基準

1　位置
　　保安距離及び保有空地について規制
　はない。
2　構造・設備
　(1)　固定給油設備
　　　給油取扱所で、自動車等に直接給

油するための固定された給油設備
で、ポンプ機器及びホース機器で構
成される。地上部分に設置された固
定式、天井に吊り下げる懸垂式がある。
(2)　給油空地
　　固定給油設備のホース機器の周囲
には、自動車等に直接給油し、給油
を受ける自動車等が出入りするため
の、間口10m以上、奥行6m以上
の空地を保有する必要がある。
(3)　固定注油設備
　　灯油若しくは軽油を容器に詰め替
え、又は車両に固定された容量4,000
ℓ以下のタンクに注入するための設
備で、ポンプ機器及びホース機器で
構成される。地上部分に設置された
固定式、天井に吊り下げる懸垂式が
ある。
(4)　注油空地
　　固定注油設備のホース機器の周囲
には、容器に詰め替え等のために必
要な空地を、給油空地以外の場所に
保有する必要がある。
(5)　給油空地等の地盤面
　　給油空地及び注油空地の地盤面
は、漏れた危険物が浸透しないため
にコンクリート等で舗装するととも
に、排水、可燃性蒸気の滞留防止等
のため周囲の地盤面より高くし、か
つ漏れた危険物が当該空地以外に流
出しないように集油及び雨水等の排
水のため適当な傾斜をつけ、排水溝
及び油分離装置等を設ける必要がある。
(6)　専用タンク
　　固定給油設備若しくは固定注油設

備に接続する専用タンク又は容量
10,000ℓ以下の廃油タンク等を地盤
面下に埋設して設けることができ
る。また、容量600ℓ以下の簡易タ
ンクは防火地域及び準防火地域以外
の地域に限り、地盤面上に同一品質
の危険物ごとに1基ずつ3基まで設
けることができる。

(7) 配管

固定給油設備及び固定注油設備に
危険物を注入するための配管は、接
続する専用タンク又は簡易タンクか
らの配管のみとする。

(8) 固定給油設備等の構造

固定給油設備及び固定注油設備
は、漏れるおそれがない等火災予防
上安全な構造とするとともに、先端
に弁を設けた全長5m以下の給油
ホース又は注油ホース及びこれらの
先端に蓄積する静電気を有効に除去
する装置を設ける必要がある。

懸垂式の給油設備のホースの長さ
は危規則第25条の2の2に規定さ
れている。

(9) ポンプの最大吐出量

給油設備では、ガソリン及びアル
コールを含有するものは50ℓ/分以
下、軽油は180ℓ/分以下である。

注油設備では、軽油及び灯油は
60ℓ/分以下であり、車両に固定さ
れたタンクに、その上部から注油す
る場合は、180ℓ/分以下である。

(10) ポンプ機器及びホース機器の構造

危規則第25条の2に規定されて
いる。

(11) 固定給油設備等の表示

給油ホース又は注油ホースの直近
の位置に取り扱う危険物の品目を表
示する。

(12) 固定給油設備の道路境界線等から
の間隔

① 道路境界線

ア 懸垂式の固定給油（注油）設
備：4m以上

イ その他の固定給油（注油）設備

(ア) ホース全長3m以下の場
合：4m以上

(イ) ホース全長3mを超え4m
以下の場合：5m以上

(ウ) ホース全長4mを超え5m
以下の場合：6m以上

② 敷地境界線

固定給油設備は2m以上、固
定注油設備は1m以上

③ 建築物の壁

2m以上（開口部がない場合
には、1m以上）

④ 固定注油設備の固定給油設備か
らの距離

ア 懸垂式の固定給油（注油）設
備：4m以上

イ その他の固定給油（注油）設備

(ア) ホース全長3m以下の場
合：4m以上

(イ) ホース全長3mを超え4m
以下の場合：5m以上

(ウ) ホース全長4mを超え5m
以下の場合：6m以上

(13) 建築物

給油又はこれに附帯する業務のた

めの用途の建築物以外の建築物その他の工作物を設けることはできない。

なお、給油取扱所内に設置できる建築物は、

① 給油又は灯油若しくは軽油の詰め替えのための作業場

② 給油取扱所の業務を行うための事務所

③ 給油又は灯油若しくは軽油の詰め替え又は自動車等の点検・整備若しくは洗浄のために給油取扱所に出入りするものを対象とした店舗、飲食店又は展示場

④ 自動車等の点検・整備を行う作業場

⑤ 自動車等の洗浄を行う作業場

⑥ 給油取扱所の所有者、管理者若しくは占有者が居住する住居又はこれらの者に係る他の給油取扱所の業務を行うための事務所

の用途を有するものである。

⑭ 建築物の構造

給油取扱所に設けることができる建築物は、壁、柱、床、はり及び屋根を耐火構造又は不燃材料で造り、窓及び出入り口には防火設備を設ける必要がある。

⑮ 可燃性蒸気の流入の防止

事務所その他火気を使用するものは、漏れた可燃性の蒸気がその内部に流入しない構造とする。

⑯ 塀又は壁

給油取扱所の周囲には、自動車等の出入りする側（4m以上の道路に面する側）を除き火災による被害

の拡大を防止するための高さ2m以上の耐火構造の、又は不燃材料の塀又は壁を設ける。

⑰ ポンプ室

① 床は、危険物が浸透しない構造とするとともに、漏れた危険物及び可燃性蒸気が滞留しないように適当な傾斜を付け、かつ貯留設備を設ける。

② 危険物を取り扱うために必要な採光、照明及び換気の設備を設ける。

③ 可燃性蒸気が滞留するおそれがある場合は、その蒸気を屋外へ排出する設備を設ける。

⑱ その他

給油に支障があると認められる設備は設けることができない。

〈法令〉

危政令 第17条第1項

危規則 第24条の14〜第28条の2の8

〈施設〉

給油取扱所

給油ホースの緊結

移動貯蔵タンクから危険物を貯蔵し、又は取り扱うタンクに液体の危険物を注入するとき、タンクの注入口に移動貯蔵タンクの給油ホースを結合金具により完全に結合させる行為をいう。いわゆる投げ込み式その他結合金具を用いないで危険物を注入する行為はこれに該当しない。

法令によって注入口に給油ホースの緊結を義務付けられていないタンクは、引火点が40℃以上の液体の危険物を貯蔵

し、又は取り扱うものであって、かつその量が指定数量未満の場合に限られる。

なお、給油ホースを緊結しない場合における危険物の注入は、給油ホースの先端部に手動開閉装置を備えた給油ノズル（手動開閉装置を開放の状態で固定する装置を備えたものを除く。）により行わなければならない。

〈法令〉

危政令　第27条第6項第4号イ

危規則　第24条の5第4項、第40条
　　　　の5

〈施設〉

移動タンク貯蔵所

強震計

地震による地盤や構造物の強い揺れを計測する機器。地震動の加速度を記録するものが一般的である。

移送取扱所の配管の経路には40ガル以上の加速度の地震動を検知したとき警報を発することができる強震計等を設けなければならない。その強震計等は配管の経路の25km以内の距離ごとの箇所及び保安上必要な箇所に設けること。なお強震計は、10ガルから1,000ガルまでの加速度を検知できる性能を有することとされている。

〈法令〉

危規則　第28条の35、別表1の2

危告示　第4条の20、第44条、第50
　　　　条、第57条第2項

〈施設〉

屋外タンク貯蔵所、移送取扱所

業務上の過失による危険物流出等の罰則

業務上の過失により危険物施設から危険物の流出等をさせたことにより火災の危険を生じさせた者に対する罰則。

処罰の対象は、業務上必要な注意を怠り、危険物施設から危険物を漏出させ、流出させ、放出させ、又は飛散させて火災の危険を生じさせた者である。

火災の危険を生じさせた者は、危険物施設の所有者等又は従業員等反復かつ継続して危険物施設において危険物の取扱い作業に従事する者である。

本罰則の成立には業務上過失が必要であり、反復かつ継続的に一定の行為を繰り返すことであり、業務上必要な注意を怠り、とは、その業務を行うについて、法令上又は経験上当然に要求される注意をしないことをいう。

また本罰則の成立には公共の危険の発生が必要であり、一定の行為により不特定多数の者が火災発生の危険による生命、身体又は財産の侵害の脅威を具体的に認識する状態をさす。危険物の漏えいが関係者以外の者の立入のない事業所内にとどまり、周辺住民に影響を及ぼすおそれがないような場合には該当しない。

〈法令〉

消防法　第39条の3

許可の通報

市町村長等が一定規模以上の製造所等について設置又は変更の許可をしたときは、関係行政機関は地域の保安防災上の諸対策を講ずる必要性が生ずるため、許

可の段階で当該関係行政機関へ情報を提
供すること。

許可の通報対象施設は次表のとおりで
ある。

許可の通報対象施設

区分	対象施設の規模
製造所	10 倍以上
屋内貯蔵所	150 倍以上
屋外タンク貯蔵所	200 倍以上
屋外貯蔵所	100 倍以上
移送取扱所	全て
一般取扱所	10 倍以上

※一般取扱所のうち引火点が 40℃以上の第 4 類の危険物の
みを取り扱うもので、炉・ボイラー等による危険物の消費
施設及び容器詰替場は除く。

なお、危険物の品名、数量又は指定数
量の倍数の変更を伴わない位置、構造又
は設備の変更を伴わない変更許可につい
ては通報の必要はない。

許可の通報先は、市町村長等又は都道
府県知事による許可は、当該区域を管轄
する都道県公安委員会、総務大臣による
許可は国家公安委員会である。また、製
造所等が海域に係るものである場合に
は、併せて海上保安庁にも通報する。

〈法令〉

消防法　第 11 条第 7 項

危政令　第 7 条の 3、第 7 条の 4

危規則　第 7 条の 2

〈施設〉

製造所、屋内貯蔵所、屋外タンク貯蔵
所、屋外貯蔵所、移送取扱所、一般取
扱所

許可の取り消し

市町村長等が、危険物施設の所有者、
管理者又は占有者が次の 1 ～ 5 に該当す

る時に、当該危険物施設について、設置
又は変更の許可の取り消しを命ずること。

1　危険物施設の位置、構造、設備を無
許可で変更したとき

2　完成検査済証の交付前に危険物施設
を使用したとき又は仮使用の承認を受
けないで使用したとき

3　危険物施設の位置、構造、設備に係
る基準適合命令に違反したとき

4　定期保安検査または臨時保安検査を
受けなかったとき

5　危険物施設の定期点検を実施しない
とき（点検記録の作成及び保存を怠り
点検の内容・方法に不備がある場合も
含まれる。）

〈法令〉

消防法　第 12 条の 2 第 1 項

極限支持力

地盤がせん断破壊を生じずに支えるこ
とができる最大荷重又は荷重強度。単位
は、kN/㎡であらわされる。

〈法令〉

危告示　第 4 条の 13

〈施設〉

屋外タンク貯蔵所

許容応力度

部材が破壊しない安全な強度。

構造物は、耐用期間中に予想される
様々な外力（地震、風圧、水圧、土圧な
ど）に対して、構造物の各部材に応力（抵
抗する力）が生じる。そしてこの応力に
対して、部材の断面には応力度が分布す
ることになるが、この応力度を超えない

ように定められた構造計算上の限界点を「許容応力度」という。

　許容引張応力度、許容圧縮応力度、許容せん断応力度、許容支圧応力度及び許容曲げ引張り応力度がある。

〈法令〉
　危規則　第28条の5第2項、第3項、
　　　　　第28条の53第2項
　危告示　第4条の11

〈施設〉
　屋外タンク貯蔵所、移送取扱所

切替え弁

　配管内の危険物等の流れを異なる配管に変える目的等で設置される弁である。移送取扱所に設ける切替え弁は、危告示第17条第4号から第8号までを準用する他、

1　原則として移送基地内に設けられるが、移送基地外の配管の途中に分岐等のために設置する場合には、専用敷地内に設けること。
2　開閉状態が当該弁の設置場所において容易に確認できるものであること。
3　地下に設ける場合は、当該弁を点検箱内に設けること。
4　当該弁の管理を行う者等以外の者が手動で開閉できないものである。
　とすること。

〈法令〉
　危規則　第28条の49
　危告示　第64条

〈施設〉
　移送取扱所

切土

　工事の施工基面が原地盤より低いため工事の施工基面より高い所の土砂を切り下げること。

〈法令〉
　危規則　第20条の2第2項、第20条の3の2第2項

〈施設〉
　屋外タンク貯蔵所

緊急遮断弁

　反応装置やタンク類、配管などの温度や圧力が異常に上昇したときに流体の流入を緊急に停止して遮断し、引火、爆発又は流出などの危険を未然に回避するための安全制御装置の一つ。玉型弁、プラグバルブ、ボールバルブ、ゲートバルブ、バタフライバルブ等が用いられ、検出器からの情報で制御装置を介して所定の場所に設置されたバルブ類が作動するシステムである。

　消防法令では、移送取扱所及び屋外タンク貯蔵所に緊急遮断弁の規定がある。

1　移送取扱所
(1)　緊急遮断弁設置場所
　①　人口密集場所：約1kmの間隔。
　②　主要な河川等を横断して設置する場合等危告示第47条に規定する場所：同条に規定する位置。
(2)　緊急遮断弁の機能
　①　配管系を監視する中央制御室において遠隔操作で開閉できる機能
　②　設置場所にて手動で開閉できる機能
　③　自動的に危険物の漏えいを検知

する装置によつて異常が検知された場合、感震装置又は強震計によつて危告示第48条で定める加速度80ガル以下に設定した加速度以上の地震動が検知された場合、緊急遮断弁を閉鎖するための制御が不能となつた場合、自動的に、かつ、速やかに閉鎖する機能

2　屋外タンク貯蔵所（容量1万kℓ以上）

配管とタンクとの結合部分の直近に、非常の場合に直ちに閉鎖することができる弁で、遠隔操作によつて閉鎖する機能を有するものを設ける。なお、当該操作を行うための予備動力源が確保されたものとする。

3　屋外タンク貯蔵所（津波被害シミュレーションツールで津波浸水の想定がタンク底板から3m以上となる容量千kℓ以上）

配管とタンクとの結合部分の直近に、遠隔操作によって閉鎖する機能を有する弁を設ける。なお、当該操作を行うための予備動力源が確保されたものとする。

4　屋外タンク貯蔵所（容量1万kℓ以上または容量が2万kℓ未満で危告示第4条の22第1号に定める空間高さHcが2.0m以上となる一枚板構造の浮き屋根を有するタンク）

液面揺動が生じて浮き屋根上に貯蔵危険物が滞油した場合、排水設備を介して外部に漏えいすることを防止するため、流出するおそれが生じた場合に速やかに流路を遮断することができる等の機能を有する弁を設ける。非常の場合に自動又は遠隔操作によって閉鎖する機能を有するとともに、当該操作を行うための予備動力源が確保する。この場合、遮断弁の操作機構には、遮断弁の構造に応じて、液圧、気圧、電気又はバネ等を予備動力源として用い、停電等主動力が使用不能となった場合においても遮断弁が閉鎖できる機能を有していること。

〈法令〉

危規則　第21条の6、第28条の30、第28条の33、第28条の53、第40条の4

危告示　第46条～第49条

〈施設〉

屋外タンク貯蔵所、移送取扱所

緊急通報設備

移送取扱所において、配管系の災害等に際し、応急の措置の取れる中央制御所等に通報するための設備であり、危険物施設保安員等が配管系のパトロール中に異常を発見した場合等保安上緊急の連絡が必要である場合に使用されるもの。関係者以外のものが異常を発見した場合にも使用できることが必要である。そのため緊急通報設備である旨の表示等を行い、その設置位置等を明確にしておく必要がある。

緊急通報設備は発信部と受信部がある。発信部は、山林原野以外の地域では配管の経路の約2kmごとの箇所、山林原野では配管の経路の保安上必要な箇所である。

受信部は、緊急の通報を受信した場合に直ちに必要な措置を講じることができ

る場所に設ける。

〈法令〉

危規則　第28条の36

危告示　第51条

〈施設〉

移送取扱所

禁水性物質

消防法別表第一の第3類の項の品名欄に掲げる物品に該当する。

第3類の危険物は、自然発火性物質又は禁水性物質ともいわれており、空気中での発火の危険性を判断するための試験（自然発火性試験）において一定の性状を示すか、又は水と接触して発火し、又は可燃性ガスを発生する危険性を判断する試験（水との反応性試験）において一定の性状を示す固体又は液体をいう。しかし、ほとんどのものは両方の性質を有している。ただし、リチウムは禁水性の性質のみを有し、他方黄りんは保存方法が水中に没しておくなど禁水性は示さず、空気中に置くと発火するという自然発火性のみを有している。

〈法令〉

消防法　別表第1

危政令　第1条の5、別表第3

危規則　第1条の4第3号

試験性状省令　第3条、別表第7、別表第8

金属製ドラム

危険物を収納して運搬するための容器のうち金属製のもの。固体の危険物用及び液体の危険物用の外装容器として用い

られ、最大容積は、250 ℓ である。

天板固定式のものと天板取外し式がある。

一方、専ら乗用の用に供する車両により自動車の燃料の用に供するガソリンを運搬する場合の金属製ドラム（天板固定式のもの）の最大容積は22 ℓ である。

〈法令〉

消防法　第16条

危政令　第28条

危規則　第39条の3、別表第3、別表第3の2

危告示　第68条の4第2項

金属製容器

危険物を収納して運搬するための容器のうち金属製のもの。

最大容積は、固体の危険物用及び液体の危険物用ともに、外装容器として用いる場合には60 ℓ である。

専ら乗用の用に供する車両によりガソリン（自動車の燃料の用に供する）を運搬する場合の金属製容器の最大容積は22 ℓ である。

〈法令〉

消防法　第16条

危政令　第28条

危規則　第39条の3、別表第3、別表第3の2

危告示　第68条の4第2項

金属粉

危険物第二類である可燃性固体の品名に掲げられる物品のひとつで、アルカリ金属、アルカリ土類金属、鉄及びマグネシウム以外の金属の粉をいい、銅粉、ニッ

ケル粉及び目開きが 150 の網ふるいを通
過するものが 50% 未満のものは除外する。

指定数量は、第一種可燃性固体に該当
するものは 100kg、第二種可燃性固体に
該当するものは 500kg である。

代表的なものに、アルミニウム粉、亜
鉛粉がある。

物性等は次のとおりである。

金属は酸化しやすいが、熱の良導体で
あるため酸化熱が蓄積されにくいのと、
酸化が表面に止まって内部まで及ばない
ために、火災危険の対象とはならない。
しかし金属を細分化し粉状とすれば、酸
化表面積の拡大、熱伝導率が小さくなる
などの理由から燃えやすくなる。

粉末は着火しやすく、いったん着火す
れば激しく燃焼する。

水とは徐々に反応し、酸、アルカリと
は速やかに反応して水素を発生する。

空気中の水分及びハロゲン元素と接触
すると自然発火することがある。

酸化剤と混合したものは、加熱、打撃
に敏感である。

〈法令〉

消防法　別表第 1

危政令　第 1 条の 4、第 1 条の 11、
　　　　第 10 条第 1 項、第 25 条、別表
　　　　第 3、別表第 5

危規則　第 1 条の 3 第 2 項、第 44 条
　　　　第 1 項、第 45 条第 2 項、第 72
　　　　条第 1 項

空気抜き口

移送取扱所の配管の耐圧試験を実施す
る際に、配管等の内部の空気を排除する
ために配管等に開ける穴。

〈法令〉

危告示　第 42 条、第 43 条

〈施設〉

移送取扱所

クリーブランド開放式引火点測定器

液体可燃物の引火点測定に用いられる
試験器で、引火点が比較的高い場合に用
いられる。

消防法令では、タグ密閉式引火点測定
器により引火点を測定し、引火点が
80℃ 以下の温度で測定されない場合はク
リーブランド開放式引火点測定試験器に
より測定する。

〈法令〉

危政令　第 1 条の 6

試験性状省令　第 4 条第 2 項、別表第 10

警戒区域

自動火災報知設備の設置の基準で、火
災の発生した区域を他の区域と区別して
識別ができる最少単位の区域。

火災が発生した場合に、有効に覚知で
きるように感知器が設置されており、火
源の位置が容易に分かるよう、次のとお
り設ける。

1　建築物、工作物の二以上の階にわた

らないこととする。

　ただし、一つの警戒区域の面積が500㎡以下であり、かつ、当該警戒区域が二の階にわたる場合又は階段、傾斜路、エレベータの昇降路やこれらに類する場所に煙感知器を設ける場合はこの限りではない。

2　一つの警戒区域の面積は、600㎡以下とすること。

　ただし、主要な出入り口からその内部を見とおすことができる場合は、面積を1,000㎡以下とすることができる。

3　警戒区域の一辺の長さは、50m以下とすること。ただし、光電式分離型感知器を設置する場合にあっては、100m以下とすることができる。

〈法令〉

　危政令　第21条

　危規則　第38条第2項

警戒宣言

　内閣総理大臣が、気象庁長官から地震予知情報の報告を受けた場合に、地震防災応急対策を実施する緊急の必要があると認めるとき、閣議にかけて発する地震災害に関する警戒宣言。

　大規模地震対策特別措置法第2条第3号及び第9条第1項に規定される。

〈法令〉

　危規則　第60条の2第2項

計算沈下量

　特定屋外貯蔵タンクの地盤の、計算により求める沈下量。

　粘性土層と砂質土層について、危告示第4条の14に計算式が示されている。

　計算沈下量は、次の要件を満たす必要がある。

1　タンク荷重を支える地層が水平層状でない場合

(1)　直径が15m未満のタンク：不等沈下量が5cm以下

(2)　直径が15m以上のタンク：不等沈下量が直径に対するタンクの不等沈下の割合が300分の1以下

2　タンク荷重を支える地層が水平層状である場合

　沈下量が前記(1)の値の3倍以下

〈法令〉

　危規則　第20条の2第2項

　危告示　第4条の4第2項、第4条の6、第4条の16、第4条の22の5

〈施設〉

　屋外タンク貯蔵所

掲示板

　危険物施設において貯蔵し又は取り扱われている危険物の種類数量その他必要な注意事項を記入した板で、掲示板は、幅0.3m以上、長さ0.6m以上の板で白色の地に文字が黒で危険物の類、品名及び貯蔵最大数量又は取扱最大数量、指定数量並びに指定数量の倍数、危険物取扱者の氏名、職名を表示する。移動タンク貯蔵所を除く危険施設には、掲示板の設置が義務付けられている。また、貯蔵し、又は取り扱う危険物の種類に応じその性質に着目した掲示板を設けなければならない。

このほか、引火点が21℃未満の屋外タンク貯蔵所、屋内タンク貯蔵所、地下タンク貯蔵所の注入口及びポンプ設備について掲示板の設置が義務付けられる。

〈法令〉

　危規則　第18条第1項、第2項

〈施設〉

　共通

警報設備

　火災の発生を早期に従業員等に周知する設備。

　警報設備を設置しなければならない製

標識

← 30cm以上 →

危険物製造所

60cm以上

地　：白色
文字：黒色
製造所等の名称を記載する

掲示板

← 30cm以上 →

危険物の種別
危険物の品名
取扱最大数量
危険物保安監督者

第四類
第二石油類（軽油）
七〇〇〇L（軽油）（七五倍）
安善　太郎

60cm以上

地　：白色
文字：黒色
危険物保安監督者は役職名でも良い。

掲示板

← 30cm以上 →

給油中エンジン停止

60cm以上

地　：黄赤色
文字：黒色
給油取扱所にのみ必要な掲示板

危険物の性状に応じた注意事項を表示した掲示板

← 30cm以上 →

火気厳禁

60cm以上

地　：赤色
文字：白色
第二類の引火性固体、第三類の自然発火性物品、第四類、第五類の危険物を取扱う製造所等に掲示する。

← 30cm以上 →

火気注意

60cm以上

地　：赤色
文字：白色
第二類の危険物（引火性固体を除く）を取扱う製造所等に掲示する。

← 30cm以上 →

禁水

60cm以上

地　：青色
文字：白色
第一類の危険物のうちアルカリ金属の過酸化物若しくはこれを含有するもの又は第三類の危険物のうち禁水物品を取扱う製造所等に掲示する。

造所等は、指定数量の 10 倍以上の危険物を貯蔵し、又は取り扱う製造所等のうち移動タンク貯蔵所以外の製造所等であり、火災が発生した場合自動的に作動する火災報知設備その他の警報設備を設置する。

警報設備は次のとおりに区分される。

1　自動火災報知設備
2　消防機関に報知ができる電話
3　非常ベル装置
4　拡声装置
5　警鐘

警報設備を設けなければならない製造所等は、次の表のとおりである。

警報設備の設置の区分

区分	設置対象となる要件	設置警報設備
製造所又は一般取扱所	・延べ面積 500 ㎡以上	自動火災報知設備
	・屋内で指定数量の倍数が 100 以上（高引火点危険物を 100℃未満で取り扱うものを除く。）	
	・他用途を有する建築物に設けるもの（開口部のない隔壁で区画されたものを除く。）	
屋内貯蔵所	・指定数量の倍数が 100 以上（高引火点危険物のみを貯蔵し、又は取り扱うものを除く。）	
	・貯蔵倉庫の延べ面積が 150 ㎡を超えるもの（当該貯蔵倉庫が 150 ㎡以内ごとに不燃材料で造られた開口部のない隔壁で完全に区分されているもの又は第二類若しくは第四類の危険物（引火性固体及び引火点が 70℃未満の第四類の危険物を除く。）のみを貯蔵し、若しくは取り扱うものにあつては、貯蔵倉庫の延べ面積が 500 ㎡以上のものに限る。）	
	・軒高が 6 m 以上の平家建	
	・指定数量の倍数が 20 以下で屋内貯蔵所の用に供する部分以外の部分を有する建築物に設けるもの（屋内貯蔵所の用に供する部分以外の部分と開口部のない耐火構造の床又は壁で区画されているもの、及び第二類又は第四類の危険物（引火性固体及び引火点が 70℃未満の第四類の危険物を除く。）のみを貯蔵し、又は取り扱うものを除く。）	
屋外タンク貯蔵所	・岩盤タンクに係るもの	
屋内タンク貯蔵所	・タンク専用室を平家建以外の建築物に設ける屋内タンク貯蔵所で液体の危険物（第六類の危険物を除く。）を貯蔵し、又は取り扱うもの（高引火点危険物のみを 100℃未満の温度で貯蔵し、又は取り扱うものを除く。）にあつては当該危険物の液表面積が 40 ㎡以上のもの、高さが 6 m 以上のもの又はタンク専用室を平家建以外の建築物に設けるもので引火点が 40℃以上 70℃未満の危険物に係るもの（当該建築物のタンク専用室以外の部分と開口部のない耐火構造の床又は壁で区画されているものを除く。）	
給油取扱所	・一方開放の屋内給油取扱所	
	・上部に上階を有する屋内給油取扱所	
上記以外のもので、10 倍以上の危険物を貯蔵し、又は取り扱うもの（移動タンク貯蔵所、移送取扱所を除く。）		消防機関に報知ができる電話
		非常ベル装置
		拡声装置
		警鐘

※消防機関に報知ができる電話は、同一敷地内で速やかに通報できる位置にあれば、製造所等内に設置されていなくても構わない。

※自動火災報知設備を設けなければならない危険物施設以外の危険物施設で指

定数量の 10 倍以上のものに自動火災報知設備を設けた場合は、消防機関に報知ができる電話、非常ベル装置、拡声装置又は、警鐘を設けないことが出来る。

※自動火災報知設備の設置の基準は、危規則第 38 条第 2 項に規定されているほか、消防法施行規則第 23 条第 4 項から第 8 項までと、第 24 条及び第 24 条の 2 の例による。

警報設備のうち移送取扱所に設けるものは、

1　移送基地には非常ベル装置及び拡声装置を設けること。

2　可燃性蒸気を発生する危険物の送り出しの用に供されるポンプ等のポンプ室には可燃性蒸気警報設備を、その他のポンプ等のポンプ室には自動火災報知設備（自動信号装置を備えた消火設備を含む。）を設けること。

〈法令〉

　危政令　第 21 条

　危規則　第 28 条の 37、第 36 条の 2、
　　　　　第 37 条、第 38 条

　危告示　第 52 条

〈施設〉

　製造所、屋内貯蔵所、屋外タンク貯蔵所、屋内タンク貯蔵所、地下タンク貯蔵所、簡易タンク貯蔵所、屋外貯蔵所、給油取扱所、移送取扱所、一般取扱所

軽油

危険物第四類である引火性液体の品名に掲げられた第二石油類に例示された物品。JIS K 2204 に適合するものをいう。

沸点がおよそ 170℃ から 370℃ である炭化水素の混合物である。

指定数量は 1,000ℓ である。

物性等は次のとおりである。

淡い褐色の液体で比重は 0.85。

引火点：45℃ 以上。

発火点：220℃。

燃焼範囲（爆発範囲）：1.0 ～ 6.0vol%。

蒸気比重：4.5。低所に滞留しやすい。

水に不溶。

加熱などにより液温が引火点以上になると引火危険は第一石油類のガソリンと同様になる。

霧状となって浮遊している状態や布などの繊維製品などに浸み込んでいるときは空気との接触面積が大きいことから危険性は増大する。

流動などの際に静電気を発生する。

ガソリンが混合されたものは引火しやすくなる。

〈法令〉

　消防法　別表第 1

　危政令　第 3 条、第 17 条第 1 項、第
　　　　　5 項、第 27 条第 6 項

　危規則　第 22 条の 2 の 8、第 24 条の
　　　　　2 の 3、第 24 条の 15、第 25
　　　　　条の 2、第 25 条の 4 第 1 項、
　　　　　第 27 条の 3 第 3 項、第 28 条の
　　　　　2 の 4、第 28 条の 2 の 5、第
　　　　　43 条の 3、第 49 条

計量口

地下貯蔵タンク等において計量棒によって計量する場合に計量棒を挿入するための口。

屋外貯蔵タンク、屋内貯蔵タンク、地下貯蔵タンク又は簡易タンクの計量口は、計量するとき以外は閉鎖しておく。

〈法令〉

危政令　第26条第1項

〈施設〉

製造所、屋外タンク貯蔵所、屋内タンク貯蔵所、地下タンク貯蔵所、簡易タンク貯蔵所、給油取扱所、一般取扱所

減圧弁

高い圧力の液体又は気体を一定の低い圧力に下げる機能を持つ弁。

〈法令〉

危規則　第19条第1項

〈施設〉

製造所、屋外タンク貯蔵所、屋内タンク貯蔵所、地下タンク貯蔵所、給油取扱所、一般取扱所

堅固な基礎

ポンプ他構造物を固定する基礎で、構造物が正常に作動できる強度、耐震性、耐久性があり、有効に支持し、固定することができるもの。

〈法令〉

危政令　第11条第1項、第13条第2項

危規則　第16条の2の2第1項、第21条第1項、第22条の5、第22条の6、第28条の47

〈施設〉

屋内貯蔵所、屋外タンク貯蔵所、屋内タンク貯蔵所、移送取扱所、地下タンク貯蔵所

検査員

危険物保安技術協会において受託審査業務を実施する職員。

危険物保安技術協会の受託審査業務は、高度の技術的知識と経験を要するものであることから、当該業務を実施する検査員は一定の資格を有することが必要とされる。

資格要件は、

1　大学において機械工学、造船工学、土木工学又は建築工学の学科又は課程を修めて卒業し、かつ、石油タンク、高圧ガスタンク等の鋼構造物の建設、改造又は修理に係る研究、設計、工事の監督又は検査（以下「石油タンク等の研究等」という。）に3年以上の実務の経験を有する者

2　短期大学又は高等専門学校において機械工学、造船工学、土木工学又は建築工学の学科又は課程を修めて卒業し、かつ、石油タンク等の研究等に5年以上の実務の経験を有する者

3　石油タンク等の研究等に7年以上の実務の経験を有する者

4　総務大臣が上記1～3に示す者と同等以上の学力及び経験を有すると認定した者

である。

検査員は、誠実にその職務を行わなければならない。

また、総務大臣は、検査員が法令及び審査事務規程に違反したとき、又はその者に職務を行わせることが受託審査業務の適正な実施に支障を及ぼすおそれがあるときは、協会に対し検査員の解任を命

じることができる。

〈法令〉

消防法　第16条の38

危政令　第41条の3

検尺管

タンク内の液面高さを測定するための液位測定用ケーブル等を屋外貯蔵タンク内部へ導入する垂直管。

〈法令〉

危告示　第4条の22

〈施設〉

屋外タンク貯蔵所

故意による危険物流出等の罰則

故意に危険物施設から危険物の流出等をさせたことにより火災の危険を生じさせた者に対する罰則。

処罰の対象は、危険物施設から危険物を漏出させ、流出させ、放出させ、又は飛散させて火災の危険を生じさせた者である。

火災の危険を生じさせた者は、現に危険物の取扱い作業に従事して当該結果を惹起させた者だけでなく、危険物保安監督者など当該取扱い作業に関し安全管理の責にある者も含まれる。なお、行為者は当該危険物施設の所有者等あるいは従業員等である必要はない。

本罰則の成立には故意を必要とし、危険物施設から危険物を漏えいさせようとする認識を持つことである。

また本罰則の成立には公共の危険の発生が必要であり、一定の行為により不特定多数の者が火災発生の危険による生命、身体又は財産の侵害の脅威を具体的に認識する状態をさす。危険物の漏えいが関係者以外の者の立入のない事業所内にとどまり、周辺住民に影響を及ぼすおそれがないような場合には該当しない。

〈法令〉

消防法　第39条の2

高引火点危険物

引火点が100℃以上の第四類の危険物。

高引火点危険物のみを取り扱う危険物施設については、基準の特例（緩和規定）が設けられている。

〈法令〉

危政令　第9条第2項、第10条第5項、第11条第3項、第16条第3項、第19条第3項

危規則　第13条の6第1項、第16条の2の4第1項、第2項、第16条の2の5第1項、第16条の2の6第1項、第20条第1項、第2項、第22条の2の3第1項、第3項、第24条の12第1項、第2項、第28条の54、第28条の61第1項、第28条の62第1項、第33条第1項、第2項、第34条第1項、第38条第1項

高圧ガス

消防関係法令では、高圧ガスは、高圧ガス保安法第2条に基づくものとなる。

高圧ガス保安法の定義では、気体状態

にある物質を4種に大別し、それぞれが一定の状態になった場合について「高圧ガス」としている。この4種は、「圧縮ガス」、「圧縮アセチレンガス」、「液化ガス」及び「特定の液化ガス」となる。

4種のガスの特性は次のとおりである。

1　圧縮ガス

　大気圧以上に圧縮された状態にあるもの。

2　圧縮アセチレンガス

　空気のない環境でも分解して多量の熱と圧力を発生する爆発的な反応を起こす可能性を持っているため、多孔質物を充填して溶剤を浸潤させた容器にアセチレンを溶解させて充填した状態のもの。

3　液化ガス

　冷却や圧縮により液体状態にしたもので、

　(1)　大気圧下における沸点が40℃以下のもの

又は、

　(2)　大気圧下における沸点が40℃を超える液体が、その沸点以上かつ1MPa以上の状態ある場合のもの

4　特定の液化ガス

　危険性、事故例などから、法規制の対象とすべきと判断される3種のガスで、高圧ガス保安法で指定されたものが液化シアン化水素と液化ブロムメチル、高圧ガス保安法施行令で指定されたものが液化酸化エチレンである。これら3種の液化ガスは、蒸気圧が低く、前項の液化ガスの定義には該当しないが、毒性、可燃性、分解爆発性などの

特性から高圧ガスとなるガスとして指定されている。

4種のガスが高圧ガスとなる要件は次のとおりである。

1　圧縮ガス

　(1)　常用の温度で圧力が1MPa以上であって、現に1MPa以上

　(2)　又は、35℃の温度換算において1MPa以上

2　圧縮アセチレンガス

　(1)　常用の温度で圧力が0.2MPa以上であって、現に0.2MPa以上

　(2)　又は、15℃の温度換算において0.2Mpa以上

3　液化ガス

　(1)　常用の温度で圧力が0.2MPa以上であって、現に0.2MPa以上

　(2)　又は、飽和蒸気圧力が0.2MPaとなる温度が35℃以下

4　特定の液化ガス

　温度35℃で0MPaを超える液化ガスで特定のもの

※圧力の値はすべてゲージ圧力である。

〈法令〉

危政令　第9条第1項第1号ニ

危規則　第12条、第13条の6、第20条の5の2

甲種危険物取扱者

3種ある危険物取扱者の種類の一つで、甲種危険物取扱者免状の交付を受けている者。

あらゆる種類の危険物を自ら取り扱うこと及び自分以外の者の取扱作業に立ち会うことができる。

また危険物保安監督者を定めなければ
ならない危険物施設において危険物保安
監督者に選任される資格を有する。ただ
し、6ヶ月以上の危険物取扱の実務経験
が必要となる。

〈法令〉

消防法　第13条第1項、第3項、第
　　　　13条の2第1項、第2項、第
　　　　13条の3第2項、第4項

合成応力度

配管の、主荷重と従荷重の組み合わせ
によって生じる円周方向応力度、軸方向
応力度及び管軸に垂直方向のせん断応力
度を合成した応力度。

当該配管の規格最小降伏点の90％以
下である必要がある。

危告示第14条の算定式によりもとめる。

〈法令〉

危規則　第28条の5第2項

危告示　第14条

〈施設〉

移送取扱所

構内道路

屋外タンク貯蔵所の存する敷地内の道路。

防油堤内に設置する屋外貯蔵タンク
は、屋外貯蔵タンクの容量に応じ所定の
路面幅員を有する構内道路に直接面する
ように設けなければならない。ただし、
引火点が200℃以上の危険物を貯蔵し、
又は取り扱う屋外貯蔵タンクはこの限り
でない。

なお、防油堤は、周囲が構内道路に接
するように設けなければならない。

〈法令〉

危規則　第22条第2項

〈施設〉

屋外タンク貯蔵所

降伏点

物体に力を加えていったとき、ある値
で弾性限界を超えて物体の変形が急激に
増加して元に戻らなくなる塑性変形が発
生する現象を降伏といい、このときの応
力を降伏点という。

なお、降伏が現れない場合もあるが、
この物体に対しては実用上適当な量の永
久ひずみを生ずる応力を降伏点と規定
し、その値は永久ひずみ0.2％を生じる
応力とする。

〈法令〉

危規則　第28条の5第2項、第3項

危告示　第4条の16の2、第4条の
　　　　21、第4条の21の4、第4条
　　　　の34、第4条の47、第4条の
　　　　50、第16条

〈施設〉

移送取扱所、屋外タンク貯蔵所

顧客に自ら給油等をさせる給油取扱所（セルフスタンド）

顧客に自ら自動車若しくは原動機付自
転車に給油させ、又は灯油若しくは軽油
を容器に詰め替えさせることができる給
油取扱所。ただし、当該給油取扱所では、
顧客にガソリンを容器に詰め替えさせる
こと及び灯油または軽油をタンクロー
リーに注入することはできない。

1　位置

保安距離及び保有空地について規制
はない。

2　構造・設備

　屋外給油取扱所又は屋内給油取扱所
と同じ基準が適用されるが、次のとお
り特例基準が付加される。

(1)　セルフスタンドの表示

　　顧客に自ら給油等をさせる給油取
扱所である旨を表示する。（例「セ
ルフスタンド」等）

(2)　顧客用固定給油設備の構造及び設備

　①　給油ホースの先端部に手動閉鎖
装置を備えた給油ノズルを設け
る。なお、給油ノズルの閉鎖装置
を開放状態で固定できる装置を備
える場合、他の安全装置が更に必
要である。

　②　給油ノズルは、静電気を有効に
除去する構造とする。

　③　給油ノズルは、燃料タンクが満
量になったときに、危険物の給油
を自動的に停止する構造とする。

　④　給油ノズルに、危険物が飛散し
ない措置（スプラッシュガード等)
を講じる。

　⑤　給油ホースは、著しい引張力が
加わったときに安全に分離し、分
離した部分からの漏えいを防止す
る構造とする。

　⑥　ガソリン及び軽油相互の誤給油
を防止できる構造とする。

　⑦　1回の連続した給油量及び給油
時間の上限を設定できる構造とする。

　⑧　地震時に、危険物の供給を自動
的に停止できる構造とする。

(3)　顧客用固定注油設備の構造及び設備

　①　注油ホースの先端部に開放状態
で固定できない手動閉鎖装置を備
えた注油ノズルを設ける。

　②　注油ノズルは、容器が満量に
なったときに、危険物の注油を自
動的に停止する構造とする。

　③　1回の連続した注油量及び注油
時間の上限を設定できる構造とする。

　④　地震時に、危険物の供給を自動
的に停止できる構造とする。

(4)　顧客用固定給油設備、顧客用固定
注油設備及びその周辺の措置

　①　顧客用固定給油設備等には顧客
用固定給油設備である旨の表示を
する。

　②　地盤面に自動車等の停止位置
（給油）、容器の置き場所（注油）
を表示する。

　③　給油、注油設備の直近に、使用
方法、危険物の品目等の表示を行
うとともに、給油ホース等に彩色
を行う場合には次表による。

取り扱う危険物の種類	文字	色
自動車ガソリン（JIS K 2202 のうち1号）	「ハイオクガソリン」又は「ハイオク」	黄
自動車ガソリン（JIS K 2202 のうち2号）	「レギュラーガソリン」又は「レギュラー」	赤
軽油	「軽油」	緑
灯油	「灯油」	青

　④　衝突防止措置

　　顧客用固定給油設備等へ顧客の
運転する自動車等が衝突すること
を防止するため、ポールなどの措
置を施す。

　⑤　制御卓

視、制御等を行う制御卓（コント
ロールブース）を設ける。
　⑥　消火設備
　　　第3種固定式泡消火設備を設置
する。
3　取扱い基準
(1)　給油の制限
　　　顧客は、顧客用固定給油設備と顧
客用固定注油設備のみで給油等を行う。
(2)　給油量、給油時間等の上限
　　　給油量、給油時間等の上限を設定
する場合は、適正な数値とする。
　　　平成12年2月1日付消防危第12
号で設定値は、
　①　顧客用固定給油設備
　　　給油量は、ガソリン100ℓ、軽
油200ℓ
　　　給油時間は、4分
　②　顧客用固定注油設備
　　　注油量は、100ℓ
　　　注油時間は、6分
を標準とすることとされている。
(3)　制御卓での監視、制御
　①　顧客の給油作業等を直視等によ
り監視する。
　②　顧客が給油作業等を行う場合
　　は、火の気がないこと、その他安
　　全上支障がないことを確認してか
　　ら実施させる。
　③　顧客の給油作業等が終了した場
　　合は、顧客の給油作業等が行えな
　　い状態にする。
　④　非常時には、全ての固定給油設
　　備等における危険物の取扱いが行

えない状態にする。
　⑤　放送機器等を用いて顧客に必要
　　な指示等をする。
4　その他
　　顧客に自ら給油等をさせるエタノー
ル等の給油取扱所の基準については特
例がある。

〈法令〉
　危政令　第17条第5項、第27条第6項
　危規則　第28条の2の4～第28条の
　　　　　2の8、第32条の6、第33条、
　　　　　第40条の3の10

〈施設〉
　給油取扱所

国際海上危険物規程

　国連の専門機関の一つである国際海事
機関（IMO）が採択した危険物の運送
に関する規程で、IMDGコードという。
　海上人命安全条約（SOLAS条約）の
条約締結国はIMDGコードを国内法令
に取り入れなければならない。
　液体危険物タンクである国際輸送用タ
ンクコンテナは、国際海上危険物規程の
水圧試験に関する基準に適合している旨
の表示がされている場合には、完成検査
前検査としての水圧検査は要さないもの
とされている。

〈法令〉
　危政令　第8条の2第4項
　危規則　第6条の2の9

〈施設〉
　移動タンク貯蔵所

固定給油設備

　給油取扱所に設置されるポンプ機器及びホース機器からなる固定された給油設備。

　設置されるポンプ機器とホース機器との組み合わせによって、次の4種の構成に分類できる。

1　ポンプ機器及びホース機器が計量器に設けられている構成
2　ポンプ機器を油中ポンプとし、ホース機器のみが計量器に設けられている構成
3　ポンプ機器をポンプ室に設置し、ホース機器のみが天井等に設けられている構成
4　ポンプ機器を油中ポンプとし、ホース機器のみが天井等に設けられている構成

　このうち最も普及しているのは、「1ポンプ機器及びホース機器が計量器に設けられている構成」であり、燃料油は、専用タンクから固定給油設備の下に設けられたアイランドピットに至る地下埋設配管を介して固定給油設備に供給される。

　固定給油設備は、
①ポンプ、②配管（金属製であり、0.5MPaの圧力で10分間の水圧試験）、③メーター（燃料油の流量を計測する装置）、④発信器（メーターで計量した燃料油の量を電気信号に変換して、表示器に送信）、⑤表示器（給油した燃料油の容量を表示する装置）、⑥電磁弁、⑦制御スイッチ（ノズル掛けの裏側に設けられており、モーターの起動・停止や電磁弁の開閉を行う）、⑧安全継手（2,000N以下の引張力によって離脱）、⑨ホース（JIS K 6343「送油用ゴムホース」）、⑩ノズル、⑪外装（難燃性を有する材料）、⑫電気設備（防爆構造）、⑬静電気除去装置（抵抗値が1,000Ω未満）
により構成される。

　固定給油設備の位置、構造及び設備の基準は次のとおりである。

1　ホース機器の周囲には、自動車等に直接給油し、給油を受ける自動車等が出入りするための、間口10m以上、奥行き6m以上の空地が必要となる。
2　先端に弁を設けた全長5m（懸垂式のものは危規則第25条の2の2で定める長さ）以下の給油ホース及びこれらの先端に蓄積される静電気を有効に除去する装置を設ける。
3　ポンプ機器の最大吐出量は、ガソリン、メタノール等及びエタノール等は50ℓ/分以下、軽油は180ℓ/分以下とする。
4　給油ホースの直近の位置に取扱う危険物の品目を表示する。
5　固定給油設備は次の位置等から必要な間隔を保つ。
　(1)　道路境界線
　　　懸垂式の固定給油設備は4m以上、その他の給油設備では、給油ホースの長さが3m以下のものは4m以上、3mを超え4m以下のものは5m以上、4mを超え5m以下のものは6m以上。
　(2)　敷地境界線
　　　2m以上。
　(3)　建築物の壁
　　　2m以上。但し、開口部がない

場合には、1m以上。

〈法令〉

危政令　第17条、第27条第6項

危規則　第25条の2〜第25条の3

〈施設〉

給油取扱所

固定注油設備

給油取扱所において、灯油又は軽油を、一般取扱所において、引火点が40℃以上の第四類の危険物を、容器に詰め替え、又は車両に固定された容量4,000ℓ（容量2,000ℓを超えるタンクにあっては、その内部を2,000ℓ以下ごとに仕切ったものに限る。）以下のタンクに注入するための設備で、ポンプ機器及びホース機器で構成される。地上部分に設置された固定式、天井に吊り下げた懸垂式がある。

固定注油設備の構成は固定給油設備と同様である。

固定注油設備の位置、構造及び設備の基準は次のとおりである。

1　ホース機器の周囲には、容器の詰め替え等のために必要な空地を、給油空地以外の場所に保有する。一般取扱所においても同様である。

2　先端に弁を設けた全長5m（懸垂式のものは危規則第25条の2の2で定める長さ）以下の給油ホース及びこれらの先端に蓄積される静電気を有効に除去する装置を設ける。

3　ポンプ機器の最大吐出量は、軽油及び灯油を容器に詰め替える場合は60ℓ/分、車両に固定されたタンクに、その上部から注油する場合は180ℓ/

分以下とする。

4　注油ホースの直近の位置に取扱う危険物の品目を表示する。

5　固定注油設備は次の位置等から必要な間隔を保つ。

(1)　道路境界線

懸垂式の固定注油設備は4m以上、その他の注油設備では、注油ホースの長さが3m以下のものは4m以上、3mを超え4m以下のものは5m以上、4mを超え5m以下のものは6m以上。

(2)　敷地境界線

1m以上。

(3)　建築物の壁

2m以上。但し、開口部がない場合には、1m以上。

(4)　給油取扱所における固定注油設備の固定給油設備からの距離

懸垂式の固定給油設備から4m以上、その他の給油設備では、給油ホースの長さが3m以下のものは4m以上、3mを超え4m以下のものは5m以上、4mを超え5m以下のものは6m以上。

〈法令〉

危政令　第3条、第14条、第17条第1項、第27条第6項

危規則　第25条の2、第28条の2の5、第28条の59第2項

〈施設〉

給油取扱所

個別延長

特定屋外タンク貯蔵所のうち、新法、

新基準、第一段階基準のタンクについて、基本開放周期に加え、さらに開放周期を個別に延長することができる制度。

平成6年の危政令改正により、容量10,000kℓ以上の特定屋外タンク貯蔵所について、保安検査の基本的な開放周期が見直され、これに併せて内部点検の義務付けが廃止され保安検査に一元化されるとともに、さらに保安のための措置を講じているものは、開放周期が延長（個別延長）されることとなった。

タンクの長期的な安全性は、基本的な開放周期に応じて行われる保安検査等によって一定の安全性レベルは保持されるが、タンクの構造的要件だけで決まるわけではなく、維持管理の程度に応じても変わるものである。そこで、高い安全レベルに維持管理されることが期待できる特定屋外タンク貯蔵所については、基本的な開放周期をさらに延長できる個別延長制度が導入されることとなったもので、保安措置の内容に応じて開放周期は最大13年まで延長できることとされた。さらに平成12年の危規則改正で、1,000kℓ以上10,000kℓ未満の特定屋外タンク貯蔵所にも適用範囲が拡大され、これらは保安措置の内容に応じ、開放周期は最大15年まで延長することができることとされた。

新法、新基準、第一段階基準の特定屋外タンク貯蔵所のうち、危規則第62条の2の2に定められている保安のための措置が施されたタンクについては、特に安全対策が良好と判断され、個別に開放周期の延長が可能となる。

保安のための措置には、「コーティング等が適正に実施されているもの」及び「腐食環境管理が良好なもの」「コーティング等が適正に実施され、かつ腐食環境管理が良好なもの」の3種類が規定されている。

延長期間は、容量と安全対策の内容によって表のように定められている。

特定屋外タンク貯蔵所の個別延長周期

	保安のための措置	10,000kℓ以上	1,000kℓ以上10,000kℓ未満
新基準（第二段階基準）	エポキシ系コーティング等	8年	13年
	貯蔵管理等の有効な措置	9年	14年
	ガラスフレークコーティング等	10年	15年
新法又は第一段階基準	貯蔵管理等の有効な措置	10年	15年
	ガラスフレークコーティング等	10年	15年
	貯蔵管理等の有効な措置＋ガラスフレークコーティング等	13年	

〈法令〉

　危政令　第8条の4

　危規則　第62条の2の2、第62条の2の3、第62条の5

〈施設〉

　屋外タンク貯蔵所

混合燃料油調合器

ガソリンと潤滑油を一定の比率で調合して2サイクルエンジンの燃料とする装置。

給油取扱所の業務を行うにおいて必要な附属設備とされている。

設置する位置は、給油に支障がない場

所で、建築物から1m以上、かつ、道路境界線から4m以上離れている必要がある。

蓄圧圧送式のものは、常用圧力に耐える構造とし、かつ、適当な安全装置を設ける必要がある。

なお、混合燃料油調合器に収納する危険物の数量は、他の附属設備との総和は、指定数量未満としなければならない。

〈法令〉

危規則　第25条の5第1項、第2項、
　　　　　第3項

〈施設〉

給油取扱所

混載の禁止

危険物は、同一車両において、類を異にするその他の危険物、又は災害のおそれのある物品を積載して運搬できない場合がある。これは、危険物の類ごとの組み合わせにより起こる危険な化学作用、燃焼を促進する作用、火災発生時の消火の困難性等を考慮したものであり、その

内容については、次のとおりである。

1　危険物の混載の禁止

類を異にするその他の危険物では次の表の通り混載禁止の組み合わせがある。

2　高圧ガス保安法第2条各号に掲げる高圧ガス。

ただし、次の高圧ガスは混載をすることはできる。

⑴　内容積が120ℓ未満の容器に充てんされた不活性ガス。

⑵　内容積が120ℓ未満の容器に充てんされた液化石油ガス又は圧縮天然ガスで、第四類の危険物と混載する場合。

⑶　内容積が120ℓ未満の容器に充てんされたアセチレンガス又は酸素ガスで、第四類第三石油類又は第四石油類と混載する場合。

〈法令〉

危政令　第29条

危規則　第46条第1項第2項、別表
　　　　　第4

危告示　第68条の7

	第一類	第二類	第三類	第四類	第五類	第六類
第一類		混載不可	混載不可	混載不可	混載不可	混載可
第二類	混載不可		混載不可	混載可	混載可	混載不可
第三類	混載不可	混載不可		混載可	混載不可	混載不可
第四類	混載不可	混載可	混載可		混載可	混載不可
第五類	混載不可	混載可	混載不可	混載可		混載不可
第六類	混載可	混載不可	混載不可	混載不可	混載不可	

備考：指定数量の1/10以下の危険物については、適用しない。

最小張出し

屋外貯蔵タンクの側板最下段の厚さが15mmを超える場合に設けるアニュラ板に必要とされる側板からの張出しの寸法。

側板外面からの張出し寸法及び側板内面からタンク中心部に向かっての張出しの長さは表「アニュラ板の最小張出し寸法及び長さ」のとおり規定されている。

アニュラ板の最小張出し寸法及び長さ

側板最下段の厚さ (mm)	アニュラ板の各寸法等 (mm)		
	側板外面からの張出し寸法	側板内面からタンク中心に向かっての張出しの長さ	最小厚さ
15 を超え 20 以下のもの	75	1,000	12
20 を超え 35 以下のもの	100	1,500	15
35 を超え 60 以下のもの	100	1,500	18
60 を超えるもの	100	1,500	21

〈法令〉

危規則　第20条の4第2項

危告示　第4条の17

〈施設〉

屋外タンク貯蔵所

サイズ

すみ肉溶接の脚長をいい、消防法に基づく屋外タンク貯蔵所に係る技術基準では、すみ肉溶接のサイズの大きさを次式によって定めている（危規則第20条の4第3項第4号）。

$$t1 \geq S \geq \sqrt{2t_2}（ただし、S \geq 4.5mm）$$

t1：薄い方の鋼板の厚さ（mm）

t2：厚い方の鋼板の厚さ（mm）

S：サイズ（mm）

溶接継手の強度は、のど厚を基礎に計算されるが、すみ肉溶接では、のど厚として脚長に0.7を乗ずる値で計算される。

したがってサイズに関する規定は、脚長を定めることにより溶接の強度をある程度保証しようとするものである。

〈法令〉

危規則　第20条の4第3項第4号

〈施設〉

屋外タンク貯蔵所

砕石リング

円筒形の屋外貯蔵タンクの基礎を補強する鉄筋コンクリート環状構造物（以下「リング基礎」という。）を構成するもの。

特定屋外貯蔵タンクの側板の直下又は側板の外傍について鉄筋コンクリートリングにより行うものとするが、側板の直下については、砕石リングにより行うことができる。

砕石リングは、次のとおりリング基礎の内側に設ける。

1　砕石リングの天端は側板からタンク内側へ2m以上及ぶこと。

2　砕石リングの高さは2m以上とすること。

3　砕石リングの砕石には最大粒径50mm以下で、かつ、十分に締め固めることができるよう当該粒度が調整されているものを用いること。

4　砕石のまき出し厚さは30cm以下とすること。

5　砕石リングは平板載荷試験値（5mm

沈下時における試験値（K_{30}値）とする。）が 200MN/㎡以上の値を有するもの。

〈法令〉

危告示　第4条の11第1項、第3項、
　　　　第4条の13

〈施設〉

屋外タンク貯蔵所

最大常用圧力

定常運転において想定される最大の圧力。

〈法令〉

危政令　第8条の3、第9条第1項、
　　　　第11条第1項、第13条第1項、
　　　　第15条第1項、第40条

危規則　第6条の2の9、第20条の
　　　　5の2、第22条の2の8

〈施設〉

製造所、屋外タンク貯蔵所、地下タンク貯蔵所、移動タンク貯蔵所、移送取扱所

座屈

タンク側板が当該側板に作用する側板自重、屋根等の自重、地震荷重、液荷重、風荷重等の作用によってある限度以上の圧縮力を受けると水平方向のたわみが急激に進行する。

この現象がタンクの座屈であり、この結果、タンク側板に生ずる応力度が材料の弾性限度を越すようになり、あるいは大きな変形によりタンクとしての形状を保つことができずその機能を失うことになる。このようなことから、タンクの設計、施工にあたっては、タンク側板の座屈を防止するため十分な厚さの銅板を使

用するとともに、必要によりウィンドガーダー等の補強材を使用するよう規定されている。

裂け伝播試験

機械により荷役する構造を有する運搬容器のうちフレキシブルの運搬容器に対して行う試験のひとつ。

容器には、内容積が95％以上の内容物を満たして、最大収容重量の荷重状態において試験を実施する。

容器を床面に直立させ、容器の底面と内容物の頂部との中間位置に容器の主軸に対し、45度の角度で完全に側面材を貫通する長さ10cmの切傷をつけ、次に容器に最大収納重量の2倍に相当する荷重を均一に加えた後、付加荷重を取り除いてから吊り上げて5分間保持する。

適合基準は、裂け目の伝播する（切傷の拡大する）長さが2.5cm以下であること。

〈法令〉

危規則　第43条第4項

危告示　第68条の6の2第1項、第8項

砂質土

土は、粒径から、0.0075mm未満の細粒土と、0.0075mm以上75mm未満の粗粒土に大別される。そして粗粒土は、0.0075mm以上2mm未満の砂分と、2mm以上75mm未満の礫分に分けられる。

粗粒土に属する土のうち、粒径が2mm未満の砂分で0.0075mm未満の細粒土が50％未満のものを、砂質土という。

砂質土の地盤では、液状化のおそれが

ある。

〈法令〉
　危規則　第20条の2第2項、第20条
　　　　　の3の2第2項
　危告示　第4条の8、第4条の14、
　　　　　第4条の22の6、第4条の
　　　　　31、第11条、第12条、第13条、
　　　　　第27条、第39条、第74条
〈施設〉
　屋外タンク貯蔵所

さびどめ

　屋外貯蔵タンク等の鋼板等の腐食に対処するための外面塗装。

　防錆性、耐候性、耐塩性、耐薬品性、その他設置環境に対して必要な性能が期待できる塗料を選択する。

　塗膜の耐久性は素地調整、塗料の種類、組み合わせ、塗装回数、膜厚などによって差異があるので、屋外貯蔵タンク等の設置環境などを考慮して、その腐食条件に耐える性能を有する塗料を選定する。

　近年では、ショッププライマーにより一次防錆プライマー処理された鋼板に対してのさびどめ塗装が多い。現在ショッププライマーとしてはエッチングプライマーとジンクリッチプライマーがあり、油性系塗料を塗装する場合はエッチングプライマー、エポキシ系塗料などの樹脂系塗料を塗り重ねる場合はジンクリッチプライマーが選択される。

　塗装塗料としては、油性塗料、フタル酸樹脂塗料、塩化ゴム塗料、エポキシ樹脂塗料、亜鉛塗料等がある。

〈法令〉
　危政令　第11条第1項、第12条第1
　　　　　項、第14条、第15条第1項
　危告示　第4条の48第1項、第3項
〈施設〉
　屋外タンク貯蔵所、簡易タンク貯蔵所、
　移動タンク貯蔵所

さや管

　パイプラインが道路、鉄道又は河川等を地下埋設して横断する場合は、さや管の中に設置して埋設しなければならない。

　さや管は、鋼管、ダクタイル鋳鉄管、鉄筋コンクリートカルバート、ヒューム管等があるがその設置に当たっては、設置する場所の状況に応じたものとしなければならない。

〈法令〉
　危規則　第28条の19第2項、第28
　　　　　条の21

酸化剤

　化学的扱いと消防法令における扱いについては次の通り。

1　化学的扱い

　　酸化剤は、化学反応において相手物質を酸化し、自身が還元される物質。

　　酸化剤は他の分子などから電子を奪いやすい物質で、酸素やオゾン（O_3）の他、酸素を放ちやすい化合物（過酸化水素など）、酸化の度合いが高い酸化物（二酸化マンガンなど）、オキソ酸（硝酸など）とその塩類、ハロゲン（塩素など）が該当する。

2　消防法令における扱い

危険物第二類引火性固体の貯蔵及び取扱いの技術上の基準においては、酸化剤との接触又は混合を避けることとされている。

　危険物には第一類酸化性固体と第六類酸化性液体があり、それぞれ酸化力の潜在的な危険性を判断するための試験で一定の性状を示し、いずれも酸化剤である。

　第一類の危険物は、一般に不燃性物質であるが、他の物質を酸化させうる酸素を多量に含有し、加熱、衝撃、摩擦等により分解して酸素を放出する酸素供給体の性質を有する。

　第六類の危険物も自らは不燃性のものであるが、有機物と混合するとこれを酸化させる性質又は加熱すると分解して酸素を放出する性質を有する。

　また第二類引火性固体を車両に積載して運搬するときは第一類酸化性固体、第六類酸化性液体は混載できない。

〈法令〉
消防法　別表第1
危政令　第25条第1項
危規則　第46条

酸化性液体

　消防法別表第一の第6類の項の品名欄に掲げる物品に該当する。

　その物自体は燃焼しない液体であるが、混在する他の可燃物の燃焼を促進する性質を有し、酸化力の潜在的な危険性を判断するための試験（燃焼試験）で一定の性状を示すもの。

　酸化性液体の特徴は次のとおりである。

1　いずれも不燃性の液体。
2　いずれも無機化合物。
3　水と激しく反応し発熱するものがある。
4　酸化力が強く（強酸化剤）、自らは燃えないが有機物を酸化させ、場合により着火させることがある。
5　腐食性があり皮膚をおかす。
6　その蒸気は有毒。

〈法令〉
消防法　別表第1
危政令　第1条の8、別表第3
試験性状省令　第6条、別表第14

酸化性固体

　消防法別表第一の第1類の項の品名欄に掲げる物品に該当する。

　その物自体は燃焼しないが、他の物質を強く酸化させる性質を持つ固体であり、可燃物と混合したとき、熱・衝撃・摩擦により分解し、極めて激しい燃焼を起こさせる物質。酸化力の潜在的な危険性を判断するための試験（燃焼試験、大量燃焼試験）、又は衝撃に対する敏感性を判断するための試験（落球式打撃感度試験、鉄管試験）で一定の性状を示すもの。

　酸化性固体の特徴は次のとおりである。

1　大部分、無色の結晶又は白色の粉末
2　酸素供給体（強酸化剤）の役目
　　一般に不燃性物質だが、他の物質を酸化する酸素を分子構造中に含有しており、加熱・衝撃・摩擦等により分解して酸素を放出するため、周囲の可燃物の燃焼を著しく促進する。
3　爆発の危険性
　　一般に、可燃物、有機物その他酸化

されやすい物質との混合物は、加熱・衝撃・摩擦などにより爆発する危険性がある。

4　アルカリ金属の過酸化物（過酸化リチウム等）及びこれらを含有するものは、水と反応して酸素と熱を発生する。

5　潮解性を有するものは、木材・紙などに染み込むので、乾燥した場合は爆発の危険がある。

〈法令〉

消防法　別表第1
危政令　第1条の3、別表第3
試験性状省令　第1条、別表第1、別表第2、別表第3、別表第4

サンプリング設備

浮き屋根タンクに設置された内容物の採取を行う装置。

浮き屋根を有する屋外貯蔵タンクに設ける設備は、地震等によりそれぞれ浮き屋根又は側板に損傷を与えないように設置する。ただし、サンプリング設備、可動はしご、回転止め、危険物の液面の高さを測定するための設備及びその他これらに附属する設備については、構造上、地震時等に浮き屋根又は側板に損傷を与えないように設置することが困難なため、基準の適用を除外している。

〈法令〉

危政令　第11条第1項
危規則　第21条の5

〈施設〉

屋外タンク貯蔵所

自衛消防組織

大規模な危険物施設を有する事業所において、火災等の事故が発生した場合、自主保安の実効性を期してその被害を最小限とするために編成することが義務付けられた組織。

事業所で火災が起きた場合に、消防機関が通報を受けてから現場に到着するまでに一定時間を要することから、発生した火災を初期のうちに消火し、又はその拡大を最小限度に抑えることが役割である。

1　設置義務のある事業所

第四類の危険物を取り扱う指定施設において、取り扱う第四類の危険物の数量が製造所及び一般取扱所は3,000倍以上、移送取扱所は指定数量以上となる危険物施設を有する事業所である。危険物保安統括管理者を置かなければならない事業所と同一である。

指定施設とは、第四類の危険物を取り扱う製造所及び一般取扱所又は移送取扱所であり、危規則第47条の4、同第60条第1号から第5号を除くものである。

2　編成

(1)　該当する事業所において取り扱う危険物の指定数量の倍数に応じて、人員数、化学消防自動車の台数が定められる。

(2)　2以上の事業所間で災害が発生した場合の相互応援に関する規定が締結されている事業所は、編成に特例が認められる。

(3) 石油コンビナート等災害防止法に基づく特定事業所において同法による自衛防災組織が設置済みのものについては自衛消防組織を設置する必要がない。

〈法令〉

消防法　第14条の4

危政令　第38条、第38条の2

危規則　第64条、第64条の2、第65条

〈施設〉

製造所、移送取扱所、一般取扱所

自衛消防組織の編成

自衛消防組織に配備される化学消防自動車の台数とこれを操作するための人員。

化学消防自動車の最低台数及び操作員の最低人員数は、危険物の取扱い量により次のように定められている。

1　指定施設である製造所及び一般取扱所のみを有する事業所

〔表1〕の区分に応じた人員と化学消防自動車をもって編成

2　指定施設である移送取扱所を有する事業所

(1) 指定施設である移送取扱所と移送取扱所以外の指定施設とを有する事業所

〔表1〕と〔表2〕との区分に応じ、その合計数の人員と化学消防自動車をもって編成

(2) 指定施設である移送取扱所のみを有する事業所

〔表2〕の区分に応じ、その合計数の人員と化学消防自動車をもって編成

[表1]

第四類の危険物の最大数量（指定数量）	人員数	化学消防自動車の台数
12万倍	5人	1台
12万倍以上24万倍未満	10人	2台
24万倍以上48万倍未満	15人	3台
48万倍以上	20人	4台

[表2]

事業所の区分	人員数	化学消防自動車の台数
危険物を移送するための配管の延長が15km以下である移送取扱所を有する事業所	5人	1台
危険物を移送するための配管の延長が15kmを超え、かつ、当該配管の経路が移送基地を中心として半径50kmの円の範囲内にとどまる移送取扱所を有する事業所	10人	2台
危険物を移送するための配管の延長が15kmを超え、かつ、当該配管の経路が移送基地を中心として半径50kmの円の範囲外に及ぶ移送取扱所を有する事業所	10人に左欄の半径50kmの円の範囲外の配管経路について当該配管経路を半径50kmの範囲内に包括する場所1箇所につき5人を加えた数	2台に左欄の半径50kmの円の範囲外の配管経路について当該配管経路を半径50kmの範囲内に包括する場所1箇所につき1台を加えた数

〈法令〉

消防法　第14条の4

危政令　第38条、第38条の2

危規則　第64条、第64条の2、第65条、別表第5、別表第6

〈施設〉

製造所、移送取扱所、一般取扱所

自家発電設備

危険物施設の場合、予備動力源として

129

停電等の非常時のみ運転され、防災設備、保安設備に電気を供給するもの。

危険物関係法令では、第1種消火設備である屋内消火栓設備又は屋外消火栓設備、第2種消火設備であるスプリンクラー設備、第3種消火設備のうち水蒸気消火設備、水噴霧消火設備及び泡消火設備は予備動力源を保有することとなっており、予備動力源として蓄電池設備とともに自家発電設備が指定されている。

危険物施設の消火設備の予備動力源としての自家発電設備の規定は次の通り。

1　容量
　(1)　屋内消火栓設備、屋外消火栓設備、スプリンクラー設備及び水噴霧消火設備では、有効に45分間以上作動させることができること。
　(2)　水蒸気消火設備では、有効に1時間30分以上作動させることができること。
　(3)　泡消火設備では、「製造所等の泡消火設備の技術上の基準の細目を定める告示（平成23年12月21日総務省告示第559号）」第15条の第1号から第4号に掲げる放射時間の1.5倍以上の時間を作動できるものであること。
2　常用電源が停電したときは、自動的に常用電源から非常電源に切り替えられるものであること。
3　キュービクル式以外の自家発電設備は、次に定めるところによること。
　(1)　自家発電装置の周囲には0.6m以上の幅の空地を有するものであること。
　(2)　燃料タンクと原動機との間隔は、

予熱する方式の原動機は2m以上、その他の方式の原動機は0.6m以上とすること。ただし、燃料タンクと原動機との間に不燃材料で造った防火上有効な遮へい物を設けた場合は、この限りでない。
　(3)　運転制御装置、保護装置、励磁装置その他これらに類する装置を収納する操作盤（自家発電装置に組み込まれたものを除く。）は、鋼板製の箱に収納するとともに、当該箱の前面に1m以上の幅の空地を有すること。
4　その他
　「自家発電設備の基準」（昭和48年2月10日消防庁告示第1号　改正平成18年3月第六号）による。

〈法令〉
消防規則　第12条第1項第4号ロ
危政令　第20条
危規則　第32条第4号、第32条の2第4号、第32条の3第5号、第32条の4第3号、第32条の5第5号、第32条の6第4号

直火

加熱する対象の配管、タンク等を直接火に当てること。

可燃性液体、可燃性気体等を燃料とする火気、露出したニクロム線を用いた電気加熱等が該当する。

危険物を加熱し、又は乾燥する設備は、直火を用いない構造とすることとされている。具体的にはスチーム、温水等を加熱し、このスチーム等により危険物配管

等を加熱する。

ただし、設備が防火上安全な場所に設けられているとき、又は設備に火災を防止するための附帯設備を設けた場合は、直火を用いることができる。

〈法令〉

危政令　第9条第1項

〈施設〉

製造所

直火を用いない構造

直火による危険物の加熱、乾燥は、直火そのものが火源となって、発火等の原因となる恐れがあり、また、危険物の局部加熱が起こりやすいことなどから、直火による危険物の加熱、乾燥は、原則として禁止されており、直火以外の方法による加熱または乾燥の方法として、スチーム、熱媒体、熱風等を用いて行う方法がある。なお、直火には可燃性液体、可燃性気体等を燃料とする火気、ニクロム線を用いた電器加熱が該当する。

〈法令〉

危政令　第9条第1項第15号

〈施設〉

製造所

自家用給油取扱所

自家の用に供するために設置された給油取扱所を指すが、狭義には給油取扱所の所有者、管理者又は占有者が所有し、管理し、又は占有する自動車又は原動機付自転車に給油する給油取扱所をいう。また、広義の自家用給油取扱所のうち鉄道又は軌道によって運行する車両に給油する給油取扱所を「鉄道給油取扱所」という。

自家用給油取扱所については、「間口、奥行」の規定及び簡易タンクを設けることができる地域に関する制限に係る規定が適用されない。

一方、鉄道給油取扱所については①固定給油設備に関する規定、②「間口、奥行」の規定、③給油空地の規定、④油分離装置の設置に関する規定、⑤専用タンク及び簡易タンクに関する規定、⑥給油管の長さに関する規定及び⑦防火へいの規定が適用されない。

狭義の自家用給油取扱所をいわゆる営業用の給油取扱所へ業態変更しようとする場合は、変更許可が必要である。

〈法令〉

危政令　第17条第3項

危規則　第27条、第28条

〈施設〉

給油取扱所

しきい

ドア等の建具によって部屋の内外を区画するとき、建具の床面に敷く溝やレールのついた横木のことで、室外への危険物の流出を防止するための方法の一つ。

屋内タンク貯蔵所では、タンク専用室の出入口のしきいの高さは、床面から0.2m以上とる。

第一種販売取扱所の危険物を配合する室では、出入口のしきいの高さは、床面から0.1m以上とする。

この場合の「しきい」は、建具を設置しないものや溝等がないものもある。

〈法令〉

　危政令　第12条第1項、第18条第1項

　危規則　第22条の5、第28条の57

　　　　　第4項、第28条の60第2項

〈施設〉

　屋内タンク貯蔵所、販売取扱所、一般
取扱所

敷地内距離

　引火性液体危険物を貯蔵する屋外貯蔵
タンクは、タンク火災による隣接敷地へ
の延焼防止及び隣接道路を通行する人や
車両に対する被害防止を図るため、タン
クが設置される事業所の敷地境界線とタ
ンクの間に、一定の距離を定めなければ
ならない。

　敷地内距離は、保安距離の一種であり
設置場所、容量及び貯蔵危険物の引火点
に応じ定められる。

　また、敷地内距離とは、敷地境界線と
タンク側板外面との距離をいう。

〈法令〉

　消防法　第11条第1項

〈施設〉

　屋外タンク貯蔵所

敷地の境界線の距離

　屋外タンク貯蔵所が、タンクの側板か
ら敷地の境界線まで確保しなければなら
ない距離。

　屋外タンク貯蔵所の位置は、保安距離
のほか、屋外貯蔵タンクの区分に応じて
敷地の境界線からタンクの側板まで一定
以上の距離を保たなくてはならない。た
だし、不燃材料で造った防火上有効な塀

の設置、地形上災害が生じた時延焼の恐
れがないこと、その他総務省令で定める
事情等により、市町村長等が安全である
と認めた時は、市町村長等が定めた距離
にすることができる。

　屋外貯蔵タンクの区分に応じた敷地境
界線距離は「屋外タンク貯蔵所」の項に
示す。

〈法令〉

　危政令　第11条第1項

　危規則　第19条の2

〈施設〉

　屋外タンク貯蔵所

仕切堤

　10,000kℓ以上の屋外貯蔵タンクが存
する防油堤内に複数のタンクを設置する際
にタンクの間に設ける仕切り。10,000kℓ
以上の屋外貯蔵タンクごとに仕切堤を設
ける。

　仕切堤の高さは、0.3m（防油堤内に
設置される屋外貯蔵タンクの容量の合計
が、200,000kℓを超える防油堤内に設け
るものでは、1m）以上であり、かつ、
防油堤の高さから0.2mを減じた高さ以
下とする。

　仕切堤は、土で造る。

〈法令〉

　危規則　第22条第2項

　危告示　第4条の2

〈施設〉

　屋外タンク貯蔵所

軸方向圧縮応力

　屋外貯蔵タンクの側板に発生する応力

のひとつ。

〈法令〉

　危規則　第20条の4の2第2項

〈施設〉

　屋外タンク貯蔵所

事故時の措置

　危険物施設の所有者等は、当該危険物施設について、危険物の流出その他の事故が発生したときは、直ちに、引き続く危険物の流出及び拡散の防止、流出した危険物の除去その他災害の発生の防止のための応急の措置を講じなければならない。

　市町村長等は、危険物施設の所有者等が事故時の措置を講じていないと認めるときは、これらのものに対して、応急の措置を講ずべきことを命ずることができる。また市町村長等は管轄する区域にある移動タンク貯蔵所について所有者等が事故時の措置を講じていないと認めるときは、応急の措置を講ずべきことを命ずることができる。この命令に違反した場合は罰則の適用がある。

〈法令〉

　消防法　第16条の3、第42条第1項
　　　　　第9号、第42条第2項、第45
　　　　　条第3号

事故の通報

　危険物施設において危険物の流出その他の事故が発生したとき、この事態を発見した者が消防署等に通報すること。

　対象となる事故は、危険物の流出、火災、爆発等である。

　通報義務者は、事故の発見者であり、その者がいかなる立場にあるかを問わず、従って危険物施設の所有者等、又は従業員のみならず、偶然通りかかった第三者も通報義務者となる。

　通報すべき場所は、消防署、市町村長の指定した場所、警察署又は海上警備救難機関である。

　正当な理由がなく事態の発生について虚偽の通報をした者に対しては罰則がある。

　なお、石油コンビナート等災害防止法第23条にも同様の規定がある。

　また危険物に限らず火災全般について通報義務及びこれに協力する義務がある。

〈法令〉

　消防法　第16条の3第2項、第24条、
　　　　　第44条第10号

自己反応性物質

　消防法別表第一の第5類の項の品名欄に掲げる物品に該当する。

　爆発の危険性を判断するための試験（熱分析試験）で一定の性状を示す固体若しくは液体、又は加熱分解の激しさを判断するための試験（圧力容器試験）で一定の性状を示す固体若しくは液体。

　自己反応性物質の特徴は次のとおりである。

1　いずれも可燃性の固体又は液体である。
2　比重は1より大きい。
3　燃えやすい物質である。
4　燃焼速度が速い。
5　加熱、衝撃、摩擦等により発火し、爆発するものが多い。

　※空気中に長時間放置すると分解が進み、自然発火するものがある。

※引火性のものがある。

※金属と作用して、爆発性の金属塩を形成するものがある。

〈法令〉

消防法　別表第1

危政令　第1条の7、別表第3

試験性状省令　第5条、別表第12、別表第13

示差走査熱量測定装置

一定の熱を与えながら、基準物質と試料の温度を測定して、熱流差を検出し、試料の状態変化による吸熱反応や発熱反応を測定する装置。DSC（Differential Scanning Calorimetry）と称される。

危険物第五類自己反応性物質は、固体又は液体であって、爆発の危険性を判断するための試験又は加熱分解の激しさを判断するための試験によって危険物に該当するか否かを判定する。このうち、爆発の危険性を判断するための試験については、2，4－ジニトロトルエン及び過酸化ベンゾイルを標準物質とする熱分析試験による。

この熱分析試験は、標準物質と発熱開始温度及び発熱量の比較をするため、「示差走査熱量測定装置」又は示差熱分析装置により、発熱開始温度及び発熱量の差の測定を行う。

〈法令〉

危政令　第1条の7第2項

示差熱分析装置

一定の熱を与えながら、基準物質と試料の温度を測定して、基準物質との温度差を検出し、試料の状態変化による吸熱反応や発熱反応を測定する装置。DTA（Differential Thermal Analysis）と称される。

危険物第五類（自己反応性物質）は、固体又は液体であって、爆発の危険性を判断するための試験又は加熱分解の激しさを判断するための試験によって危険物に該当するか否かを判定する。このうち、爆発の危険性を判断するための試験については、2，4－ジニトロトルエン及び過酸化ベンゾイルを標準物質とする熱分析試験による。

この熱分析試験は、標準物質と発熱開始温度及び発熱量の比較をするため、示差走査熱量測定装置又は「示差熱分析装置」により、発熱開始温度及び発熱量の差の測定を行う。

〈法令〉

危政令　第1条の7第2項

支持力係数

特定屋外貯蔵タンクの地盤の支持力の算定式の要素等のひとつで、$N_c \cdot N_q \cdot N_\gamma$ がある。土の内部摩擦角 ϕ の関数であり、支持力係数は ϕ が決まると定まり、危告示第4条の13の表から決定する。

縦軸が対数であるため ϕ が大きくなると急に係数の値が大きくなるため高い支持力が算定され危険となるので、支持力係数は $\phi = 40$ 度で頭打ちとなる。$\phi > 30$ 度ではわずかな ϕ の変化が支持力に影響するので注意が必要である。

〈法令〉

危告示　第4条の13

支持力の安全率

　地盤上に載せることができる極限荷重と載荷重との比であり、極限荷重を極限支持力と考えた場合、極限支持力を支持力の安全率で割ったものが許容支持力となる。

　特定屋外貯蔵タンクの地盤では、特定屋外貯蔵タンクの荷重を支える地層が水平層状ではないものについて支持力の安全率1.5を確保するのに必要な深さが必要となる。

　準特定屋外貯蔵タンクの地盤では、5mに準特定屋外貯蔵タンクの半径を加えた距離を半径とし、当該準特定屋外貯蔵タンクの設置位置の中心を中心とした円の範囲内における地盤が地盤上に設置する準特定屋外貯蔵タンク荷重に対する支持力の計算における支持力の安全率3以上を有するものとする。

〈法令〉

　危規則　第20条の2第2項、第20条
　　　　　の3の2第2項第3項
　危告示　第4条の4第2項、第4条の
　　　　　5、第4条の22の4、第4条
　　　　　の26

〈施設〉

　屋外タンク貯蔵所

地震時の災害防止措置（移送取扱所）

　移送取扱所では、移送取扱所が設置されている地域で地震が発生した場合、震度4以上又は震度5以上の情報に応じてそれぞれ移送取扱所の点検、ポンプ等の停止の準備又は緊急停止等とるべき措置が法令により定められている。

　これらは、移送取扱所が第三者の敷地を通るパイプライン施設であること及び第三者の敷地の主体が公共道路である場合が多いこと等から直接公共の安全の確保に影響を及ぼすと考えられたため、法令によって所有者等の義務とされている。

〈法令〉

　危政令　第27条第6項第3号ハ
　危規則　第40条の4

〈施設〉

　移送取扱所

自然発火性物質

　空気中での発火の危険性を判断するための自然発火性試験において、固体の場合自然発火すること、液体の場合自然発火し、又はろ紙を焦がすもの。水と接触して発火し、若しくは可燃性ガスを発生する危険性を判断するための水との反応性試験において、発生するガスが自然発火し、もしくは着火すること又は発火するガスの量が200ℓ/kg・hr以上であり、かつ、可燃性の成分を含有する固体又は液体である禁水性物質とともに第三類の危険物に分類され、カリウム、ナトリウム、アルキルアルミニウム、アルキルリチウム、黄りん、カリウム及びナトリウムを除くアルカリ金属及びアルカリ土類金属、アルキルアルミニウム及びアルキルリチウムを除く有機金属化合物、金属の水素化物、金属のリン化物、カルシウム又はアルミニウムの炭化物及び塩素化

ケイ素化合物である。

自然発火性物質引火性液体に共通する特性は次のとおりである。

1 空気又は水と接触することにより、直ちに危険性が生じる。

2 黄りんのように自然発火性（空気中での発火の危険性）のみを有している物品、あるいはリチウムのように禁水性（水と接触して発火又は可燃性ガスを発生する危険性）のみを有している物品もあるが、ほとんどのものは自然発火性及び禁水性の両方の危険性を有する。

〈法令〉

消防法　別表第 1

危政令　別表第 3

危規則　第 1 条の 4 、第 39 条の 2

試験性状省令　第 3 条、別表 7

支柱

屋外貯蔵タンクの耐震・耐風圧構造の一環としてタンク本体を支持するために設けられる構造物。設置が義務付けられているわけではないが、設置する場合は、鉄筋コンクリート造、鉄骨コンクリート造その他これらと同等以上の耐火性能を有するものであることが必要である。

ただし、第六類の危険物を貯蔵する屋外貯蔵タンクに設けられる支柱については、このような制限はない。

〈法令〉

危政令　第 11 条第 1 項第 5 号

〈施設〉

屋外タンク貯蔵所

市町村長等

危険物施設を設置しようとする者又は危険物施設の位置、構造及び設備を変更しようとする者に許可を与える行政庁であり、市町村長、都道府県知事又は総務大臣である。

市町村長等は、消防本部等の置かれる区域の区分に応じ次の表のとおり分類される。

移送取扱所の場合

区分	市町村長等
一の消防本部等所在市町村内に設置	市町村長
一の消防本部等未所在市町村内に設置	都道府県知事
二以上の市町村にわたって設置	
二以上の都道府県にわたって設置	総務大臣

移送取扱所以外の危険物施設の場合

区分	市町村長等
消防本部等所在市町村内に設置	市町村長
消防本部等未所在市町村内に設置	都道府県知事

市町村長等は、許可の申請があった場合、当該危険物施設の位置、構造及び設備が技術上の基準に適合し、かつ、当該危険物施設においてする危険物の貯蔵又は取扱が公共の安全の維持又は災害の発生の防止に支障を及ぼすおそれのないものであるならば許可を与えなければならない。

なお市町村長等は、危険物施設の設置許可のほか、変更許可、完成検査、完成検査前検査、保安に関する検査、各種の措置命令等の実施主体となる。

〈法令〉

消防法　第 11 条第 2 項

実務経験（危険物保安監督者）

危険物施設においての危険物の取扱いに係る経験。

甲種危険物取扱者免状の交付を受けた者又は乙種危険物取扱者免状の交付を受けた者が危険物保安監督者に選任されるためには、危険物施設における6ヶ月以上の実務経験が必要となる。

危険物保安監督者に必要とされる実務経験は、

1 甲種危険物取扱者である危険物保安監督者は、危険物施設におけるいずれかの類の危険物の取扱いの実務経験

2 乙種危険物取扱者である危険物保安監督者は、危険物施設における自らが取り扱い、又はその取扱い作業に関して立ち会うことのできる類の危険物の取扱いの実務経験

である。

実務経験の内容は危険物の取扱いであるが、当該経験は危険物施設においてなされたものに限られる。したがって、少量危険物施設で永年危険物取扱作業に従事していてもそれは法令上の実務経験とはならない。

〈法令〉

消防法　第13条第1項

危規則　第48条の2

実務経験（甲種危険物取扱者試験の受験資格）

危険物施設においての危険物の取扱いに係る経験。

甲種危険物取扱者試験の受験資格のひとつは、乙種危険物取扱者免状の交付を受けた後2年以上の危険物取扱の実務経験を有することとなる。

実務経験の期間の計算に当たっては、2以上の実務経験期間がある場合これらを合算して法定の期間に達するときはこれをもって受験資格があったものと認定することができる。

実務経験の内容は危険物の取扱いであるが、当該経験は危険物施設においてなされたものに限られる。したがって、少量危険物施設で永年危険物取扱作業に従事していてもそれは法令上の実務経験とはならない。

〈法令〉

消防法　第13条の3第4項

危規則　第48条の2、第53条の3

指定過酸化物

第五類の危険物のうち有機過酸化物又はこれを含有するもので第1種自己反応性物質の性状を有するもの。

指定過酸化物を貯蔵し、又は取り扱う屋内貯蔵所は、危政令第10条第6項の規定による同条第1項から第4項までに掲げる基準を超える特例があり、危規則第16条4に規定されている。

〈法令〉

危政令　第10条第6項

危規則　第16条の3、第16条の4

指定可燃物

「わら製品、木毛その他の物品で火災が発生した場合にその拡大が速やかであり、又は消火の活動が著しく困難となるものとして政令で定めるもの」と消防法

第9条の4第1項で定義されている物品。

危政令第1条の12では、「別表第4の品名欄に掲げる物品で同表の数量欄に定める数量以上のもの」が指定可燃物として位置づけられている。さらに指定可燃物に類する物品として、各市町村において、産業構造や自然条件等の実態に応じて条例により具体的に指定することができる。

指定可燃物の貯蔵及び取扱いの基準については、消防法第9条の4の規定に基づき、市町村の火災予防条例により定められている。指定可燃物の中には、日常生活で何気なく使用しているものも含まれているが、数量や取扱方法によっては大きな火災危険性を有するものであることから、条例に基づく技術基準を遵守する必要がある。

〈法令〉

消防法　第9条の4

危政令　第1条の12、別表第四

指定施設

第四類の危険物を取り扱う製造所、移送取扱所又は一般取扱所で、次表に掲げるもの以外のもの。

区分	指定施設から除かれるもの
製造所	①鉱山保安法の適用を受ける製造所
	②火薬類取締法の適用を受ける製造所
一般取扱所	①危険物を消費する一般取扱所（ボイラー、バーナー等の装置によるものに限る。）
	②車両に固定されたタンク等に危険物を注入する一般取扱所（ローリー積場等）
	③容器に詰め替える一般取扱所
	④油圧装置、潤滑油循環装置等で危険物を取り扱う一般取扱所
	⑤鉱山保安法の適用を受ける一般取扱所

	⑥火薬類取締法の適用を受ける一般取扱所
移送取扱所	①特定移送取扱所以外の移送取扱所
	②危告示第69条で定める特定移送取扱所
	③鉱山保安法の適用を受ける移送取扱所

指定施設を有し、かつ、当該施設において一定量以上の第四類の危険物を取り扱う事業所については、法令の定めるところにより「自衛消防組織」及び「危険物保安統括管理者」を置くこととなる。

〈法令〉

危政令　第30条の3、第38条、第38条の2

危規則　第47条の4、第60条、第64条、第64条の2

〈施設〉

製造所、移送取扱所、一般取扱所

指定数量

危険物の危険性を勘案して危政令別表第三で定める数量であり、「類別」、「品名」及び「性質」に応じ定められる。

「指定数量」は、同じ「品名」であっても、定められた試験により示された性状に応じて危険性にランク付けされ、そのランクごとに危険性の高い危険物には「指定数量」を少なく、危険性の低い危険物には「指定数量」を多くするという方法で定められている。

このように定められた指定数量以上の危険物を貯蔵し、又は取扱う危険物施設では、危険物関係法令において位置、構造、設備等の技術上の基準及び貯蔵取扱いの基準が定められており、指定数量の倍数によってはその基準が異なる場合がある。

指定数量未満の危険物の貯蔵、取扱いについては、市町村条例で貯蔵、取扱いの基準が定められている。

〈法令〉

消防法　第9条の4　他

危政令　第1条の11、第7条の3　他

危規則　第7条の3　他

指定数量の倍数

危険物施設において貯蔵し、又は取扱う危険物の数量を当該危険物の指定数量で除して得た値。なお、品名又は指定数量を異にする二以上の危険物を貯蔵し、又は取扱う場合には、当該貯蔵又は取扱いに係るそれぞれの危険物の数量を当該危険物の指定数量で除して得た値の和とする。

指定数量の倍数の計算方法は次の通りである。

1　1の危険物を貯蔵し、又は取扱う場合

貯蔵し、又は取扱う危険物の数量を、その危険物の指定数量で除した数値が、その場所で貯蔵し、又は取扱う危険物の指定数量の倍数になる。

例　灯油を 2,000ℓ 貯蔵している場合。

灯油は第四類第二石油類の非水溶性液体に該当するため指定数量は 1,000ℓ になる。

従って、

$$\frac{軽油の貯蔵量}{軽油の指定数量} = \frac{2,000}{1,000} = 2\ となり、$$

当該貯蔵所では指定数量の2倍の危険物を貯蔵していることとなる。

2　2以上の危険物を貯蔵し、又は取扱う場合

貯蔵し、又は取扱う危険物の数量を、それぞれの危険物の指定数量で除した数値を合計した数値が、その場所で貯蔵し、又は取扱う危険物の指定数量の倍数になる。

例　同一の場所でガソリン 2,000ℓ、エタノール 800ℓ、酢酸 1,000ℓ を貯蔵している場合。

ガソリンは第四類第一石油類の非水溶性液体に該当するため指定数量は 200ℓ、エタノールは第4類アルコール類に該当するため指定数量は 400ℓ、酢酸は第四類第二石油類の水溶性液体に該当するため指定数量は 2,000ℓ になる。

従って、

$$\frac{ガソリンの貯蔵量}{ガソリンの指定数量} + \frac{エタノールの貯蔵量}{エタノールの指定数量} + \frac{酢酸の貯蔵量}{酢酸の指定数量}$$

$$= \frac{2,000ℓ}{200ℓ} + \frac{800ℓ}{400ℓ} + \frac{1,000ℓ}{2,000ℓ}$$

$$= 10 + 2 + 0.5 = 12.5\ となり、$$

当該貯蔵所では、指定数量の 12.5 倍の危険物を貯蔵していることとなる。

〈法令〉

消防法　第11条の4第1項

危政令　第6条第1項

危規則　第7条の2

自動火災報知設備

製造所等に設けなければならない警報設備の一つで、感知器が熱や煙を感知し、受信機に火災信号などを送り知らせ、受信機は警報を発し、火災地区を表示し地区ベルなどを鳴動させ建物内にいる人に

火災の発生を知らせる設備。

受信機・発信機・中継器・表示灯・地区音響装置・感知器から構成される。

自動火災報知設備を設けなければならない製造所等は、指定数量の倍数が10以上で、かつ、「警報設備」の項のとおりである。

自動火災報知設備の設置の基準は、次のとおりとする。(危規則第38条)

1　警戒区域(火災の発生した区域を他の区域と区分して識別することができる最小単位の区域)は、建築物その他の工作物の二以上の階にわたらないものとする。ただし、一の警戒区域の面積が500㎡以下であり、かつ、当該警戒区域が二の階にわたる場合又は階段、傾斜路、エレベータの昇降路その他これらに類する場所に煙感知器を設ける場合は、この限りでない。

2　一の警戒区域の面積は、600㎡以下とし、その一辺の長さは、50m(光電式分離型感知器を設置する場合には、100m)以下とする。ただし、当該建築物その他の工作物の主要な出入口からその内部を見通すことができる場合には、その面積を1,000㎡以下とすることができる。

3　感知器は、屋根(上階のある場合には、上階の床)又は壁の屋内に面する部分(天井のある場合には、天井又は壁の屋内に面する部分及び天井裏の部分)に、有効に火災の発生を感知することができるように設ける。

4　非常電源を附置する。

5　自動信号装置を備えた第二種又は第三種の消火設備を設置する場合は、その機能上から自動火災報知設備とみなす。

6　感知器等の設置は、消防規則第23条第4項から第8項までの規定の例による。

7　自動火災報知設備の設置及び維持に関する技術上の基準の細目は、消防規則第24条の規定による。

8　自動火災報知設備の維持に関する技術上の基準は、消防規則第24条の2による。

〈法令〉

危政令　第21条

危規則　第25条の7、第36条の2、第37条、第38条

危告示　第52条

〈施設〉

製造所、屋内貯蔵所、屋外タンク貯蔵所、屋内タンク貯蔵所、給油取扱所、一般取扱所、移送取扱所

自動車荷重

移送取扱所の地下埋設配管に作用する主荷重のひとつ。

主荷重によって配管には円周方向応力と軸方向応力が生じる。

自動車荷重は、危告示第11条第5号に定める式により求められる。

〈法令〉

危規則　第28条の5第1項、第28条の13

危告示　第11条、第12条、第27条

〈施設〉

移送取扱所

自動車等

　給油取扱所において危険物を給油する対象となる燃料タンクを有する機器類の総称。

　また、専ら自動車等以外のものに危険物を給油する危険物施設は給油取扱所とはいえないため、ある施設が給油取扱所か否かの判断の目安ともなる。

　一般に、「自動車等」といい得るためには、①内部に燃料タンク（機器類の動力源とするための危険物を貯蔵するタンク）を有すること、②移動可能性があること、が必要である。自動車等に該当するものとして、自動車、船舶、航空機、農耕用トラクター、原動機付自転車、ディーゼル機関車等があり、脱穀機や工作機械などはこれに含まれない。

〈法令〉

　危政令　第3条第1項、第17条

　危規則　第24条の14

〈施設〉

　給油取扱所

自動車等の出入口

　給油又は灯油若しくは軽油の詰め替えのための作業場、自動車等の点検・整備を行う作業場、自動車等の洗浄を行う作業場の出入口である。

〈法令〉

　危規則　第25条の4、第27条の3、第27条の4

〈施設〉

　給油取扱所

地盤

　屋外タンク貯蔵所における、地表面下における屋外貯蔵タンクの支持部分で、特定屋外貯蔵タンク及び準特定屋外貯蔵タンクにおいて、高さ方向は地表面から深さ15mまでの範囲、水平方向は基礎の外縁が地表面と接する線の内側となる。

　地盤は、

1　十分な強度及び十分な支持力を有するとともにすべりに対する安全性が確保される必要がある。

2　長期にわたって沈下や変形が継続せず、特に、粘性土地盤においては、竣工後の圧密による沈下量が一定の限度内の値である必要がある。

3　地震の影響を受けた場合においても、安定性を失わないものであることが求められる。

が、要件であり、特定屋外貯蔵タンク及び準特定屋外貯蔵タンクそれぞれについて危規則及び危告示で詳細が定められている。

〈法令〉

　危政令　第8条の2第3項、第5項、第8条の2の3第2項、第4項、第11条第1項

　危規則　第4条、第5条、第6条の2の2、第6条の3、第6条の5、第20条の2、第20条の3、第20条の3の2

　危告示　第4条の3～第4条の16、第4条の20、第4条の22の2～第4条の22の9

〈施設〉

　屋外タンク貯蔵所

磁粉探傷試験、浸透探傷試験

いずれも材料の表面欠陥を検出するための非破壊試験の方法で、磁粉探傷試験は、磁化された金属の表面近傍に欠陥が存在することにより漏洩磁束が現れ、この磁束を磁粉を用いて検出して欠陥の存在を確認する方法である。

浸透探傷試験は、表面に開口した欠陥に浸透液が染み込むことにより欠陥指示を検出し、欠陥の存在を確認する方法である。

消防法に基づく規定では、屋外貯蔵タンクの底部の溶接部、移送取扱所の配管のすみ肉溶接部に主として磁粉探傷試験が用いられ、磁粉探傷試験の代替として浸透探傷試験が用いられる。

〈法令〉

危規則　第20条の8、第22条の3の2第5項、第28条の27第1項
危告示　第41条第1項、第2項

〈施設〉

屋外タンク貯蔵所・移送取扱所

磁粉模様

磁粉探傷試験において、強磁性体に磁気を作用させて磁化したところに、磁粉探傷剤を散布することで、表面および表面直下の比較的浅い部分（表面から約1〜2㎜程度）のきず部から生じた漏洩磁束（きず部分から漏れ出した磁束）に磁粉が付着して現れる拡大されたきずの模様。

〈法令〉

危規則　第20条の8第2項
危告示　第41条第1項第2項

〈施設〉

屋外タンク貯蔵所

締固め

外力を土に与えることによって、土中の空気を抜き、密度を高めること。

土は、土粒子と水と空気から構成されており、ほぐした土を運搬してただ敷き均し、所要の形状に盛っただけでは、自然状態（地山）のとき以上に空気を含んでいる。これでは重量物が載った場合、沈下を起こし、間隙（空気のある部分）が多く存在するため水密性が保てず、土構造物としての目的を達し得ない。そこで、空気を追い出し、土を密実なものとし、密度を増加させ、均質性を増すために締固めを行う。

こうして土の間隙が最小になったときの乾燥密度を最大乾燥密度といい、このときの含水比が、最適含水比であり、圧縮沈下量が小さくなる。

締固めを行うと、土の空気間隙が少なくなり、透水性が低下し、水の浸入による軟化・膨脹を小さくして土は最も安定した状態になる。その結果、盛土の法面の安定、荷重に対する支持力など盛土として必要な強度特性を有し、盛土完成後の圧縮沈下など変形が少なくなる。

〈法令〉

危規則　第20条の2第2項、第20条の3の2第2項
危告示　第4条の10、第4条の22の9、第4条の31

〈施設〉

屋外タンク貯蔵所

従荷重

1 屋外貯蔵タンクの場合

屋外貯蔵タンクに加わる荷重のうち、常に作用している主荷重の他、作用している時間が比較的短い荷重。積雪荷重、風荷重、地震の影響が該当する。

2 地下貯蔵タンクの場合

地下貯蔵タンクに加わる荷重のうち、主荷重の他、地震の影響が該当する。

3 地下貯蔵タンクのタンク室の場合

地下貯蔵タンクのタンク室に加わる荷重のうち、主荷重の他、上載荷重、地震の影響が該当する。

4 移送取扱所の配管の場合

移送取扱所の配管等に加わる荷重のうち、主荷重の他、風荷重、雪荷重、温度変化の影響、振動の影響、地震の影響、投錨による衝撃の影響、波浪及び潮流の影響、設置時における荷重の影響、他工事による影響が該当する。

〈法令〉

危規則　第20条の4第1項、第2項、第20条の4の2第1項、第23条第1項、第2項、第23条の4第1項、第2項、第28条の5第1項、第2項、第3項

危告示　第4条の18、第4条の22の10、第4条の47、第4条の50、第9条、第77条

〈施設〉

屋外タンク貯蔵所、地下タンク貯蔵所、移送取扱所

収去

危険物の火災防止のための立入検査に際して、市町村長等が、消防事務に従事する職員に、危険物若しくは危険物であることの疑いのあるものを試験のため必要最少の数量に限り、強制的に取り去ることをさせること。

危険物の収去は、収去された危険物が試験に供されることによってその財産権も消滅し、かつ、その処分が無償で行われるが、収去に係る危険物は、試験のため必要最少限度の数量に限られ、財産的価値がほとんど問題にならない程度の極めて微量であること、また、危険物のように社会公共に対する危険性を持つものの財産権には相応の社会的な義務又は責任が内在することを考え合わせ、憲法第29条の財産権の侵害とはならない。

〈法令〉

消防法　第16条の5第1項、第44条

集水槽

側壁又は底板に作用する地下水を排水することにより、水圧、揚圧力を減少させる揚水方式の地中貯蔵タンクに設ける揚水設備を構成するもの。

揚水設備は、集水装置、排水層及び揚水装置で構成され、このうち集水装置は有孔管の他集水槽で構成される。

集水槽は地中タンクの周囲に4箇所以上均等に設ける必要がある。

また、ポンプ、電動機、配管等で構成される揚水装置は集水槽ごとに設ける。

〈法令〉

危告示　第4条の33、第4条の41、第4条の42

〈施設〉

　屋外タンク貯蔵所

充てんの一般取扱所

　車両に固定されたタンクのみに液体の危険物（アルキルアルミニウム等、アセトアルデヒド等及びヒドロキシルアミン等を除く。）を注入する施設。（当該取扱所において併せて液体の危険物を容器に詰め替える取扱所を含む。）

〈法令〉

　危政令　第19条第2項第4号

　危規則　第28条の54第4号、第28
　　　　条の58

〈施設〉

　一般取扱所

重油

　危険物第四類である引火性液体の品名に掲げられた第三石油類に例示された物品。

　JIS K 2205に適合するものをいい、JISでは動粘度により1種（A重油）、2種（B重油）及び3種（C重油）の3種類に分類する。更に1種は硫黄分により1号及び2号に細分し、3種は動粘度により1号、2号及び3号に細分する。

　沸点が300℃以上の炭化水素の混合物である。

　非水溶性液体であり、指定数量は2,000ℓである。

　物性等は次のとおりである。

　暗褐色の粘性のある液体で、比重は0.93。

　沸点：300℃以上

　引火点：60 〜 150℃。JISでは、1種

と2種の引火点は60℃以上、3種では70℃以上と規定。

　発火点：250 〜 380℃

　水に不溶。

　加熱しない限り引火する危険性は少ないが、霧状になったものは引火点以下でも危険である。

　燃焼した場合、燃焼温度が高いので消火が困難になる。

〈法令〉

　消防法　別表第1

　危政令　別表第3

　危規則　第22条の2の8、第24条の2の3、第49条

主荷重

1　屋外貯蔵タンクの場合

　　屋外貯蔵タンクに加わる荷重のうち、作用している時間が比較的短い従荷重の他、常に作用している荷重。屋外貯蔵タンク及びその附属設備の自重、貯蔵する危険物の重量、当該屋外貯蔵タンクに係る内圧、温度変化の影響が該当する。

2　地下貯蔵タンクの場合

　　当該地下貯蔵タンク及びその附属設備の自重、貯蔵する危険物の重量、当該地下貯蔵タンクに係る内圧、土圧。

3　地下貯蔵タンクのタンク室の場合

　　当該タンク室の自重、地下貯蔵タンク及びその附属設備並びに貯蔵する危険物の重量、土圧、地下水圧。

4　移送取扱所の配管の場合

　　移送される危険物の重量、配管等の内圧、配管等及びその附属設備の自重、

土圧、水圧、列車荷重、自動車荷重、浮力。

〈法令〉

危規則　第20条の4第1項、第2項、第20条の4の2第1項、第23条、第23条の4、第28条の5第1項～第3項、第28条の53第2項

危告示　第4条の16の2、第4条の18、第4条の22の10、第4条の47、第4条の50、第11条、第77条

〈施設〉

屋外タンク貯蔵所、地下タンク貯蔵所、移送取扱所

受託審査業務

危険物保安技術協会が消防法第11条の3又は第14条の3の規定による市町村長等の委託に基づき行う屋外タンク貯蔵所に係る審査。

受託審査の種類は、

1　特定屋外タンク貯蔵所及び準特定タンク貯蔵所の設置又は変更の許可に係る審査

2　特定屋外タンク貯蔵所の完成検査前検査のうち「基礎・地盤検査」及び「溶接部検査」に係る審査

3　特定屋外タンク貯蔵所の保安に関する検査（溶接部に関する事項）に係る審査

である。

危険物保安技術協会は、受託審査業務の実施及び運営に当たっては次の規定を遵守しなければならない。

1　危険物保安技術協会は、市町村長等から受託審査の委託に係る契約の申込みがあったときは正当な理由がなければこれを拒んではならない。

2　危険物保安技術協会は、受託審査に係る契約が成立したときは、遅滞なく審査を行わなければならない。

3　危険物保安技術協会は、受託審査業務の開始前に、審査事務規程を定め、総務大臣の認可を受けなければならない。

4　受託審査業務は、検査員に行わせなければならない。

〈法令〉

消防法　第11条の3、第14条の3、第16条の10、第16条の34、第16条の36、第16条の37、第16条の38

危政令　第8条の2の3、第8条の4第7項

〈施設〉

屋外タンク貯蔵所

種類数量変更の届出→品名、数量又は指定数量の倍数の変更の届出

危険物施設の位置、構造又は設備を変更しないで、当該危険物施設において貯蔵し、又は取り扱う危険物の品名、数量又は指定数量の倍数を変更しようとする者は、変更しようとする日の10日前までに、その旨を市町村長等に届け出ること。

危険物施設において貯蔵し、又は取り扱う危険物の品名、数量又は指定数量の倍数の変更の届出は10日前までに行うこととなっているが、これはこの間に市町村長等が届出の内容を審査し、例えば

保有空地幅に変更を生じるような場合など位置、構造又は設備に変更が伴い変更許可に該当するものとされた場合には、改めて変更許可申請を行うよう申請者を指導することとなる。

危険物の品名、数量又は指定数量の倍数に変更が伴う危険物施設の位置、構造又は設備の変更は許可及び完成検査を受けてこれを行うので、本届出は不要である。

本届出を怠ったものは30万円以下の罰金又は拘留に処せられる。

〈法令〉

消防法　第11条の4、第44条8号

危規則　第7条の3、様式第16

準特定屋外タンク貯蔵所

屋外タンク貯蔵所のうち、その貯蔵し、又は取り扱う液体の危険物の最大数量が500kℓ以上1,000kℓ未満のもの。

準特定屋外タンク貯蔵所は平成11年4月1日に消防法で規定されることとなり、この設置年度により、いわゆる「旧基準のタンク」と「新基準のタンク」に分けられる。

〈法令〉

危政令　第11条第1項

危規則　第4条第3項、第5条第3項、第20条の3の2第1項、第2項、第20条の4の2第1項、第2項、第3項、第21条第1項

危告示　第4条の22の2～第4条の22の11

〈施設〉

屋外タンク貯蔵所

消火活動

消火の必要がある燃焼現象を、消火施設又はこれと同程度の効果のあるものを利用して消火する行為。火災を消火することは、燃焼の三要素である可燃物、熱源、酸素供給源のうちの一要素を取り除くことである。更に、燃焼の連続性を断ち切るために、燃焼における酸化反応に直接関係しない負触媒を用いて燃焼を抑制することもある。消火活動としては、①除去消火活動、②冷却消火活動、③窒息消火活動、④抑制消火活動であり、これら4つの消火の活動を有効に組み合わせることで迅速かつ的確な消火を行うことが出来る。

各消火活動の概要は次のとおりである。

1　除去消火活動

可燃物を無くすことによって消火する方法で、燃えているガスコンロの元栓を締めるとガスの供給が断たれ火が消えることや山林火災時には延焼の恐れのある方面の樹木を伐採して鎮火させることが該当する。

2　冷却消火活動

燃焼している物質から熱を奪い、着火温度以下に下げて消火する方法で、燃焼している物質に水をかけて消火する方法が該当する。

3　窒息消火活動

燃焼している所への酸素（空気）の供給を遮断して消火する方法で、泡消火薬剤の空気泡（エアーフォーム）で燃焼物を覆うこと、二酸化炭素で燃焼物を覆うこと、固体（砂や粉末消火薬剤等）で燃焼物を覆うことなどがある。

4　抑制消火活動

物質が燃えると、連鎖的に化学反応が起こり、燃焼が拡大していくが、ハロゲンなどで火災の酸化反応を抑制し、燃焼の連鎖反応を弱め、燃焼の継続を不能とする方法で、ハロゲン化物には負触媒作用があり、消火剤として使用されることから負触媒消火活動ともいわれる。

小ガス炎着火試験

第二類の危険物となる可燃性固体としての性状を評価するための、火炎による着火の危険性を判断するための試験であり、試験物品に火炎を接触させてから着火するまでの時間を測定し、燃焼の状況を観察する試験。

小ガス炎着火試験において試験物品が10秒以内に着火し、かつ、燃焼を継続することとなると、危険物第二類可燃性固体となる。このうち着火時間が3秒以下の場合は第一種可燃性固体、3秒を超え10秒以下の場合は第二種可燃性固体となる。

〈法令〉

危政令　第1条の4第1項、第2項、第3項、別表第3備考

試験性状省令　第2条第1項、別表第5

消火設備

危険物施設の消火設備は、製造所等の火災を有効に消火するために設けるもので、製造所等の区分、製造所等の規模、危険物の品名及び数量に応じて、適応する消火設備の設置を行うこととなる。

危険物施設の消火設備の種類は危政令別表第5により次の通り区分されている。

第1種消火設備：屋内・屋外消火栓設備

第2種消火設備：スプリンクラー設備

第3種消火設備：泡・粉末・ガス・水蒸気等消火設備

第4種消火設備：大型消火器

第5種消火設備：小型消火器・乾燥砂等

製造所等は、施設の規模、形態、危険物の種類、倍数等から、その設備の消火の困難性に応じて①著しく消火が困難なもの、②消火が困難なもの、③①②以外のその他の区分に応じて消火設備を設置する。

〈法令〉

危政令　第20条、別表第5

危規則　第33条、第34条、第35条

〈施設〉

共通

蒸気洗浄機

給油取扱所の業務を行うについて必要な附随設備のひとつである自動車等の洗浄を行う設備。

100℃近いスチームを発生させ、高温水の洗浄力で汚れを落とす装置であり、主に車の足回りの洗浄に用いられている。

蒸気洗浄機の周囲には、不燃材料で造った高さ1m以上の囲いを設けるとともに、その囲いの出入口は、固定給油設備に面しないものとし、当該囲いが次の表に掲げる固定給油設備の区分に応じそれぞれ同表に定める距離以上離れた場所であることとする。

固定給油設備の区分		距離
懸垂式の固定給油設備		4 m
その他の固定給油設備	固定給油設備に接続される給油ホースのうちその全長が最大であるものの全長が3 m以下のもの	4 m
	最大給油ホース全長が3 mを超え4 m以下のもの	5 m
	最大給油ホース全長が4 mを超え5 m以下のもの	6 m

　排気筒には、高さ1 m以上の煙突を設けなければならない。

〈法令〉

　危規則　第25条の5第2項

〈施設〉

　給油取扱所

衝撃試験

　特定屋外貯蔵タンク本体の溶接施工方法確認試験のうち突合せ溶接について行う引張試験、曲げ試験とともに行う機械試験のひとつ。

　切欠きを入れた試験片にハンマーで衝撃を加え、その衝撃吸収エネルギーを測定することによって、材料のねばり強さ「靱性」を調べる金属材料のシャルピー衝撃試験によることとされている。

〈法令〉

　危告示　第4条の21の2第1項

〈施設〉

　屋外タンク貯蔵所

上載荷重

　地下貯蔵タンクのタンク室に作用する応力で従荷重の一つ。

　原則として想定される最大重量の車両の荷重とし、250kNの車両の場合、後輪片側で100kNを考慮することとしている。

〈法令〉

　危規則　第23条の4

〈施設〉

　地下タンク貯蔵所

常置場所

　移動タンク貯蔵所を常時置いておくこととして移動タンク貯蔵所の所有者等が定めた場所をいう。

　常置場所は、次の1又は2のいずれかの場所であることが必要である。

1　屋外の防火上安全な場所

2　壁、床、はり及び屋根を耐火構造とし、又は不燃材料で造った建築物の1階

　常置場所は、移動タンク貯蔵所の位置と定められる。したがって、移動タンク貯蔵所の設置に当たっては常置場所も含めて設置許可（消防法第11条第1項前段）を受けることとなる。

　常置場所の変更は、移動タンク貯蔵所の位置の変更となり、変更後の常置場所を管轄する市町村長等に変更許可（消防法第11条第1項後段）の申請をしなければならない。

〈法令〉

　危政令　第6条第1項、第7条第1項、
　　　　　第15条第1項

　危規則　第7条の4

〈施設〉

　移動タンク貯蔵所

消毒用アルコール（消毒用エタノール）

　外皮用殺菌消毒剤又は手指消毒用殺菌消毒剤である消毒用アルコールは、一般用医薬品、第3類医薬品として「日本薬

局方　消毒用エタノール」として流通する。成分は、エタノールを76.9 ～ 81.4 vol％を含む（比重による）もので、製法は、日本薬局方の例示として、エタノール830mLに精製水を適量入れて全量1000mL以上をとり、混和して製するとされている。

100ml又は500mlでの流通が多く、容器には、火気厳禁、第4類アルコール類、水溶性、危険等級Ⅱの表示がされている。

消防法ではエタノールは第4類アルコール類として危険物に該当し、指定数量は400ℓである。そしてアルコール類はその濃度60％以上（重量％）のものが危険物に該当する。「日本薬局方　消毒用エタノール」はその濃度から危険物第4類アルコール類に該当する。

また高濃度のエタノールを水で希釈する場合は60重量％が法的規制の目安となるが、濃度が60重量％未満であっても引火点は測定できるので注意する必要がある。

一方、「消毒用エタノールIP」と称する消毒用アルコールが第3類医薬品として比較的安価で流通しており、これは「日本薬局方　消毒用エタノール」と同じくエタノール濃度が76.9 ～ 81.4vol％であるが、若干量のイソプロピルアルコールを添加物とすることで酒税の適用を免れているものである。容器には、同じく、火気厳禁、第4類アルコール類、水溶性、危険等級Ⅱの表示がされている。なおイソプロピルアルコールも、日本薬局方一般医薬品であり、第4類アルコール類に該当する。

消防活動阻害物質（圧縮アセチレンガス等消防法第9条の3物質）

「圧縮アセチレンガス、液化石油ガスその他の火災予防又は消防活動に重大な支障を生ずるおそれのある物質で政令で定めるもの」と消防法第9条の3で規定される物品。

可燃性ガスである圧縮アセチレンガス及び液化石油ガス、水が加わることにより発熱のおそれのある無水硫酸及び生石灰そして毒物及び劇物のうち一定のものは、それ自体火災危険性があるほか、これらの物質を大量に貯蔵し又は取扱う施設で火災が発生した場合、燃焼及び消火活動に伴ってこれらの物質が爆発し又は毒性のあるガスを発生するなどして、一般的な火災には想定されない特殊かつ重大な被害を生ずるおそれがある。消防機関はこれらの物質の所在を把握し、火災予防の観点で査察を行い火災発生の未然防止の徹底を図り、また火災が発生した場合にこれらの物質から発生する特異かつ重大な危険が住民に波及することを防止し、かつ消防活動に当たる消防職員等が重大な危害にさらされることを防止するための対策を立てる必要がある。そのため事業者はこれらの物質を一定数量貯蔵し取扱う場合にはその旨を消防庁又は消防所長に届け出なければならない。

届出を要する物質並びに数量は、危政令第1条の10に規定されている。
※参考：「消防活動阻害物質」は広く使

われる用語であるが法令にはない。

〈法令〉

消防法　第9条の3第1項

危政令　第1条の10第1項第2項、別表第1、別表第2

消防法第3章の適用除外

航空機、船舶、鉄道又は軌道による危険物の貯蔵、取扱い（移送を含む。）及び運搬に係る消防法第3章の規定は、適用されないこと。

航空機、船舶、鉄道又は軌道による危険物の貯蔵、取扱いおよび運搬について、これらの施設による危険物の取扱い等には移動性等の特殊性があること、そして、

航空機→航空法

船舶→船舶安全法

鉄道→鉄道営業法

による事故発生防止のための措置がとられていることにより消防法第3章の規定は適用されないことになる。

なお適用除外は、航空機等の内部における危険物の貯蔵、取扱い（移送を含む。）及び運搬についてのみであり、航空機等に対する外部からの給油又は外部の施設等に対する航空機等からの給油は、消防法第3章の規定が適用される。

このほか、石油パイプライン事業法に基づく事業用施設（石油パイプラインに属する導管及びその他の工作用並びにこれらの附属設備であって、石油パイプライン事業の用に供するもの。）による石油（第四類危険物）の輸送（貯蔵、取扱い又は運搬）についても消防法第3章の規定は適用されない。

〈法令〉

消防法　第16条の9

石油パイプライン事業法　第40条

消防法別表第一

消防法第2条第7項の規定に基づき消防法上の危険物を定める表。

危険物としては6類55品名が消防法別表第一に指定されている。

消防法別表第一においては、危険物の区分として、第一類から第六類までの6つの区分に分けられ、それぞれの類ごとに危険物の性質が定められている。類別及びその性質の区分に応じた試験方法は、

第一類　酸化性固体：酸化力の潜在的な危険性を判断するための試験及び衝撃に対する敏感性を判断するための試験

第二類　可燃性固体：火炎による着火の危険性を判断するための試験及び引火の危険性を判断するための試験

第三類　自然発火性物質及び禁水性物質：空気中での発火の危険性を判断するための試験及び水と接触して発火し、又は可燃性ガスを発生する危険性を判断するための試験

第四類　引火性液体：引火の危険性を判断するための試験

第五類　自己反応性物質：爆発の危険性を判断するための試験及び加熱分解の激しさを判断するための試験

第六類　酸化性液体：酸化力の危険性を判断するための試験
である。

消防法上の危険物への該当要件は「消防法別表第一の品名欄に掲げる物品」で

あることであり、化学構造等からそれぞれの火災危険性を有すると推定される化合物又はそのグループを限定して列挙することにより、危険物に該当する可能性の範囲が明確となっている。

品名欄に掲げられている品名は、危険物に該当する可能性のある物品を広く捉える趣旨から、原則として化学的総称名となっている。なお消防法別表第一の品名欄では、「その他のもので政令で定めるもの」という品名が設けられているが、これは今後新たに出現する危険性物品に対し、危険物の指定がより迅速に行われるようにするためである。また第二類と第四類については、化学的総称名ではなく「引火性固体」「石油類」等の包括的な名称が用いられていることから、「その他のもので政令で定めるもの」の余地がないため、政令指定対象はない。

消防法別表第一の品名欄に掲げる物品のうち、その危険性が明らかなものは、試験によらず当該物品が掲げられている類の性状を有するものとみなすこととされている。具体的には、硫化りんは可燃性固体の性状を有するものとみなされる。

第四類は、主に引火点により品名の区分が行われるが、たとえばガソリンはその引火点によらず第一石油類に、灯油はその引火点によらず第二石油類に該当することとなる。

消防本部等所在市町村

消防本部及び消防署を置く市町村をいい、現実に消防本部及び消防署が併置されている市町村。

市町村長が許可権者そして危険物規制事務全体の担当行政庁となるための要件は、危険物行政を遂行するに足る組織及び人員が整備されていることであり、消防本部及び消防署が併置されていることをもって、そのあらわれとしている。

〈法令〉

消防法　第11条第1項

少量危険物

指定数量の5分の1以上で指定数量未満の危険物をいう。個人の住居で貯蔵・取扱う場合は、指定数量の2分の1以上指定数量未満の危険物をいう。

少量危険物を貯蔵し、又は取り扱おうとする者は、あらかじめ、その旨を管轄する区域の消防長に届け出る必要がある。また、廃止する場合も届け出が必要である。

指定数量未満の危険物の貯蔵及び取扱いの技術上の基準は、消防庁から示されている火災予防条例（例）のとおり、各市町村ではこの（例）を参考として市町村条例で定めることとなっている。

なお、少量危険物に関しては、市町村条例で規定できるのは、その貯蔵および取扱いについてのみであり、危険物の運搬は、指定数量以上又は未満を問わず、危政令第5章運搬及び移送の基準による。

〈法令〉

消防法　第9条の4第2項

蒸留工程

複数の成分で構成される混合液体を、その成分の沸点差を利用してそれぞれの

成分に分離する工程。

蒸留工程は、加熱炉、精留塔、凝縮器等で構成される。

石油精製の場合の蒸留では、大気圧に近い圧力で行われる常圧蒸留と液体が減圧下では常圧よりも低い温度で沸騰する性質を利用した減圧蒸留が代表的なものである。

蒸留工程は、圧力や温度の変動が伴うことによる危険物等の漏えいがないことが求められる。

〈法令〉

危政令　第27条第2項

〈施設〉

製造所

触媒

触媒は、化学反応においてそのもの自身は変化しないが、反応速度を変化させる物質でそれ自身は消費されず、比較的少量で反応の速さを変化させる物質で反応を早く大きくする触媒を正触媒、反応の速さを小さくする触媒を負触媒という。

職務誠実執行の原則

危険物保安監督者及び危険物取扱者がその職務を行うに当たって遵守すべき一般原則の総称。

危険物保安監督者は、危険物の取扱作業に関して保安の監督をする場合は、誠実にその職務を行わなければならない。

また、危険物取扱者は、危険物の取扱作業に従事するときは、貯蔵又は取扱いの技術上の基準を遵守するとともに、当該危険物の保安の確保について細心の注意を払わなければならない。

さらに、甲種危険物取扱者又は乙種危険物取扱者は、危険物の取扱作業の立会いをする場合は、取扱作業に従事する者が貯蔵又は取扱いの技術上の基準を遵守するように監督するとともに、必要に応じてこれらの者に指示を与えなければならない。

これらは、いずれも危険物保安監督者等の業務の執行に当たり必要かつ不可欠な原理であるが、これらに違反した場合特段の罰則規定は設けられていない。その意味では訓示的な性格を有する規定であるといえる。

しかし、これらの場合は危険物取扱者免状の返納命令の対象となり得る。

〈法令〉

消防法　第10条第3項、第13条第1項

危政令　第31条

所有者、管理者又は占有者

消防法により危険物規制を受ける主たる客体。略して「所有者等」ともいう。

所有者は、危険物施設について所有権を有する者である。

管理者は、危険物施設について管理権を有する者で、法令の規定により又は契約によって管理することになっている者である。ここで管理とは、物の性質を変更しない範囲内において、その保存、利用又は改良を図る行為をいう。

占有者は、危険物を事実上支配し、又はその支配の可能性を有している者である。ここで占有とは、事実上ある物を支配し又はその支配の可能性を有すること

をいう。

　危険物規制上は、所有者等といえる者は消防法上の各種申請を行い、命令を受けている者に限られるのが原則である。

〈法令〉

　消防法　第2条第4項、第11条の5第1項

所要単位

　消火設備の設置の対象となる建築物その他の工作物の規模又は危険物の量の基準の単位。

　所要単位の計算方法は、製造所、取扱所又は貯蔵所の種類ごとに、その建築物及び工作物の構造に応じて1所要単位となる床面積が表のとおり規定されている。また、危険物については指定数量の10倍を1所要単位と規定されている。

所要単位の計算方法

規模基準	製造所又は取扱所	建築物	外壁が耐火構造→延べ面積が100㎡を1所要単位とする
			外壁が耐火構造でないもの→延べ面積50㎡を1所要単位とする
		屋外にある工作物	外壁を耐火構造とし、工作物の水平等面積を建坪とみなし、延べ面積100㎡を1所要単位とする
	貯蔵所	建築物	外壁が耐火構造→延べ面積が150㎡を1所要単位とする
			外壁が耐火構造でないもの→延べ面積75㎡を1所要単位とする
		屋外にある工作物	外壁を耐火構造とし、工作物の水平等面積を建坪とみなし、延べ面積150㎡を1所要単位とする
危険物基準			指定数量の10倍を1所要単位とする

注）延べ面積→製造所等の用に供する部分以外の部分を有する建築物に設ける製造所等にあっては、当該建築物の製造所等の用に供する部分に床面積の合計、その他の製造所等にあっては、当該製造所等の建築物の床面積の合計をいう。

〈法令〉

　危規則　第29条第1項、第2項、第30条、第33条第2項、第34条第2項、第35条

資料提出命令

　消防機関が危険物施設の実態を把握して火災予防上適切な指導を行うとともに万が一の出火に際しても被害を最小限にとどめるために危険物施設の所有者等に対し危険物施設に係る資料の提出を求める権限。

　同様のものとして報告徴収があるが、資料提出は、既に作成され、又は作成される予定である文書等を提出するもので

あり、報告徴収は、報告するための文書を作成しこれを提出するものである。

1　権限を有する者（命令権者）

　　市町村長等。

2　権限行使の相手方（受命者）

　　製造所、貯蔵所又は取扱所の所有者、管理者又は占有者。

3　権限の発動要件

　　危険物の貯蔵又は取扱いに伴う火災防止のために必要があるとき。個別的、具体的な火災危険性の存在を要求するものではなく、一般的、抽象的な火災危険性の存在で足りる。

4　提出させる資料

　　危険物施設の位置、構造若しくは設

備又は危険物の貯蔵若しくは取扱いの
状況を把握するために必要な一切の文
書、図画その他の物件。
5　命令の形式
　　文書又は口頭のいずれでも差し支え
ない。
　資料の提出を求められて、資料の提出
をせず又は虚偽の資料を提出した者には
罰則が適用される。

〈法令〉
　消防法　第4条、第16条の3の2、
　　　　第16条の5、第32条、第34条、
　　　　第44条

新基準

　平成6年7月1日政令第214号による
改正後の危政令（以下「新令」という。）
により制定された、旧法タンク改修のた
めの技術基準。
　この政令制定に関しては、平成6年7
月1日消防危第59号「危険物の規制に
関する政令等の一部を改正する政令の施
行について（通知）」において、特定屋
外タンク貯蔵所の実態にかんがみ、特定
屋外タンク貯蔵所に係る保安検査の時期
について安全性の程度に応じて定めるこ
と、危険物の規制に関する政令の一部を
改正する政令（昭和52年政令第10号、
以下「52年政令」という。）の施行の際
現に、消防法第11条第1項前段の規定
による設置に係る許可を受け、又は当該
許可の申請がされていた特定屋外タンク
貯蔵所の技術上の基準等について所要の
規定の整備を図ること等が示されている。
　これにより、「52年政令」附則第3項

により新令第11条第1項第3号の2及
び第4号の規定が適用されていない、52
年政令施行の際に法第11条第1項前段
の規定による設置に係る許可を受け、又
は当該許可の申請がされていた新令第8
条の2の3第1項に規定する特定屋外タ
ンク貯蔵所（以下「既設の特定屋外タン
ク貯蔵所」という。）で、その構造及び
設備が新令第11条第1項第3号の2及
び第4号に定める技術上の基準に適合し
ないものに係る技術上の基準について、
改正後の52年政令附則第3項各号に掲
げる基準（以下「新基準」という。）の
すべてに適合する場合に限り、引き続き
新令第11条第1項第3号の2及び第4
号の規定は適用しないものであることと
されている。
　すなわち、当該既設の特定屋外タンク
貯蔵所の構造及び設備が、新基準を維持
している限り新令第11条第1項第3号
の2及び第4号に適合する必要はない。
新基準の内容は次に掲げるとおりである。
1　当該既設の特定屋外タンク貯蔵所の
　基礎及び地盤に関する基準
　　（改正後の52年政令附則第3項第
　1号）
2　当該既設の特定屋外タンク貯蔵所の
　タンク本体に関する基準
　　（改正後の52年政令附則第3項第
　2号）
　なお、既設の特定屋外タンク貯蔵所の
構造及び設備を新基準に適合させるため
に変更を行う場合、改正後の52年政令
附則第3項各号に掲げる基準のすべてに
適合しているか否かは、消防法第11条

第1項後段の規定による変更の許可の申請時並びに消防法第11条の2第1項及び第11条第5項の検査時において確認することとしている。

新基準適合届

214号政令の施行後においてその構造及び設備が第2条の改正後の52年政令（新52年政令）附則第3項各号に掲げる基準（新基準）に適合しない既存の特定屋外タンク貯蔵所の所有者、管理者又は占有者が、その構造及び設備が214号政令施行の後において新基準のすべてに適合することとなった日（施行の際現にその構造及び設備が214号政令施行の後において新基準のすべてに適合する既存の特定屋外タンク貯蔵所にあっては、施行の日。）以後、市町村長等に提出する新基準のすべてに適合している旨の届け出をいう。

1 214号政令とは、危険物の規制に関する政令等の一部を改正する政令（平成6年7月1日政令第214号）をいう。
2 52年政令とは、危険物の規制に関する政令の一部を改正する政令（昭和52年政令第10号）をいう。
3 既存の特定屋外タンク貯蔵所とは、52年政令施行の際、現に消防法第11条第1項前段の規定による設置に係る許可を受け、又は当該許可の申請がされていた特定屋外タンク貯蔵所をいう。
4 新令とは、52年政令第1条の規定による改正後の危政令をいう。

〈施設〉
屋外タンク貯蔵所

真空試験

特定屋外貯蔵タンクの屋根（浮き屋根のものにあっては、その総体とする。）及び浮き蓋の総体に係る溶接部に行う漏れ試験のひとつ。

真空試験は、真空度を約2分の1気圧とし、屋根外面の溶接継手にあらかじめ塗布された発泡剤が発泡するか否かにより漏れの有無を検出するものである。

〈法令〉
危政令 第8条の2第3項、第11条第1項
危規則 第20条の9
〈施設〉
屋外タンク貯蔵所

人工地盤

地中タンクにおいてタンクの周囲に土を盛ることにより造られた人工の地盤。地中タンクの地盤は地中タンク及びその附属設備の自重、貯蔵する危険物の重量等によって生ずる応力に対して安全でなければならず、危規則第22条の3の2第3項第4号ロによる他、危告示第4条の31に規定する、

1 人工地盤は、砂質土又はこれと同等以上の締固め性を有するものを用いて、十分に締め固める。
2 人工地盤の高さは、周辺の在来地盤面（地中タンクを設置する以前の地盤面をいう。以下同じ。）から10m以下である。
3 人工地盤の法面の勾配は、5/9以下である。
4 人工地盤の天端の幅は、10m又は

155

周辺の在来地盤面から地中タンクの人工地盤面までの高さの２倍のうちの大きいものに等しい値以上の値である。

5　人工地盤ののり面には、高さ７m以内ごとに幅員１m以上の小段を設ける。

基準が必要となる。

〈法令〉

危規則　第４条第３項、第22条の３の２第３項

危告示　第４条の31、第４条の45

〈施設〉

屋外タンク貯蔵所

審査業務

「受託審査業務」を参照。

審査の委託

市町村長等が消防法に基づく屋外タンク貯蔵所の設置又は変更に当たって行う許可及び完成検査前検査に係る審査の一部を危険物保安技術協会に契約に基づき委託すること。

高度の専門技術的判断を必要とする屋外タンク貯蔵所に係る審査事務の一部を、市町村長等は中立的審査機関である危険物保安技術協会に委託できることとされている。

審査を委託できる危険物施設は、①許可に係る審査は特定屋外タンク貯蔵所及び準特定屋外タンク貯蔵所、②完成検査前検査に係る審査は特定屋外タンク貯蔵所である。

審査を委託できる事項は、①特定屋外タンク貯蔵所及び準特定屋外タンク貯蔵

所の設置又は変更の許可に係る審査は、タンクの本体並びに基礎及び地盤に関する事項、②特定屋外タンク貯蔵所の完成検査前検査に係る審査は、「基礎・地盤」に係る審査及び「溶接部検査」に係る審査並びに「岩盤タンク検査」に係る検査である。

委託の根拠は消防法に規定されており、契約そのものの性格は民法上の請負である。

危険物保安技術協会は、市町村長等から屋外タンク貯蔵所に係る審査の委託に係る契約の申込みがあったときは、正当な理由がなければ、これを拒んではならない。また、危険物保安技術協会は、前項の契約が成立したときは、遅滞なく、当該契約に係る審査を行わなければならない。

〈法令〉

消防法　第11条の３、第16条の36

危政令　第８条の２の３

〈施設〉

屋外タンク貯蔵所

伸縮

危険物配管における地震、風圧、地盤沈下、温度変化等による長手方向の変異。

1　移送取扱所以外の危険物配管

地上に設置する場合、伸縮等に対し安全な構造の支持物により支持することとされている。

2　移送取扱所の配管

橋に設置する配管は、橋の伸縮等に対して安全な構造とする。

配管に生ずる圧縮、引張、曲げ及び

せん断の各応力度並びに合成応力度の
いずれかが許容応力度を超えることが
有害な伸縮であり、この伸縮を吸収す
るために、危告示第18条に規定する、

(1) 原則として曲り管を用いる。

(2) 曲り管等の種類、配管及び固定の
方法は、配管に異常な応力を発生せ
しめないよう考慮したものとする。

措置を講じなければならない。

〈法令〉

危規則　第13条の5、第28条の5、
第28条の6、第28条の16

危告示　第18条

しん出し

配管の溶接にあたって、相互の配管が
同一線上に位置するよう、位置を調整す
る作業のこと。位置合わせ器具等を用い
て行う。

〈法令〉

危告示　第21条

浸透液漏れ試験

試験体の片側の面に浸透液を塗布し、
反対側の面に塗布した現像液で漏れ部か
ら浸透液を吸い出し、白地に赤色又は暗
所で蛍光の浸透指示模様を形成させるこ
とによって漏れを検出する方法で、特定
屋外貯蔵タンクの溶接部で、接液部以外
の側板部に係る溶接部、屋根及び浮き蓋
の総体に係る溶接部、ノズル、マンホー
ルの溶接部については、真空試験、加圧
漏れ試験、浸透液漏れ試験等の試験に
よって漏れがないものでなければならない。

〈法令〉

危規則　第20条の9

〈施設〉

屋外タンク貯蔵所

水圧検査

液体危険物タンクに漏れ又は変形がな
いかどうかを確認するための完成検査前
検査のひとつで、タンクに配管その他の
附属設備を取り付ける前に、タンクに水
を満たし、所定の圧力を加え、漏れ又は
変形の有無を確かめる検査。

水圧検査は、圧力タンク（水柱500mm
（5kPa）を超える圧力がかかるタンク）
に対して通常使用される状態での最大の
圧力である最大常用圧力の1.5倍の圧力
で10分間行う水圧試験を実施する。

なお、地下貯蔵タンク、簡易貯蔵タン
ク及び移動貯蔵タンクは、圧力タンクで
はなくても70kPaで10分間の水圧試験
が必要となる。

また、移動貯蔵タンクのうちアルキル
アルミニウム等の移動貯蔵タンクは、1
MPa以上の圧力で10分間の水圧試験が
必要となる。

〈法令〉

危政令　第8条の2第5項第7項、第
8条の2の2

危規則　第6条の2の4、第6条の2
の10、第6条の5

水圧試験

　タンクや配管に水を満たし、所定の圧力を加え、漏れ又は変形の有無の確認を行う試験。

　配管は、水、水以外の不燃性の液体又は不燃性の気体を用いて、当該配管に係る最大常用圧力の 1.5 倍以上の圧力で試験する。水以外の不燃性の液体は水系の不凍液等が該当し、不燃性の気体は窒素ガスが一般的である。

　圧力タンクの場合は、最大常用圧力の 1.5 倍以上の圧力で 10 分間試験する。

〈法令〉

　危政令　　第 8 条の 2、第 8 条の 2 の 2
　危規則　　第 20 条の 5 の 2、第 20 条の
　　　　　　10、第 24 条の 6 第 3 項、第 24
　　　　　　条の 8、第 25 条の 2、第 40 条
　　　　　　の 4

水幕設備

　屋外タンク貯蔵所の火災時等におけるふく射熱を水幕によって遮断又は減衰させることによって、当該ふく射熱による隣接事業所等への延焼防止等をはかろうとする設備。

　引火性液体の危険物を貯蔵する屋外タンク貯蔵所については、一般の保安距離を必要とするほか、屋外貯蔵タンク（以下「タンク」という。）の側板から当該タンクの存する事業所の敷地境界線との間に、タンクの区分（石油コンビナート等災害防止法第 2 条第 4 号に規定する第 1 種事業所及び同条第 5 号に規定する第 2 種事業所に存する容量 1,000kℓ 以上のタンクと当該タンク以外のタンクに区分

されている。）及び貯蔵する危険物の引火点に応じ敷地内距離を確保しなければならないが、防火上有効な水幕設備を設けた場合等においては、市町村長等が定めた距離を当該タンクの敷地内距離とすることができるとされている。なお、水幕設備の設置基準の概要は次のとおりである。

1　水幕設備は、原則として、危政令第 11 条第 1 項第 1 号の 2 但書の規定の適用を受けようとする屋外タンク貯蔵所の存する敷地境界線に設けること。

2　水幕設備（水幕を放射する部分に限る。）の設置箇所は、タンクの設置位置から危政令第 11 条第 1 項第 1 号の 2 の表の第 2 号に掲げる距離をとった場合において、その縁部（以下「距離縁線」という。）と敷地境界線との交点の間（以下「防護箇所」という。）とすること。

3　防護高さは、地表面上の距離縁線と当該距離縁線に面する側の想定火面の頂部とを結んだ線に対して、地表面の敷地境界線上に引いた垂線との交点の地表面からの高さとすること。

4　必要水幕は、防護高さ以上の高さのものであって、かつ、次の(1)式により求めたふく射照度に対する水幕のみかけ上の透過率の値が、次の(2)式により求めた値（当該値が 0.9 を超える場合は 0.9 とする。）以下の値とすることができること。

(1)　$T = \exp(-460h)$

　　　T は、水幕のふく射照度に対するみかけ状の透過率

h は、水幕の厚さを板状の水の厚さに換算した値（単位cm）

$h = (Q \cdot d) / v$

Q は、体積流量速度（単位 cm^3 / $sec \cdot cm^2$）

d は、水幕の平均厚さ（単位cm）

v は、水滴の平均落下速度（単位 cm / sec）

(2) $H = E_s / E_o$

H は、防護箇所におけるふく射照度の比率

Es は、4,000kcal/㎡・h

Eo は、次の（3）式により求めたふく射照度（単位 kcal/㎡・h）

(3) $E_o = \phi = Rf$

EO は、敷地境界線におけるふく射照度（単位 kcal/㎡・h）

ϕ は、次のアの式により求めた形態係数

Rf は、次のイ表に定めるふく射発散度（単位 kcal/㎡・h）

ア $\phi = 0.3183 \left(\dfrac{1}{n} \cdot \tan^{-1} \dfrac{3}{\sqrt{n^2 - 1}} \right.$

$+ \dfrac{3n}{\sqrt{(n^2-1)^2 + 9n^2}}$

$\left. \cdot \tan^{-1} \dfrac{\sqrt{n^2-1}}{\sqrt{(n^2-1)^2 + 9n^2}} \right.$

ϕ は、形態係数

$n = L / R$

L は、想定火面（タンクの水平断面の最大値径（横型のものにあっては、横の長さとする。以下同じ。）を直径とし、当該直径の数値に1.5（貯蔵する危険物の引火点が70度以上のものにあっては1.0とする。）を乗じて得た数値を高さとした火面体がタンク設置位置の地盤面上にあるものをいう。以下同じ。）の中心から敷地境界線に最も近い距離（単位 m）

R は、想定火面の半径（単位 m）

イ ふく射発散度（Rf）は、次の表の左欄に掲げるタンクにおいて貯蔵する危険物の引火点の区分に応じ、同表の右欄に掲げる値とする。

引火点	ふく射発散度 (kcal/㎡・h)
21度未満のもの	50,000
21度以上70度未満のもの	43,000
70度以上のもの	20,000

〈法令〉

危規則 第19条の2

昭和55年7月1日消防危第80号

〈施設〉

屋外タンク貯蔵所

水密コンクリート

硬化後に透水・吸水が非常に少なく、水が拡散しにくいコンクリートで、水セメント比は、55％以下とし、AE剤若しくはAE減水剤又はフライアッシュ若しくは高炉スラグ粉末等の混和材を用いたコンクリートをいう。

地下水などの圧力水が作用する箇所で、特に水密性（水の浸入や透過に対する抵抗性）を要求されるコンクリートに使用される。

地下タンク貯蔵所に設けるタンク室は、防水の措置を講じることとされてお

り、水密コンクリート又はこれと同等以
上の水密性を有する材料で造らなければ
ならない。

〈法令〉
　危規則　第24条
〈施設〉
　地下タンク貯蔵所

スクラップ・アンド・ビルド

　従前の危険物施設の施設設備等を全面
的に廃棄し、全く新規の施設設備等を同
一の場所に構築すること。

　新たに構築する施設設備等に係る危険
物施設の設置とする。

　なお、危険物施設の既設の施設設備等
の一部を存置しつつ、基本的な部分の施
設設備の全面的廃棄の場合、例として屋
外タンク貯蔵所において、屋外貯蔵タン
クの老朽化に伴い当該タンク本体を撤去
し、新規にタンク本体を構築する場合、
既設の施設設備等である防油堤を含め設
置と解するものとされているが、スク
ラップ・アンド・ビルドであるが故の政
令第23条の適用である。（昭和51年10
月30日消防危第77号）

スプリンクラー設備

　危険物製造所等において消火設備は有
効的消火するもので、施設の規模、危険
物の品名、最大数量等に応じて消火設備
を設けることになるが、スプリンクラー
設備は「著しく消火が困難と認められる」
製造所等の第2種消火設備に該当し設置
される。

　スプリンクラー設備は火災の初期の段
階で自動的に火災を感知して天井等に取
り付けられているスプリンクラーヘッド
から散水して消火するもので、水源、加
圧送水装置、配管、スプリンクラーヘッ
ドで構成されている。

〈法令〉
　危政令　第20条第1項1号、別表第5
　危規則　第32条の3

すみ肉溶接

　重ね継手、T継手、十字継手、角継手
などのすみ肉継手において、ほぼ直交す
る二つの面を溶接する三角形の断面をも
つ溶接。

　屋外貯蔵タンクに用いられるすみ肉溶
接では、重ねすみ肉溶接とT型すみ肉
溶接が用いられている。

1　重ねすみ肉溶接

　　特定屋外貯蔵タンクでは、底板の厚
　さが9mm以下の場合に、アニュラ板と
　底板、底板と底板を重ねすみ肉溶接と
　することができる。また屋根板と屋根
　板の溶接は重ねすみ肉溶接とすること
　ができる。

**底板と底板、アニュラ板と底板及び屋根板と
屋根板の重ねすみ肉溶接形状**

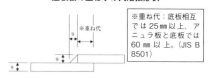

2　T型すみ肉溶接

　　側板と底部の接合に用いられてい
　る。特定屋外貯蔵タンクの場合は、T
　型すみ肉継手の片側もしくは両側に開
　先をとり、部分溶込みグルーブ溶接と

160

する。
〈法令〉
危規則　第20条の4第3項
危告示　第4条の21の2第1項、第
　　　　2項、第4条の37
〈施設〉
屋外タンク貯蔵所

スラグ巻き込み

溶融スラグ（溶接部に生じる非金属物
質）が浮上せずに溶着金属（溶加材から
溶接部に移行した金属）の中、或いは母
材との融合部にスラグが残ることによる
溶接欠陥。

スラグ巻き込みを防止するには、前層
（又は前パス）のスラグの十分な除去、
スラグの先行防止、次の層（又は次のパ
ス）の溶接前の形状修正、適正な運棒、
棒角度及びウィービング法での施工など
の対策が有効である。
〈法令〉
危規則　第20条の7第2項
危告示　第41条第1項、第2項
〈施設〉
屋外タンク貯蔵所

スラッジ

原油タンクやタンカー等に堆積した沈
殿物を総称してスラッジといい、原油に
含まれるワックス分、海水、水、微生物、
タンク内部の錆等によってヘドロ状態で
タンク等の底部に堆積しているが、ス
ラッジの成分は一様ではない。

せ

製造所

危険物を製造する目的をもって指定数
量以上の危険物を取り扱うため市町村長
等の許可を受けた施設で、最初に用いる
原料が危険物であるか、非危険物である
かを問わず、種々の作業工程を経て製造
した最終製品が危険物である対象をいう。
製造所は、
1　1棟の建物の中で危険物の製造工程
　が完結している場合は、その棟全体が
　一つの製造所
2　1棟の中に同種又は異種の2以上の
　製造工程があっても、一つの製造所
3　建物のない製造施設の場合は、製造
　工程全部が一つの製造所
4　製造工程が2棟以上の建物にわたる
　場合は、その棟ごとに一つの製造所（製
　造される危険物の原料のみを取り扱う
　棟は、その原料が危険物であるときは、
　当該原料となる危険物の一般取扱所と
　なる。その原料が危険物以外のもので
　あるときは、危険物施設とはならない。）
となる。
1　位置
　(1)　保安距離
　　　保安対象物から製造所の外壁又は
　　これに相当する工作物の外側までの
　　間に次表に示す距離が必要となる。

保安対象物	保安距離
同一敷地外の住居	10 m以上
多数の人を収容する施設	30 m以上
文化財	50 m以上
高圧ガス	20 m以上
7,000 V をこえ 35,000 V 以下の特別高圧架空電線	水平3 m以上
35,000 V をこえる特別高圧架空電線	水平5 m以上

ただし、保安対象物のうち不燃材料で造った防火上有効な塀を設けること等により、市町村長等が防火上安全であると認めた場合には、市町村長等が定めた距離とすることができる。

(2) 保有空地

消防活動及び延焼防止のために、製造所の周囲に次表に示す空地が必要となる。

保有空地

区分	空地の幅
指定数量の倍数が 10 以下の製造所	3 m以上
指定数量の倍数が 10 以上の製造所	5 m以上

ただし、防火上有効な隔壁を設けた場合は緩和が認められる。

2 構造

(1) 建築物は地階を有すことはできない。

(2) 建築物の壁、床、柱及び階段は不燃材料で造る。

なお、延焼のおそれのある外壁は、出入口以外の開口部を有しない耐火構造とする。

(3) 屋根は不燃材料で造るとともに、金属板等の軽微な不燃材料で葺く。

(4) 建築物の窓及び出入口は防火設備とし、ガラスを用いる場合は網入ガラスとする。

なお、延焼のおそれのある外壁に設ける出入口は、自閉式の特定防火設備とする。

(5) 液状の危険物を取り扱う建築物の床は、危険物が浸透しない構造とするとともに、適当な傾斜をつけ、かつ貯留設備を設ける。

3 設備

(1) 建築物には、採光、照明、換気の設備を設けるとともに、可燃性蒸気等の滞留するおそれのある建築物には、その蒸気等を屋外の高所へ排出する設備を設ける。

(2) 屋外に設けた液状の危険物を取り扱う設備には、その直下の地盤面の周囲に高さ 0.15m 以上の囲いを設け、又はこれと同等以上の効果があると認められる措置を講じる。

また、その地盤面は、コンクリート等危険物が浸透しない材料で覆い、かつ、適当な傾斜をつけ、かつ貯留設備を設ける。

(3) 危険物を取り扱う機械器具その他の設備は、危険物の漏れ、あふれ、又は飛散を防止することができる構造とする。

(4) 危険物を加熱する等温度変化が起こる設備には、温度測定装置を設ける。

(5) 危険物を加熱、又は乾燥する設備は、直火を用いることはできない。

(6) 危険物を加圧する設備又は圧力が上昇するおそれのある設備には、圧力計及び安全装置を設ける。

(7) 電気設備は、電気工作物にかかる法令である「電気設備に関する技術

基準を定める省令」に基づき設置し、可燃性ガス等が滞留するおそれのある場所に設置する機器は防爆構造とする。

(8) 静電気が発生するおそれのある設備には、接地等有効に静電気を除去する装置を設ける。

(9) 配管の基準

① 当該配管にかかる最大常用圧力の1.5倍以上の圧力で水圧試験を行ったときに、漏えいその他異常がないこと。

② 取り扱う危険物により容易に劣化する恐れのないこと。

③ 火災等による熱によって容易に変形する恐れのないものであること。

ただし、地下その他の、火災等にアルデヒド等及びヒドロキシルアミン等を取り扱う製造所等には、基準を超える特例が規定されている。

〈法令〉

消防法　第10条第1項

危政令　第9条

〈施設〉

製造所

製造所等

製造所、貯蔵所又は取扱所の総称であり、市町村長等の設置の許可を受けなければならない指定数量以上の危険物を貯蔵し又は取り扱う施設。危険物規制事務上、危険物施設とも呼称する。

〈法令〉

消防法　第10条第1項、第3項、第11条第1項

危政令　第6条第1項

製造所等の別

当該製造所等が、製造所、貯蔵所又は取扱所のいずれに属するのかという別をいう。

危険物施設の設置許可を受けるために提出する設置許可申請書を初めとする各種申請書等に書き入れることとなっている。

〈法令〉

危政令　第6条第1項、第2項、第7条第1項、第2項

静電気

電気的に絶縁された2つの異なる物質が相接触して離れるときに片方には正（＋）の電荷が、他方には負（－）の電荷が帯電することで発生するもの。

発生する電荷の正負は、接触する物質同士により異なり、帯電列中の2つの物質の摩擦等で、左側のものが正（＋）の電荷に、右側のものが負（－）の電荷に帯電する。

帯電列	
（＋）	ガラス＞髪の毛＞ナイロン＞羊毛＞木綿＞硬質ゴム＞ポリエチレン＞テフロン	（－）

静電気は、物質の絶縁抵抗が大きいものほど発生しやすく、有機高分子材料、合成樹脂、石油系の各種原料及び製品の大部分は電気絶縁性が大きいので、静電気が発生しやすい。引火性液体の電気抵抗率が、10^{12} Ω・cmより大きい液体では必ず帯電する。

静電気の発生機構は、次に示す1～7が代表的である。

1　摩擦帯電：二つの絶縁物同士をこすりあわせることによって帯電する現象

2　接触帯電：2種類の物質を接触させた後に分離させるときに電荷が現れる現象

3　流動帯電：管内や容器内を液体が流動する際の帯電現象

4　沈降帯電：流体中で他の液体あるいは個体が沈降する際に帯電する現象

5　破砕帯電：固体を砕くときに静電気が発生する現象

6　噴出帯電：液体が高速でノズルなどから噴出する際に帯電する現象

7　誘導帯電：帯電した物体の近くに置かれた物体が、帯電物体の影響で二次的に帯電する現象

ガソリン、灯油等の引火性（可燃性）液体が給油（注油）ホース内を流れるとき、静電気が発生するが、危険物に静電気が蓄積された状態である帯電状態だけならば火災危険はないが、この静電気が何らかの原因で空気中に放電されることで、その電気エネルギーが着火源となって付近に滞留する引火性蒸気に引火又は爆発し火災となる危険性がある。

なお、帯電体が放電するときの放電エネルギーEは、

$$E = 1/2 \cdot Q \cdot V = 1/2 \cdot C \cdot V^2$$

$$Q：帯電量、V：電圧、$$
$$C：静電容量$$

で表すことができ、放電エネルギーは帯電量が同じでも電圧が大きくなるほど、大きくなる。

なお、導電性の物質では、絶縁状態にして静電気の逃げ道をふさぐことで帯電し、従って静電気は人体にも帯電する。

〈法令〉

危政令　第9条第1項、第11条第1項、第15条第1項、第17条第1項、第27条第6項

危規則　第22条の2、第24条の6第3項、第28条の2の5、第40条の3の8、第40条の7

静電気を有効に除去する装置

可燃性液体、可燃性微粉等の危険物を取扱う設備には、当該危険物の流動摩擦等により静電気が発生し、これの放電火花によって危険物に着火する危険性があるので、蓄積される静電気を有効に除去するために設けられる装置。

静電気を発生しやすい危険物を取扱う設備を接地することで発生する静電気を除去するものが一般的である。

〈法令〉

危政令　第9条第1項第18号、第17条1項第10号

危規則　第22条の2、第24条の6第3項、第26条第3項

〈施設〉

製造所、給油取扱所、一般取扱所

積載式タンク（タンクコンテナ）

液体危険物を移送する場合に用いられるもので、車両（被牽引自動車にあっては、前車軸を有しないものであって、当該被牽引自動車の一部が牽引自動車に載せられ、かつ、当該被牽引自動車及びその積載物の重量の相当部分が牽引自動車によってささえられる構造のものに限

る。）の架台に固定され、脱着操作が容易にできる構造をもつタンク。

タンクコンテナは、大型の通い容器としての性格をもつもので、運搬容器と異なり、反復使用、外装省略など大きな利点がある。消防法上は、車両を含めて移動タンク貯蔵所として規制が行われている。そのため、タンクコンテナは移動タンク貯蔵所の移動貯蔵タンクであり、所定の構造と、設備が要求されている。

〈法令〉

　危政令　第15条第2項、第26条第1項、第27条第6項

　危規則　第6条の2の9、第24条の5、第40条の8

〈施設〉

　移動タンク貯蔵所

積雪荷重

屋外貯槽タンクに短期的に作用する荷重である従荷重のひとつ。

積雪高さは、理科年表又は対象タンク設置場所付近における公的機関の観測値の最大高さとし、積雪荷重は 19.6N/cm / ㎡以上とする。

〈法令〉

　危規則　第20条の4第1項、第20条の4の2第1項

　危告示　第4条の18、第4条の22の10、第4条の34

〈施設〉

　屋外タンク貯蔵所

石油コンビナート

一般に「石油コンビナート」とは、大量の石油若しくは大量の高圧ガス又は大量の石油及び高圧ガスを取り扱う複数の事業所ある区域をいう。また、大規模施設が集中していることから、災害の発生及び拡大防止並びに災害復旧のため特別の措置を講じる必要があり、石油コンビナート等災害防止法により、消防法、高圧ガス保安法等の施設ごとの安全対策と相まって総合的な安全対策が図られている。

なお、消防法令上は、「石油コンビナート」という用語は定義されておらず、石油コンビナート等災害防止法で石油コンビナート等特別防災区域の指定要件が定められている。

〈法令〉

　石災法　第1条

石油コンビナート特別防災区域

特別防災区域とは、次の1〜3のいずれかの区域であって、知事及び市町村長の意見を聴いて政令で指定するものである。

1　次の要件を満す区域

(1)　$\dfrac{石油の貯蔵・取扱量}{基準貯蔵・取扱量}$ +

　$\dfrac{高圧ガスの処理量}{基準処理量} \geqq 1$ となる事業所を含む2以上の事業所が存在すること。

(2)　石油の貯蔵・取扱量及び高圧ガスの処理量の合計が、

$$\frac{石油の貯蔵・取扱量}{基準貯蔵・取扱量} +$$

$$\frac{高圧ガスの処理量}{基準処理量} \geqq 1 であること。$$

(3) 特定の事業所についてそれぞれ災害の発生及び拡大の防止のための特別の措置を講じさせるとともに一体として防災体制を確立することが緊要であること。

2 次の要件を満す事業所の区域

(1)
$$\frac{石油の貯蔵・取扱量}{基準総貯蔵・取扱量} +$$

$$\frac{高圧ガスの処理量}{基準総処理量} \geqq 1 であること。$$

(2) 災害の発生及び拡大の防止のための特別の措置を講じさせることが緊要であること。

3 将来、1又は2に該当することとなる区域

なお、特別防災区域は、令和2年4月1日現在で、全国32都道府県にわたり83地区が指定されている。

〔基準貯蔵・取扱量、基準処理量、基準総貯蔵・取扱量、基準総処理量〕

特別防災区域を指定する際の基準となる石油及び高圧ガスの貯蔵・取扱量及び処理量は次のとおりである。

1 基準貯蔵・取扱量 10,000kℓ

2 基準処理量 2,000,000m³

3 基準総貯蔵・取扱量 100,000kℓ

4 基準総処理量 20,000,000m³

〈法令〉

石災法 第2条第2号

石災令 第2条第2項

石油コンビナート等防災計画

特別防災区域が所在する都道府県が設置する石油コンビナート等防災本部が作成する計画のこと。特別防災区域が二以上の都府県にわたっている場合には、関係する都府県が設置する防災本部の協議会が作成する。

石油コンビナート等防災本部及びその協議会は、石油コンビナート等防災計画を作成する場合、災害対策基本法に規定する防災基本計画、防災業務計画及び都道府県地域防災計画等に整合させなければならない。

ちなみに「防災計画」は、必ずしも特別防災区域内の対策のみについて作成することを意味するものではなく、当該区域に起因する事故等に関しては、周辺地域にわたる対策を含むものであることとされている（「石油コンビナート等災害防止法の運用について」（昭和52年7月22日消防地第124号））。

〈法令〉

石災法 第31条

石油パイプライン

石油パイプラインの保安上の規制は、石油パイプライン事業法又は消防法のいずれかによって行われることとされている。

石油パイプライン事業法は、昭和47年に制定された法律であって、その目的は、石油パイプラインの設置及び石油パイプライン事業の運営を適正ならしめ、並びにその事業の用に供する施設についての保安に関し必要な規制を行うことにより、合理的かつ安全な石油の輸送を図

るとともに公共の安全を確保し、もって
石油の安定的かつ低廉な供給の確保に寄
与することにある（石パ法第1条）。

このように石油パイプライン事業法に
おいては、石油パイプラインの事業用施
設についての保安規制が行われるため、
石油パイプライン事業法対象の石油輸送
については消防法の適用はない（石パ法
第40条第2項）。

〈法令〉

　危政令　第18条の2

セタ密閉式引火点測定器

液体可燃物の引火点測定に用いられる
試験器で、引火点が−30〜300℃の物質
の引火点を測定する装置。

消防法令では、タグ密閉式引火点測定
器により測定した引火点が0℃以上
80℃以下で、当該温度における試験物品
の動粘度が10cSt以上の場合、セタ密閉
式引火点測定器により測定し、この値を
当該危険物の引火点とする。

〈法令〉

　危政令　第1条の4第4項、第1条の6
　試験性状省令　第2条第2項、第4条
　　　第3項、別表第6、別表第11

接液部

屋外貯蔵タンクに最大許可容量を貯蔵
した際に、貯蔵された危険物に接する部
分の側板。

特定屋外貯蔵タンクの場合、側板の縦
継手及び水平継手で接液部に位置する溶
接部は、放射線透過試験を行う。

〈法令〉

　危規則　第20条の7第1項、第20条
　　　の8第1項、第20条の9、第
　　　22条の4第1項

〈施設〉

　屋外タンク貯蔵所

絶縁

電導体の途中に不導体を入れて電流を
断ち切ること。

配管径には保安上必要がある場合に
は、支持物その他の構造物から絶縁しな
ければならない。

〈法令〉

　危規則　第28条の41

設計水平震度

地震によってタンクに作用する水平方
向の動的な慣性力を静的な荷重に置き換
え、地震力を算出する際に用いられる係数。

静的な設計水平震度は、重力加速度に
対する水平方向に作用する加速度の割合
を構造物に作用させることであり、例え
ば水平震度0.2とは、重力加速度に対し
て水平方向に20％の加速度である
196galが作用するという意味をもつも
のである。

〈法令〉

　危告示　第2条の2、第4条の20第
　　　2項、第4条の23、第4条の
　　　45、第13条

〈施設〉

　屋外タンク貯蔵所

切削装置等を設置する一般取扱所

切削油として危険物を用いた切削装置、研磨装置その他これらに類する装置で高引火点危険物のみを100℃未満で取扱い、かつ、指定数量の倍数が30未満であり、当該切削装置、研磨装置その他これらに類する装置以外では危険物を取り扱わない、建築物に設ける施設。

〈法令〉

　危政令　第19条第2項第7号

　危規則　第28条の54第7号、第28
　　　　　条の60の2

〈施設〉

　一般取扱所

接地

電気設備の外箱等と大地を電気的に接続し、設備の劣化や損傷、落雷や機器の故障により発生した異常な高電流等が電気設備や外箱に流れた場合に電気を安全に大地に流し、電気設備や人の安全を確保するために設けるものである。

〈法令〉

　危政令　第11条、第15条、第27条

　危規則　第28条の40、第40条の3
　　　　　の7、第40条の3の8、第40
　　　　　条の6

〈施設〉

　屋外タンク貯蔵所、移動タンク貯蔵所、
　給油取扱所

セルロイド

硝酸エステルであるニトロセルロース約75％とショウノウ約25％からなる固溶体であり、危険物第五類である自己反応性物質の品名に掲げられた硝酸エステル類に含まれる。

性質は第二種自己反応性物質に該当し、指定数量は100kgである。

1　物性等

　　熱可塑性樹脂であり90℃で溶ける。170℃で自然発火する。

　　酸素や光などの影響によりセルロースと硝酸に分解し劣化するので長期間の保存はできない。

　　材質劣化がすすむと分解熱を生じて蓄熱し、保管状況が不適切な場合、自然発火にいたる。

2　火災予防の方法等

　　火気を近づけない。

　　暖房器具、蒸気配管等の高温体の近傍には存置しない。

　　日光の直射を避け、冷暗所に貯蔵する。

　　貯蔵倉庫は、倉庫内の温度を上昇させないために、屋根を二重構造とし、天井を設けて小屋うらに換気口を設ける等の構造とするとともに、通風装置、冷却装置、散水装置等の温度上昇を防止する設備を設ける。

3　消火の方法

　　注水による冷却消火を行う。

　　空気遮断や二酸化炭素による窒息消火は効果がない。

〈法令〉

　危政令　第10条第1項

　危告示　第68条の2の2第6項

〈施設〉

　屋内貯蔵所

洗浄作業の一般取扱所

洗浄のためのみに、引火点が40℃以上の第四類の危険物のみを取扱い、かつ、指定数量の倍数が30未満の、建築物に設ける施設。

〈法令〉

危政令　第19条第2項第1号の2

危規則　第28条の54第1号の2、第28条の55の2

〈施設〉

一般取扱所

選任・解任

選任とは、一定の規模の危険物施設を有する当該施設の所有者等が、①当該事業所における危険物の保安に関する業務を統括管理する危険物保安統括管理者を、②危険物取扱者で6ヶ月以上の危険物取扱いの経験を有する者のうちからその者が取り扱うことのできる危険物の取扱いに関しての保安の監督をさせる危険物保安監督者を、定めること。

危険物保安統括管理者及び危険物保安監督者を選任又は解任した場合には遅滞なくその旨を市町村長に届け出なければならないが、選任又は解任の届出は、それにより選任又は解任の効力を生ずるものではなく、選任又は解任という結果の報告である。したがって、消防法上ある者が危険物保安統括管理者又は危険物保安監督者となるのは、現実に事業者等により選任された時点であると解される。

なお、危険物保安統括管理者並びに危険物保安監督者に関して届出を怠った所有者等には罰則が適用される。

〈法令〉

消防法　第12条の7、第13条第1項第2項、第44条第8号

専用タンク

給油取扱所に設けられる給油用危険物を専ら貯蔵するタンクで、簡易タンクは除かれる。

通常の自動車用の給油取扱所の場合、専用タンクは地下タンクに限定され、その容量は10,000ℓ以下とされる。ただし、専用タンクの数は制限されない。

一方、航空機給油取扱所（危規則第26条）、鉄道給油取扱所（危規則第28条）についてはこの規定は適用されず、船舶給油取扱所についても同様の運用がなされている。したがって、これらの給油取扱所の専用タンクの形態は地下タンクに限られるものではなく、その容量にも制限はない。

〈法令〉

危政令　第17条第1項、第2項、第27条第6項

〈施設〉

給油取扱所

相互応援協定

2以上の危険物事業所間で、1の事業所に火災等の災害が発生した場合、他の事業所の自衛消防組織が直ちにその現場に駆けつけ、消火活動等に応援する旨を合意した取り決め。

自衛消防組織の設置義務のある事業所

間で、相互応援に関する基本的事項を定めて締結し、実態的に有効な相互応援が可能なものであれば、危政令第38条の2第1項に規定する編成の特例が認められる。

これによると、相互応援協定を締結している全ての事業所を一の事業所とみなし、それら全ての事業所の指定施設において取り扱う第四類の危険物の最大数量を一の事業所の指定施設において取り扱う第四類の危険物の最大数量とみなして、危政令第38条の2第1項の表を適用した場合における人員数及び化学消防自動車の台数とすることができる。ただし、各事業所の自衛消防組織は、当該事業所の指定施設において取り扱う第四類の危険物の最大数量に応じ、表に掲げる化学消防自動車の台数の2分の1以上の台数の化学消防自動車及び化学消防自動車1台につき5人以上の人員をもって編成されなければならない。

〈法令〉
危政令　第38条の2第1項
危規則　第64条の2

総務大臣が指定する講習機関

保安講習とも称される危険物取扱者講習は都道府県知事が行うこととなっているが、総務大臣が指定することで当該講習を実施することができる機関。指定講習機関という。

指定対象となる機関は、市町村長その他の機関であり、公共団体に限られるものではない。

〈法令〉
消防法　第13条の23、第16条の4
　　　　第2項

側面枠

移動タンク貯蔵所において、マンホール、注入口、安全装置等の附属装置が移動貯蔵タンクの上部に突出しているものについて、当該附属装置の損傷を防止するため取り付ける装置の一種であり、移動タンク貯蔵所が横転した場合に、さらに転倒することを防止することにより、当該附属装置の損傷を防止するための装置。

側面枠の取り付けは、次によることとされている。

側面枠取付図

1 移動タンク貯蔵所の後部立面図において、当該側面枠の最外側と当該移動タンク貯蔵所の最外側とを結ぶ直線（以下「最外側線」という。）と地盤面とのなす角度が75度以上で、かつ、貯蔵最大数量の危険物を貯蔵した状態における当該移動タンク貯蔵所の重心点と当該側面枠の最外側とを結ぶ直線と当該重心点から最外側線におろした垂線とのなす角度が35度以上となるように設けること。
2 外部からの荷重に耐えるように作ること。
3 移動貯蔵タンクの両側面の上部の四隅に、それぞれ当該移動貯蔵タンクの前端又は後端から水平距離で1m以内の位置に設けること。
4 取り付け箇所には、当該側面枠にかかる荷重によって移動貯蔵タンクが損傷しないように、当て板をすること。

〈法令〉
　危規則　第24条の3
〈施設〉
　移動タンク貯蔵所

タールエポキシ樹脂

　エポキシ樹脂をコールタールで変性させたもので、エポキシ樹脂と比べて防食性が高く、水蒸気透過率及び内部応力が小さい特徴がある。

　用途としては、主に構造物を海水、淡水や高湿度の環境から防護するために用いられている。具体的には塗料として橋梁、船舶外板、船舶内のタンク、石油類のタンク、コンクリート構造物等に用いられている。

　消防法令では地下貯蔵タンクの塗覆装に規定されている。
〈法令〉
　危告示　第4条の48
〈施設〉
　地下タンク貯蔵所

耐圧試験

　圧力の掛かるタンク、配管等の気密性及び水密性を確認するために行う試験で、通常水を充満させ、最大常用圧力の1.5倍以上の圧力で試験を行ったとき、漏えいその他異常がないものである。

　移送取扱所においては、配管等に最大常用圧力の1.5倍以上の圧力で試験を行ったとき、漏えいその他の異常がないものでなければならない。

　耐圧試験の方法は、次のとおりである。
1 水を用いること。
2 配管等の内部の空気を除去して行うこと。
3 配管等内の試験用液の温度と配管等の周囲の温度がおおむね平衡状態となってから開始し、試験時間は24時間以上とすること。
4 試験中は、配管等の区間の両端において、配管等内の圧力及び温度を記録すること。

〈法令〉
　危規則　第28条の28
　危告示　第42条、第43条

第一石油類

消防法別表第一第四類の項の品名欄に掲げる引火性液体の性状を有する物品で、アセトン、ガソリンの他、1気圧において、引火点が21℃未満のもの。

運搬の基準においては、危険等級Ⅱである。

指定数量は、1 非水溶性液体は200ℓ、2 水溶性液体は400ℓであり差異がある。

主な物品は次のとおりである。

1 非水溶性液体

　ガソリン（別表第一の備考で品目指定されている。）、ベンゼン、トルエン、n－ヘキサン、酢酸エチル、メチルエチルケトン

2 水溶性液体

　アセトン（別表第一の備考で品目指定されている。）、ピリジン、ジエチルアミン

〈法令〉

消防法　別表第1

危政令　第2条、第16条第4項、別表第3

危規則　第24条の13、第39条の2第3項、第47条の2第2項

第一種事業所

特別防災区域に所在し、次の要件を満たす事業所をいう。

・基準貯蔵・取扱量が1万kℓ以上の事業所（危険物）

・基準処理量が200万㎥以上の事業所（高圧ガス）

・各々が単独で1以上となれば、第1種事業所となる。

・各々が1未満でも合算で1以上となれば、第1種事業所となる。

〈法令〉

石災法　第2条第4号

第二種事業所

特別防災区域に所在する事業所のうち第一種事業所以外の事業所であって、相当量の石油等その他の物質を取り扱い、貯蔵し、又は処理することにより当該事業所における災害及び第一種事業所における災害が、相互に重要な影響を及ぼすと認められるものとして都道府県知事が指定するものをいう。

・石油　　　　　　　　　　　　1,000kℓ
・高圧ガス　　　　　　　　　20万㎥
・石油以外の第4類　　　　　2,000kℓ
・その他の危険物　　　　　　2,000t
・可燃性固体類　　　　　　　10,000t
・可燃性液体類　　　　　　　1万㎥
・高圧ガス以外の可燃性ガス　20万㎥
・劇物　　　　　　　　　　　　20t
・毒物　　　　　　　　　　　　200t

※各々が1未満でも合算で1以上となれば、第2種事業所となる。

〈法令〉

石災法　第2条第5号

石災令　第3条

第一種販売取扱所及び第二種販売取扱所

店舗において容器入りのままで販売するため、危険物を取り扱う危険物施設である。主に塗料を取り扱っており、保安距離や保有空地に規制はない。

販売取扱所は第一種販売取扱所と第二種販売取扱所に区分されており、指定数量の15倍以下のものは第一種販売取扱所、15倍を超え40倍以下のものは第二種販売取扱所となる。指定数量の40倍を超える販売取扱所は設置できない。

〈法令〉

　危政令　第18条第1項、第2項、第27条第6項、第31条の2

　危規則　第32条の11、第34条第1項、第2項

〈施設〉

　販売取扱所

耐火構造

　建築基準法第2条第7号で定義する、壁、柱、床その他の建築物の部分の構造のうち、耐火性能（通常の火災が終了するまでの間当該火災による建築物の倒壊及び延焼を防止するために当該建築物の部分に必要とされる性能をいう。）に関して建築基準法施行令で定める技術的基準に適合する鉄筋コンクリート造、れんが造その他の構造で、国土交通大臣が定めた構造方法を用いるもの又は国土交通大臣の認定を受けたもの。

　危険物を取扱う建築物は、隣接建物の火災による延焼を防ぎ、また、自らの出火における延焼拡大を防止するため、延焼の恐れのある外壁については、耐火構造とすることとされている。

〈法令〉

　危政令　第9条第1項第5号他

　危規則　第16条の2他

　建基法　第2条第7号

建基令　第107条

〈施設〉

　製造所、屋内貯蔵所、屋内タンク貯蔵所、移動タンク貯蔵所、給油取扱所、一般取扱所

第三石油類

　消防法別表第一第四類の項の品名欄に掲げる引火性液体の性状を有する物品で、重油、クレオソート油のほか、1気圧において、20℃で液状であり、かつ、引火点が70℃以上200℃未満のもの。

　塗料類などで可燃性液体量が40％以下のものは除かれる。

　運搬の基準においては、危険等級Ⅲである。

　指定数量は、1　非水溶性液体は2,000ℓ、2　水溶性液体は4,000ℓであり差異がある。

　主な物品は次のとおりである。

1　非水溶性液体

　　重油（別表第一の備考で品目指定されている。）、クレオソート油（別表第1の備考で品目指定されている。）、アニリン、ニトロベンゼン

2　水溶性液体

　　エチレングリコール、グリセリン

〈法令〉

　消防法　別表第1

　危政令　第2条、別表第3

　危規則　第40条の2、第47条の2第2項、第49条

対地電位

地面中等に埋設されている導電性の危険物配管等とその近傍の地面との電位をいい、この電位差が大きいと腐食が発生する恐れがある。

配管の外面の防食措置として、電気防食を行う方法は、配管の対地電位平均値が、飽和硫酸銅電極基準による場合にあっては−0.85V、飽和カロメル電極基準による場合にあっては−0.77Vより負の電位であって、かつ、過防食による影響を生じない範囲内の電圧とすることとしている。

〈法令〉

危告示　第4条、第23条

第二石油類

消防法別表第一第四類の項の品名欄に掲げる引火性液体の性状を有する物品で、灯油、軽油の他、1気圧において、引火点が21℃以上70℃未満のもの。

ただし、塗料類などで可燃性液体量が40%以下で引火点が40℃以上のもの（燃焼点が60℃未満のものは除く。）は除かれる。

運搬の基準においては、危険等級Ⅲである。

指定数量は、1　非水溶性液体は1,000ℓ、2　水溶性液体は2,000ℓであり差異がある。

主な物品は次のとおりである。

1　非水溶性液体

灯油（別表第一の備考で品目指定されている。）、軽油（別表第一の備考で品目指定されている。）、クロロベンゼン、キシレン、n−ブチルアルコール

2　水溶性液体

酢酸、プロピオン酸、アクリル酸

〈法令〉

消防法　別表第1

危政令　第2条、別表第3

危規則　第47条の2第2項

第二段階基準（消防法）

1　新法タンクと旧法タンク

昭和52年2月1日付政令第10号による改正後の政令第11条第1項に基づく技術基準を新法としている。

この新法施行日以降に設置許可申請された特定屋外タンク貯蔵所を、新法タンクと呼称している。

他方、これ以前の屋外タンク貯蔵所に係る技術基準を旧法とし、旧法により設置されている特定屋外タンク貯蔵所を、旧法タンクとしている。

2　第二段階基準

第二段階基準の旧法タンクとは、新基準に適合し、新基準に適合している旨の新基準適合届出をした旧法タンクのうち、後述の第一段階基準適合の旧法タンク以外のものをいう。なお、平成6年7月1日付政令第214号において、新基準適合の経過措置が定められており、10,000kℓ以上の旧基準の特定屋外タンク貯蔵所については平成21年12月31日まで、10,000kℓ未満の旧基準の特定屋外タンク貯蔵所については、平成25年12月31日までとされている。ただし、経過措置の適用は、平成7年12月31日までに市町村長等

ヘタンクの調査・工事計画届出を提出
したものに限られている。

3　第一段階基準

　第一段階基準の旧法タンクとは、新
基準に適合し新基準に適合している旨
の新基準適合届出をした旧法タンクの
うち、第一段階基準に適合している旨
の第一段階基準適合届出を市町村長等
に提出したタンクをいう。

　なお、第一段階基準は、新法タンク
に準ずる安全性を有するものとして、
保安検査等開放周期の時期の適用に関
し、新法タンクと同様に取り扱うため
の評価基準であり、現行基準（新法）
や新基準の場合のように、基準維持義
務を課せられるものではないが、新法
タンクと同様の開放周期の適用を受け
ていくためには、第一段階基準を維持
していく必要がある。

耐熱用ビニロンクロス

　化学繊維の中で、高強度、熱に強い、
油類に強い、耐薬品性及び耐候性が高い
ビニロンを用いて作られた布である。

　消防法令では地下配管に塗覆装を行う
場合、覆装材として、JIS L 3405「ヘッ
シャンクロス」に適合するもの又は耐熱
用ビニロンクロス、ガラスクロス若しく
はガラスマットであってアスファルトエ
ナメル、ブローンアスファルトの塗装材
で十分な強度をもつものである。

〈法令〉

　危告示　第3条、第22条

耐風圧構造

　屋外タンク貯蔵所の耐風圧構造とは、
地震又は風圧に耐えることができる構造
をいい、地震動による慣性力又は風荷重
による応力が消防法令に定める風荷重に
耐えることができる屋外貯蔵タンクの側
板又は支柱の限られた点に集中しないよ
うに、当該タンクを堅固な基礎・地盤に
固定する構造をいう。

〈法令〉

　危規則　第21条

〈施設〉

　屋外タンク貯蔵所

第四石油類

　消防法別表第一第四類の項の品名欄に
掲げる引火性液体の性状を有する物品
で、ギヤー油、シリンダー油のほか、1
気圧において、20℃で液状であり、かつ、
引火点が200℃以上250℃未満のもの。
塗料類などで可燃性液体量が40％以下
のものは除かれる。

　運搬の基準においては、危険等級Ⅲで
ある。

　指定数量は、6,000ℓである。

　別表第1の備考で品目指定されている
ギヤー油、シリンダー油のほか、潤滑油
や可塑剤の多くが該当する。

　一般に水に溶けず、粘り気が大きく、
水よりも軽いものが多い。

　引火点が高く蒸発性がほとんどないた
め、加熱しない限り引火する危険性はな
いが、いったん火災になった場合は液温
が非常に高くなるため水系の消火薬剤を
使用すると、水分が沸騰蒸発（スロップ

オーバー）し消火が困難となる場合がある。
〈法令〉
　消防法　別表第1

大量燃焼試験

　第1類の危険物の試験及び性状試験において危険性を判断するための試験で、粉粒状の物品にあっては過塩素酸カリウムを標準物質とする燃焼試験、その他にあっては過塩素酸カリウムを標準物質とする大量燃焼試験とする。

　大量燃焼試験は、燃焼時間の比較をするために行う次に掲げる燃焼時間を測定する試験をいう。

　標準物質と木粉との混合物500gの燃焼時間

　試験物品と木粉との混合物500gの燃焼時間
〈法令〉
　危政令　第1条の3第1項、第3項、
　　　　　第4項
　試験性状省令　第1条第3項

タグ密閉式引火点測定器、クリーブランド開放式測定器、セタ密閉式引火点測定器

　「タグ密閉式引火点測定器」とは、液体可燃物の引火点測定に用いられる試験器で、消防法令及びJIS規格上、引火点が−30〜80℃の場合に適用する。

　危険物の、引火の危険性を判断するために定める試験として、「タグ密閉式引火点測定器」により引火点を測定する試験が定められている。なお、タグ密閉式引火点測定器により引火点を測定する試験において、引火点が80℃以下の温度で測定されない場合にあっては、「クリーブランド開放式引火点測定器」により引火点を測定する試験、「タグ密閉式引火点測定器」により引火点を測定する試験において引火点が0℃以上80℃以下の温度で測定され、かつ、当該引火点における試験物品の動粘度が10cSt以上である場合にあっては、「セタ密閉式引火点測定器」により引火点を測定する試験とすることとされている。
〈法令〉
　危政令　第1条の6
　試験性状省令　第4条

立会い

　危険物施設において危険物取扱者以外の者が危険物の取扱い作業を行うときに必要とされる、甲種危険物取扱者又は乙種危険物取扱者の、危険物取扱者以外の者に対し、保安作業に関し指揮監督できうる状態。

　立会いとは、1間接性、2臨場性、3指示可能性、という三の要素を含む。

1　間接性

　危険物作業に直接従事している態様ではなく、他人の危険物取扱作業を間接的に監督又は見守りをする状態。

　例えば移動タンク貯蔵所から給油取扱所の専用タンクの注入口に危険物を注入する際に臨んでいる給油取扱所の職員は、危険物取扱作業に立ち会っているのではなく、現に危険物取扱作業を自ら行っているのである。もっとも、現に危険物取扱作業を行いながら他者

の危険物取扱作業に立ち会っている状態にある場合もあるのであって、「取扱い」と「立会い」とは相互に排除し合う関係に立つものではない。

2　臨場性

危険物取扱作業の現場に臨んでいることが必要である。

「臨場」とは危険物取扱作業の眼前に存在しなければならないことまでを要求しているのではない。屋外タンク貯蔵所を例に取ると、バルブ開放作業の実施中に当該作業を的確に把握できるよう制御室で監視の状態にある危険物取扱者は、当該危険物取扱作業に立ち会っているということができる。

しかし、地下タンク貯蔵所に危険物が注入されている際に当該地下タンク貯蔵所を含む事業所の管理棟で当該作業と無関係な事務に従事しているような場合は、立会いがあるものとはいえない。

3　指示可能性

危険物取扱者が危険物の取扱作業者に有効適切な指示をなしうる状態であることが必要である。また、この指示可能性は抽象的に指示が可能であるというだけでは足りず、当該指示により具体的に危険物取扱作業に影響を及ぼしうるに十分なものでなければならない。

〈法令〉

消防法　第13条第3項
危政令　第31条第3項

立入検査（危険物規制）

火災予防を初めとして危険物施設における災害の防止を目的として行うにあたって必要な情報を収集するための行政調査。

危険物規制における立入検査は、市町村長等が消防職員に危険物施設に立ち入り、危険物施設の位置、構造若しくは設備及び危険物の貯蔵若しくは取扱いについて検査させ、関係者に質問させ、危険物等を収去させることである。

立入検査を行う際に時間的制約はない。

〈法令〉

消防法　第4条、第16条の5

縦継手

屋外貯蔵タンクの側板の溶接は、縦継手及び水平継手を完全溶け込み突き合わせ溶接とし、側板の縦継手は、段を異にする側板のそれぞれの縦継手と同一線上に位置しないものであること。この場合において、当該縦継手と縦継手との間隔は、相接する側板のうち厚い方の側板の厚さの5倍以上とすること。

〈法令〉

危規則　第20条の4第3項、第20条の7第1項、第2項

〈施設〉

屋外タンク貯蔵所

タンク検査済証

市町村長等が、完成検査前検査である水張検査又は水圧検査において基準に適合すると認めた場合に申請者に対し交付する証票。

タンク検査済証には正本と副本とがあり、副本は金属板とし、タンクの見やす

い箇所に取り付ける。

　水張検査又は水圧検査は当該タンクが設置される市町村長等が行うことが原則であるが、他の市町村で製造されたタンクなどは、水張検査又は水圧検査を当該タンクが設置される市町村長ではなく製造地を管轄する市町村長でも行うことができる。そして、危険物施設の完成検査の際に、他の市町村長の行った水張検査又は水圧検査を受けたタンクについては、当該タンクのタンク検査済証の正本と当該タンクに取り付けられているタンク検査済証の副本とを照合し、その同一性が確認できれば、水張検査又は水圧検査は完了したものとして取り扱うこととしている。

〈法令〉

　危政令　第8条の2第7項
　危規則　第6条の4第2項、様式第14
　昭和46年7月27日消防危106号次長
　　通達

タンク室

　危険物を貯蔵し、又は取り扱う地下タンクは、地盤面下に設けられたタンク室に設置すること。

　地下貯蔵タンクとタンク室の内側とは、0.1m以上の間隔を保つものとし、かつ、当該タンク室の周囲に乾燥砂をつめること。また、地下貯蔵タンクの頂部は0.6m以上地盤面から下にあること。

〈法令〉

　危政令　第13条

〈施設〉

　地下タンク貯蔵所

タンク専用室

　屋内タンク貯蔵所において屋内貯蔵タンクを収納する建築物内専用の室をいう。特に、一の建築物の内部に屋内貯蔵タンク及びそれの関連設備しか存在しない場合、当該建築物を「タンク専用棟」と呼ぶこともある。

　タンク専用室を有する建築物は平家建とすることが原則である。ほか、タンク専用室の構造としては壁、柱及び床、はり、屋根、窓及び出入口、液状の危険物を貯蔵する専用室の床及びしきいの高さが規制されるとともに、タンク専用室の設備としては採光設備、換気設備、放出設備及び電気設備が規制される。

　ただし、一部の危険物の屋内貯蔵タンクを収納するタンク専用室は平家建規制を受けない。

〈法令〉

　危政令　第12条第1項第2項、第14条
　危規則　第22条の5、第22条の6、
　　　　　第33条第1項、第38条第1項

〈施設〉

　屋内タンク貯蔵所、簡易タンク貯蔵所

タンクの空間容積

　タンクの容量計算の基礎となる数値の一つで、次の方法によって算出する。

1　第3種消火設備を設ける危険物施設のタンクの空間容積

　　消火設備の消火剤放射口の下部0.3m以上1m未満の面から上部の容積

2　その他のタンクの空間容積

　　タンクの内容積に100分の5以上100分の10以下の数値を乗じて算出

た

した容積

なお、浮き屋根式のタンクについては、タンク屋根の下部に物理的な空間は存しないから、空間容積の概念も存しない。

〈法令〉

危規則　第3条

タンクの内容積

タンクの容量計算の基礎となる数値の一つで、次の計算によって算出する。

1　だ円型のタンク

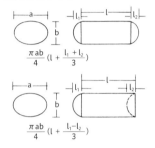

$$\frac{\pi ab}{4}(l+\frac{l_1+l_2}{3})$$

$$\frac{\pi ab}{4}(l+\frac{l_1-l_2}{3})$$

2　円筒型のタンク

（1）　横置きの円筒型タンク

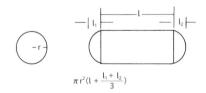

$$\pi r^2(l+\frac{l_1+l_2}{3})$$

（2）　縦置きの円筒型タンク

　　タンクの屋根の部分を除いた部分の内容積による。

3　容易にその内容積を計算し難いタンク

　　当該タンクの内容積の近似計算による。

4　1～3以外のタンク

　　通常の計算方法による。

〈法令〉

危政令　第5条

危規則　第2条、第3条、第32条の4

タンクの容量

タンクの内容積から空間容積を差し引いた容積をいう。

屋外タンク貯蔵所など、貯蔵タンクをその施設の本体とする危険物施設にあっては、当該貯蔵タンクの容量が、許可時の基礎となる貯蔵最大数量となる。

また、浮き屋根式タンクのように空間容積の概念が存在しないタンクについては、内容積が当該タンクの容量となる。

〈法令〉

危政令　第5条第2項

タンク冷却用散水設備

タンク火災時において、火災タンクに隣接するタンクをタンクの側板に散水することによって冷却し、火災による熱から保護しようとする設備。

屋外タンク貯蔵所の屋外貯蔵タンクの周囲には、所定の保有空地が必要であるが、同一敷地内のタンク間における保有空地（タンク間距離）が昭和51年6月16日施行の規定に適合しなくなった既設の屋外タンク貯蔵所で、容量が10,000kℓ以上のものについて、昭和56年6月30日までの間にタンク冷却用散水設備を設けた場合は、従前のタンク間距離でよいとされている。この場合の設備能力の概要は、次のとおりである。

1　散水量は、冷却すべき防護面積1㎡につき2ℓ/min以上であること。

た

2 水源水量は、240分間有効に散水できる量以上であること。

3 加圧送水装置の原動機は、予備動力源が必要であること。

〈施設〉

屋外タンク貯蔵所

ダンパー

建築物の屋内貯蔵所等の用に供する部分の換気及び排出の設備には防火有効なダンパーを設置して、火災時にダクトに設置した防火ダンパーの温度が上昇すると、自動的にダンパーが閉鎖され、ダクト内を流れる火炎や煙を遮断するもの。

〈法令〉

危政令　第10条第3項、第12条第2項

危規則　第22条の6

〈施設〉

屋内貯蔵所、屋内タンク貯蔵所

地階

建築基準法施行令第1条第2号で定義する、床が地盤面下にある階で、床面から地盤面までの高さがその階の天井の高さの3分の1以上のもの。

危険物を取扱う建築物の地階は、可燃性蒸気等が流入し、又は滞留するおそれがあり、また、火災の際にはその消火が著しく困難となることが予想されることから、危険物を取扱う建築物は地階を有することはできない。

〈法令〉

危政令　第9条第1項第4号

〈施設〉

製造所

地下水位監視装置

地中タンクに係る屋外タンク貯蔵所には、地下水位の変動を監視する設備を設けること。地下水位監視装置は、地中タンク周囲に設置すること。なお、揚水設備を設ける場合にあっては、集水槽内にも設置し、集水槽内に設ける地下水位監視装置は、地中タンクの底板の下の地下水位を監視できる機能を有するとともに、当該地中タンクの構造に微影響を与える恐れのある地下水位の変動を覚知した場合に、その事態を直ちに警報することができる警報装置を備えたものであること。

〈法令〉

危規則　第22条の3の2第3項

危告示　第4条の42

〈施設〉

屋外タンク貯蔵所

地下タンク

地下タンク貯蔵所（危政令第2条）の貯蔵タンク（地下貯蔵タンク）として用いられるが、一般的には危険物を貯蔵し、又は取り扱うタンクで地下にあるものを総称する用語である。

この中には地下貯蔵タンクのほか、製造所又は一般取扱所内に設けられる地下20号タンク及び給油取扱所の専用タンクが含まれる。

「地下に設ける」とは、タンクを地盤面下に完全に埋没することをいう。した

がって、タンクの一部が地表面上に露出
しているような地下式タンクや半地下タ
ンク及びこれらのタンクの上に土砂等を
被覆した覆土式タンクなどは消防法上地
下タンクではなく、屋外タンクの一種と
しての規制を受ける。

　なお、定期点検の対象となる地下タン
クを有する危険物施設とは、地下20号
タンク又は専用タンクを有する危険物施
設をいうものである。

〈法令〉
　危政令　第2条第4号、第8条の5、
　　　　　第9条、第13条、第17条第1
　　　　　項第2項、第31条の2
　危規則　第24条の2の6、第24条の
　　　　　2の7、第24条の2の8、第
　　　　　27条の5第4項、第28条の59
　　　　　第2項、第32条の11、第35条、
　　　　　第38条の4

〈施設〉
　製造所、地下タンク貯蔵所、給油取扱
　所、一般取扱所

蓄電池設備を設置する一般取扱所

　第四類の危険物のみを用いた蓄電池設
備で指定数量の倍数が30未満であり、
当該蓄電池設備以外では危険物を取り扱
わない、建築物に設ける施設。

〈法令〉
　危政令　第19条第2項第9号
　危規則　第28条の54第9号、第28
　　　　　条の60の4

〈施設〉
　一般取扱所

知事等

　移送取扱所の設置許可権を有する市町
村長等としての都道府県知事又は総務大
臣をいう。

　特に関係市町村長が知事等の許可に係
る移送取扱所の設置若しくは維持又は当
該移送取扱所における危険物の取扱いに
関し災害が発生するおそれがあると認め
るときは、当該知事等に対し、必要な措
置を講ずべきことを要請することができる。

　知事等は、前項の要請があったときは、
必要な調査を行い、その結果必要がある
と認めるときは必要な措置を講じなけれ
ばならない。

　さらに、知事等は、前項の措置を講じ
たときは、速やかに、その旨を関係市町
村長に通知しなければならない。

地中タンク

　一般的な屋外タンク貯蔵所は、鋼製の
地上式タンク方式であるが、地中タンク
は本体がコンクリート構造でその内側に
鋼板によるライニングが施され、特徴は
タンク底部が地盤面下にあって、頂部が
地盤面以上にあり、危険物の最高液面が
地盤面下にある縦置き円筒型のタンクで
ある。

1　タンク間距離がタンク直径の1/2以
　　上と規定されており、地上式タンクに
　　比べ敷地を有効に活用できる。
2　貯蔵最高液面が周辺地盤以下になっ
　　ているので、危険物が漏えいしても地
　　表面に流出する危険性が少ない。
3　地中構造物であるので、地震の影響
　　が少ない。

設置実績は、秋田国家石油備蓄基地に12基、JXTGエネルギー株式会社水島製油所、民間備蓄基地で2基が設置されている。

〈法令〉

　危規則　第4条、第5条、第6条の2
　　　　　～第6条の2の4、第6条の2
　　　　　の6他

〈施設〉

　屋外タンク貯蔵所

地中壁

　地中タンクの地盤面下に、当該地中タンクを包囲するように設けること。この場合において、地中壁の上端部は地中タンク内の危険物の最高液面以上とし、地中壁の下端部は地盤の難透水層内とすること。また、配管、坑道等が貫通する部分においては水密性が確保されるよう措置されたものであること。

　ただし、周囲の地盤の状況等により漏えいした危険物が拡散する恐れがない場合にはこの限りでない。

〈法令〉

　危規則　第22条の3の2第3項
　危告示　第4条の43

〈施設〉

　屋外タンク貯蔵所

注入口

　屋外タンク貯蔵所・屋内タンク貯蔵所・地下タンク貯蔵所・移動タンク貯蔵所・給油取扱所において危険物を注ぎ入れる口をいう。

1　火災の予防上支障のない場所に設けること。

2　注入ホース又は注入管と結合することができ、かつ、危険物が漏れないものであること。

3　注入口には、弁又はふたを設けること。

4　ガソリン、ベンゼンその他静電気による災害の発生の恐れのある液体の危険物の屋外貯蔵タンクの注入口付近には、静電気を有効に除去するための接地導線を設けること。

5　引火点が21℃未満であるタンクの注入口には、対応するタンクの注入口である旨及び防火に関し必要な事項を掲示した掲示板を設けること。

6　注入口は、屋外に設けること。

7　移動タンク貯蔵所の注入口のふたは、3.2㎜以上の鋼板又はこれと同等以上の機械的性質を有する材料で造ること。

〈法令〉

　危政令　第11条第1項、第12条第1
　　　　　項、第2項、第13条第1項、
　　　　　第15条第1項、第17条第2項

〈施設〉

　屋外タンク貯蔵所・屋内タンク貯蔵所・地下タンク貯蔵所・移動タンク貯蔵所・給油取扱所

注油空地

　給油取扱所において、灯油若しくは軽油を容器に詰め替え、又は車両に固定された容量4,000ℓ以下のタンク（容量2,000ℓを超えるタンクにあっては、その内部を2,000ℓ以下に仕切ったものに限る。）に注入するため固定された注油

設備（ポンプ及びホース機器からなるものをいう。）を設ける場合は、固定注油設備のホース機器の周囲（懸垂式の固定注油設備にあっては、ホース機器の下方）に設けなければならない空地をいう。「注油空地」は給油空地以外の場所に保有しなければならない。この場合、空地は次の広さが必要となる。

1　灯油又は軽油を容器に詰め替えるための固定注油設備においては、容器を安全に置くことができ、かつ、当該容器に灯油又は軽油を安全かつ円滑に詰め替えることができる広さ。

2　灯油又は軽油を車両に固定されたタンクに注入するための固定注油設備においては、タンクを固定した車両が当該空地からはみ出さず、かつ、当該タンクに灯油又は軽油を円滑に注入することができる広さ。

3　当該注油空地はその地盤面をコンクリート等で舗装するとともに、排水溝及び油分離装置を設けなければならない。

〈法令〉
　危政令　第17条第1項、第27条第6項
　危規則　第24条の15、第24条の16、第24条の17、第25条の8、第27条の3第6項、第28条の2第3項、第28条の2の2第3項

〈施設〉
　給油取扱所

注油速度

　運搬容器への詰替えは安全な注油に支障がない範囲の注油速度で行わなければならない。

　安全な注油速度とは、固定給油設備のポンプ機器は、当該ポンプ機器に接続される給油ホースの先端における最大吐出量がガソリン又は第四類の危険物のうちメタノール若しくはこれを含有するものにあっては毎分50ℓ以下、軽油にあっては毎分180ℓ以下となるものとする。

　なお、引火点が40℃以上の第四類の危険物に限って移動タンク貯蔵所から容器への詰め替えが認められている。

〈法令〉
　危規則　第40条の5の2第1項

超音波探傷試験

　超音波探傷試験は、音波を材料の一端からパルス式に送り欠陥部又は端面に当たってくる反射液を捕らえてその様子から欠陥の情報を得るものである。

〈法令〉
　危規則　第28条の27

頂部つり上げ試験

　IBC容器（Intermediate bulk containers）を機械により荷役する構造を運搬容器と位置づけ基準が整備された。機械により荷役する構造を有する運搬容器の試験は、材質、寸法、板厚、構造仕様等について同一仕様の運搬容器ごとに実施されるものであること。

　試験基準は次の通りである。

1　ファイバ板製の運搬容器又は木製の運搬容器以外の運搬容器であって頂部からつり上げられるように設計されたすべての種類の運搬容器について実施

すること。

2 　運搬容器は、最大荷重の2倍（フレ
キシブルの運搬容器にあっては、最大
荷重の6倍）の荷重状態においてつり
あげ、5分間保持して試験を行うこと。

3 　運搬容器から漏えいがないこと。

4 　運搬容器は、運搬中の安全性に影響
を与えるような変形（フレキシブルの
運搬容器にあっては、損傷）がないこと。

〈法令〉

危規則　第43条第4項

危告示　第68条の6の2第1項、第
7項

貯蔵所

指定数量以上の危険物を貯蔵すること
を目的として消防法第11条第1項によ
り市町村長等の許可を受けた場所をい
い、その場所には建築物、タンクその他
の工作物、空地及び附属設備が含まれる。

貯蔵所には様々な態様があるが、貯蔵
施設の形態を次の7種に区分し、それぞ
れについて技術上の基準を定め、貯蔵所
の形態はこれ以外を認めないこととされ
ている。

1 　屋内貯蔵所

屋内の場所において危険物を貯蔵
し、又は取り扱う貯蔵所。

2 　屋外タンク貯蔵所

屋外にあるタンクにおいて危険物を
貯蔵し、又は取り扱う貯蔵所で、地下
タンク貯蔵所、簡易タンク貯蔵所又は
移動タンク貯蔵所以外のもの。

3 　屋内タンク貯蔵所

屋内にあるタンクにおいて危険物を

貯蔵し、又は取り扱う貯蔵所で、地下
タンク貯蔵所、簡易タンク貯蔵所又は
移動タンク貯蔵所以外のもの。

4 　地下タンク貯蔵所

地盤面下に埋設されているタンクに
おいて危険物を貯蔵し、又は取り扱う
貯蔵所で、簡易タンク貯蔵所以外のもの。

5 　簡易タンク貯蔵所

簡易タンクである容量600ℓ以下の
ポータブルタンクにおいて危険物を貯
蔵し、又は取り扱う貯蔵所。

6 　移動タンク貯蔵所

車両に固定されたタンクにおいて危
険物を貯蔵し、又は取り扱う貯蔵所。

7 　屋外貯蔵所

屋外の場所（タンクを除く。）にお
いて、第二類の危険物のうち硫黄、硫
黄のみを含有するもの若しくは引火性
固体（引火点が0℃以上のものに限
る。）又は第四類の危険物のうち第一
石油類（引火点が0℃以上のものに限
る。）、アルコール類、第二石油類、第
三石油類、第四石油類もしくは動植物
油類を貯蔵し、又は取り扱う貯蔵所。

〈法令〉

消防法　第10条第1項

危政令　第2条

〈施設〉

屋内貯蔵所、屋外タンク貯蔵所、屋内
タンク貯蔵所、地下タンク貯蔵所、簡
易タンク貯蔵所、移動タンク貯蔵所、
屋外貯蔵所

貯蔵所等

「指定数量以上の危険物を貯蔵し、又

は取り扱っていると認められるすべての場所」をいう。貯蔵所等の所有者、管理者若しくは占有者に対して市町村長等は、資料の提出を命じ、若しくは報告を求め、又は消防職員に、貯蔵所等に立ち入り、これらの場所の位置、構造若しくは設備及び危険物の貯蔵若しくは取扱いについて検査させ、関係のある者に質問させ、若しくは試験のため必要な最少限度の数量に限り危険物若しくは危険物であることの疑いのある物を収去させることができる。

具体的には、立入検査を行うことができる場所であり、次の場所をいう。

1　危険物施設
2　仮貯蔵・仮取扱いの承認を受けている場所
3　無許可施設で、指定数量以上の危険物を貯蔵し、又は取り扱っている場所
4　無許可施設で、指定数量未満の危険物しか貯蔵し、又は取り扱ってないが、客観的にみて指定数量以上の危険物を貯蔵し、又は取り扱うおそれのある場所

移動タンク貯蔵所は、許可したか否かに関わらず、市町村長等は立入検査等を行うことができる。

なお、危険物を貯蔵し、又は取り扱っていない場所（例えば運搬の場所）は、貯蔵所等ではない。

〈法令〉

消防法　第16条の5

貯蔵（取扱い）最大数量

危険物施設における一日当たりに貯蔵し、又は取り扱う危険物の最大数量。

危険物施設の設置許可を受けるために提出する設置許可申請書を初めとする各種申請書等に書き入れることとなっている。

最大数量は、許可手数料の算出基礎となる他、この数量を変更しようとするときは、変更許可又は品名、数量又は指定数量の倍数変更の届出を要する。

最大数量の決め方については別段の定めはないが、次のように運用することとされている。

1　取扱の場合
⑴　一日に製造され、又は取り扱われる製品である危険物の最大数量。（ボイラー、印刷工場等における危険物の消費、ローリー充てん場、容器詰替場等における危険物の充てん又は詰替）ただし、取り扱われる原材料である危険物の指定数量の倍数が、終末製品である危険物の倍数より大きい場合は原材料の数量。（プラスチックの製造工程等における危険物を原料とする非危険物の製造）。
⑵　循環系装置により危険物を循環させて取り扱う場合は、製造所又は取扱所のタンク、配管等一連の施設内の瞬間最大停滞量。（油圧プレス装置、潤滑油循環装置等による油圧、循環）。
⑶　中間的に製造される危険物である中間製品の数量が原料である危険物又は製品である危険物より大きい場合は、当該中間製品をもってその施設の危険物の取扱数量。
2　貯蔵の場合

(1) 屋内貯蔵所、屋外貯蔵所
　　申請者が当該貯蔵所において貯蔵
　しようとする最大の数量。
(2) 貯蔵タンク
　　貯蔵タンクの容量。

〈法令〉
　消防法　第11条第1項、第11条の4
　　　　　第1項
　危政令　第6条第1項
　危規則　第4条、第5条

貯蔵取扱いに関する命令

　危険物施設において、危険物の貯蔵又
は取扱いが消防法第10条第3項の規定
に違反していると認められる場合に、当
該危険物施設の所有者等に対しこの規定
の基準にしたがって危険物を貯蔵し、又
は取り扱うべきことを内容として市町村
長等が発する行政命令。

　危険物施設における危険物の貯蔵又は
取扱いについては、消防法第10条第3
項により貯蔵取扱い基準遵守義務が課さ
れており、この規定の違反については罰
則の適用がある。

　この命令に違反した危険物施設の所有
者等に対しては、消防法第10条第3項
の規定に反した者に罰則が適用されるこ
とから（消防法第43条第1項第1号）、
罰則の適用はない。

　しかし、当該危険物施設の使用停止命
令が発せられることがある。使用停止命
令に違反した場合は罰則が適用される。

〈法令〉
　消防法　第10条第3項、第11条の5
　　　　　第1項第2項、第12条の2、

第43条第1項

貯留設備（ためます）

　危険物施設等において、液状の危険物
が万一床面に「漏えい」したり飛散した
場合に、当該危険物を一定の箇所に一時
的にためるための設備であり、ためます
を設けることによって、「漏えい」した
り飛散した危険物が一定の箇所に集めら
れるため、当該危険物による災害危険の
拡大防止と当該危険物の除去措置が効果
的に行われることになる。ためますは、
危険物施設等の面積、取り扱う危険物の
種類、危険物の取扱方法等から通常予想
される危険物の「漏えい」等を考慮し、
実態に応じ設置位置、設置数、大きさ等
を決定すべきである。

　なお、ためますの設置を義務付けられ
ている危険物施設等の設備のうち、製造
所、一般取扱所及び屋外タンク貯蔵所（ポ
ンプ設備に限る。）の屋外に設けた設備
で、第四類の危険物（水溶性のものを除
く。）を取り扱う場合にあっては、当該
危険物が直接排水溝に流入しないように
するため、ためますに油分離装置を設け
ることが義務付けられている。

〈法令〉
　危政令　第9条、第10条、第11条、
　　　　　第12条、第17条、第18条、
　　　　　第19条、第24条
　危規則　第28条

〈施設〉
　製造所、屋内貯蔵所、屋外タンク貯蔵
　所、屋内タンク貯蔵所、給油取扱所、
　販売取扱所、一般取扱所

通気管

地下貯蔵タンクには危険物を注入し、又は地下貯蔵タンクから危険物を払い出すときに、タンク内の圧力が減少しないように設ける。

通気管には、細目の銅網等による引火防止装置を設けること。

第四類の危険物の地下貯蔵タンクに設ける通気管は、無弁通気管又は大気弁付通気管のいずれかとする。

無弁通気管又は大気弁付通気管で、内径は30mm以上、先端は水平より下に45度以上曲げて雨水の侵入を防ぐ構造にすることと共に引火防止網を設けることとされている。

無弁通気管

弁が付いていない管であり、タンク内の圧力は大気圧と等しい。

大気弁付通気管

大気圧に対する圧力差により作動するもので、揮発性の高い危険物を貯蔵する場合に使用される。

屋外貯蔵タンクのうち圧力タンク以外のタンクでは、通気管を設けなければならない。これは、製造所又は一般取扱所に設置された20号タンク、屋内貯蔵タンク、地下タンク及び簡易貯蔵タンクにも適用される。

〈法令〉

　危政令　第11条第1項、第12条第1
　　　　　項、第13条第1項、第14条第
　　　　　1項、第27条第6項

　危規則　第20条、第25条の9、第

40条の3の4

〈施設〉

　製造所、屋外タンク貯蔵所、屋内タンク貯蔵所、地下タンク貯蔵所、簡易タンク貯蔵所、給油取扱所、一般取扱所

積み重ね試験

IBC容器(Intermediate bulk containers)を機械により荷役する構造を運搬容器と位置づけ基準が整備された。機械により荷役する構造を有する運搬容器の試験は、材質、寸法、板厚、構造仕様等について同一仕様の運搬容器ごとに実施されるものであること。

積み重ね試験は、次に定めるところによる。

1　フレキシブルの運搬容器又はフレキシブルの運搬容器以外の運搬容器であって、積み重ねられるよう設計されたすべての種類の運搬容器について実施する。

2　運搬容器は、最大総重量の荷重状態（フレキシブルの運搬容器にあっては、内容積の95％以上の内容物を満たした最大収容重量）において試験を実施すること。

3　運搬の際に積み重ねられる同種の運搬容器の全重量の1.8倍の荷重を容器の上部に加えた状態において運搬容器の種類に応じて期間存置して試験を行う。

金属製：5分、硬質プラスチック（自立性を除く）、ファイバ板製、木製、硬質プラスチック内容器付：24時間、硬質プラスチック（自立性を除く）、軟質のプラスチック内容器付：45度

以上で 28 日間

4　運搬容器から漏えいがないこと。

5　運搬容器には、運搬中の安全性に影響を与えるような変形（フレキシブルの運搬容器にあっては劣化）がないこと。

〈法令〉

　危規則　第43条第4項、第44条第6項

　危告示　第68条の5第1項、第5項、
　　　　　第68条の6の2第1項、第5項

詰替え

　詰替えは、危険物の取扱い形態の一つであり、危険物を移し替える作業で、容器から容器への詰め替え、タンクから容器、タンクからタンクへの詰め替えもある。

　給油取扱所での運搬容器への灯油の詰め替えのほか、移動タンク貯蔵所、販売取扱所等においても一部の詰め替えが認められている。

　危険物を詰め替える場合は、防火上安全な場所で行う必要がある。また、危険物を容器に詰め替えるときは、容器は運搬容器の基準に適合していなければならない。

　なお、危険物等が存在する同一の敷地内において、危険物を運搬容器以外の容器に詰め替える場合に、当該容器の貯蔵又は取扱が火災の予防上安全であると認められる場合は、運搬容器に適合しない容器を使用することができる。

〈法令〉

　危政令　第27条第6項

　危規則　第25条の4、第27条の3、
　　　　　第28条の2の5、第28条の
　　　　　59、第40条の3の10、第40

条の5の2

詰替え作業を行う一般取扱所

　危険物（引火点が40℃以上の第四類の危険物に限る。）を容器に詰め替え、又は車両に固定された容量 4,000 ℓ 以下のタンク（容量 2,000 ℓ を超えるタンクにあっては、その内部を 2,000 ℓ 以下ごとに仕切ったものに限る。）に注入する一般取扱所で指定数量の倍数が 30 未満のもの。

　一般取扱所には、固定注油設備に接続する容量 30,000 ℓ 以下の専用タンクを地盤面下に埋設してもうける場合を除き、危険物を取り扱うタンクを設けないこと。

　この一般取扱所については一般取扱所に関する位置、構造及び設備の基準（危政令第19条）は適用されず、「小口詰替専用の一般取扱所の設置に関する運用基準」（昭和42年1月30日自消丙予発第7号課長通達）により運用される。特に保安距離及び保有空地の規定の適用はなく、代わって防火へい（不燃材料又は耐火構造）の設置が義務付けられている。

〈法令〉

　危政令　第19条第2項第5号

　危規則　第28条の54第5号、第28条の59第2項4号

〈施設〉

一般取扱所

定期点検

　一定以上の規模の危険物施設について、その構造及び設備が技術上の基準に適合しているかどうかについて所有者等が定期的に行う点検。所有者等は点検の結果について点検記録を作成し、保存する必要がある。

　なお、屋外タンク貯蔵所の固定式の泡消火設備について行う一体的な点検及び地下タンク貯蔵所の漏れの点検はこの定期点検の中の１項目である。

1　定期点検をしなければならない施設
　(1)　製造所　指定数量の倍数が10以上のもの及び地下タンクを有するもの
　(2)　屋内貯蔵所　指定数量の倍数が150以上のもの
　(3)　屋外タンク貯蔵所　指定数量の倍数が200以上のもの
　(4)　屋外貯蔵所　指定数量の倍数が100以上のもの
　(5)　地下タンク貯蔵所　すべての施設
　(6)　移動タンク貯蔵所　すべての施設
　(7)　給油取扱所　地下タンクを有するもの
　(8)　移送取扱所　すべての施設
　(9)　一般取扱所　指定数量の倍数が10以上のもの及び地下タンクを有するもの

　上記の他、屋外貯蔵タンクの内部を開放して行う点検（内部開放点検）がある。

2　定期点検の頻度
　　危政令で定める製造所、貯蔵所又は取扱所の定期点検は１年に１回以上行

わなければならない。なお、危告示で定める構造又は設備にあっては危告示で定める期間。

3　定期点検の点検項目
　　定期点検の具体的な点検項目及び点検方法については、「製造所等の定期点検に関する指導指針の整備について」（平成３年５月28日付消防危第48号通知）で示されている。

4　定期点検をしなければならない製造所等から除かれる施設
　(1)　鉱山保安法の規定により、保安規程を定めている製造所等（「危規則第９条の２」より除かれる。）
　(2)　火薬類取締法の規定により、危害予防規程を定めている製造所等（「危規則第９条の２」より除かれる。）
　(3)　移送取扱所のうち、配管の延長が15kmを超えるもの又は配管に係る最大常用圧力が0.95Mpa以上で、かつ、配管の延長が７km以上15km未満のもの（危政令第８条の５の括弧書き、「第８条の３に規定する移送取扱所を除く」より除かれる。）
　(4)　指定数量の倍数が30以下で、かつ、引火点が40℃以上の第四類の危険物のみを容器に詰め替える一般取扱所（危政令第７条の３第６号括弧書き、「第31条の２第６号ロに規定するものを除く」より除かれる。）

5　罰則等
　　定期点検をせず、点検記録を作成せず、虚偽の点検記録を作成し、又は点検記録を保存しなかった所有者等に対しては当該危険物施設の使用停止命令

を発することができる。

　また、点検記録を作成せず、虚偽の点検記録を作成し、又は点検記録を保存しなかった者には罰則が適用される。

〈法令〉

　消防法　第12条の2第1項第5号、第14条の3の2、第44条第5号

　危政令　第8条の5

　危規則　第9条の2、第62条の4～第62条の8

　危告示　第71条～第72条

　平成3年5月28日消防危第48号通知

〈施設〉

　製造所、屋内貯蔵所、屋外タンク貯蔵所、屋内貯蔵所、地下タンク貯蔵所、移動タンク貯蔵所、給油取扱所、移送取扱所、一般取扱所

定期保安検査

　危険物施設は、消防法第10条第4項の技術上の基準に従って維持されているが、特定屋外タンク貯蔵所及び特定移送取扱所は、事故が発生した場合の結果が甚大なものになる可能性があるので、構造または設備のうち特定の事項がこの技術上の基準に従って維持されているかについて、市町村長等が定期的に行う保安に関する検査。

　保安検査を受けなかった所有者等に対しては当該危険物施設の許可の取り消し、又は期間を定めて使用停止命令が発せられる。また保安検査を拒み、妨げ、または忌避したものには罰則がある。

1　特定移送取扱所の定期保安検査

　(1)　対象

　　特定移送取扱所（配管の延長が15kmを超える移送取扱所、及び配管にかかる最大常用圧力が0.95MPa以上で配管の延長が7km以上15km以下の移送取扱所）

　(2)　検査時期

　　原則として1年に1回

　(3)　検査事項

　　構造及び設備に関わる事項

2　特定屋外タンク貯蔵所の定期保安検査

　(1)　対象

　　特定屋外タンク貯蔵所（貯蔵最大数量が10,000kℓ以上の屋外タンク貯蔵所）

　(2)　検査時期

　　原則として8年に1回

　　ただし、危規則で定める保安措置を講じている場合は、危規則で定めるところにより、市町村長が定める10年又は13年のいずれかの期間となる。

　　またタンク底部の板の厚さを連続板圧測定法を用いて測定した結果、板の厚さの1年あたりの腐食による減少量が一定の基準を満たし、かつ、保安の措置を講じているものは、当該減少量及び前回の保安検査における板の厚さを用いて算出される8年以上15年以内の期間。

　　岩盤タンクは原則として10年に1回。

　　地中タンクは原則として13年に1回。

　(3)　検査事項

　　ア　タンク底部の板の厚さに関する

事項

　イ　タンク底部の溶接部に関する事項

　ウ　岩盤タンクの構造及び設備に関
　　　する事項

⑷　検査の委託

　　タンク底部の板の厚さに関する事
　項、タンク底部の溶接部に関する事
　項及び岩盤

　　タンクの構造及び設備に関する事
　項は、市町村長等は危険物保安技術
　協会に審査を委託することができる。

〈法令〉

　消防法　第14条の3

　危政令　第8条の4

　危規則　第62条の2〜第62条の3

〈施設〉

　屋外タンク貯蔵所、移送取扱所

底部持ち上げ試験

　IBC容器（Intermediate bulk containers）
を機械により荷役する構造を運搬容器と
位置づけ基準が整備された。機械により
荷役する構造を有する運搬容器の試験
は、材質、寸法、板厚、構造仕様等につ
いて同一仕様の運搬容器ごとに実施され
るものであること。

　試験基準は次の通りである。

1　底部持ち上げ試験は、フレキシブル
　の運搬容器以外の運搬容器であって、
　底部から持ち上げられるように設計さ
　れた全ての運搬容器について実施する
　こと。

2　運搬容器は、最大総重量の1.25倍
　の荷重状態において底部から2回持ち
　上げて実施すること。

3　運搬容器から漏えいがないこと。

4　運搬容器には、運搬中の安全性に影
　響を与えるような変形がないこと。

〈法令〉

　危規則　第43条第4項

　危告示　第68条の6の2第1項、第
　　　　　6項

底弁

　移動貯蔵タンクの下部に危険物の排出
口が設けられている場合に、当該排出口
の閉鎖を目的として設けられている弁で
ある。

　底弁には、非常の場合に直ちに当該底
弁を閉鎖することができる手動閉鎖装置
及び自動閉鎖装置を設けることとされて
いる。ただし、引火点が70℃以上の危
険物の移動貯蔵タンクの排出口又は直径
が40㎜以下の移動貯蔵タンクの排出口
に設ける底弁には、自動閉鎖装置を設け
ないことができる。なお、手動閉鎖装置
には、長さが15㎝以上のもので、手前
に引き倒すことにより当該手動閉鎖装置
を作動させることができるレバーを設け
なければならない。

〈法令〉

　危政令　第15条第1項第9号、第11
　　　　　号、第26条第1項第7号、第
　　　　　30条の2第1号

〈施設〉

　移動タンク貯蔵所

適当な傾斜

　液状の危険物を取り扱う建築物におい
て危険物が流出した場合に、流出した危

険物の拡大範囲を局限化し、回収等の事後措置を容易にするために床面に施す措置。

　流出した危険物が流れる程度の傾斜が必要だが、傾斜が大きすぎると日常の作業性等に悪影響を与え、ひいては、安全上にも影響するので、適当な傾斜について配慮する必要がある。

〈法令〉

　危政令　第9条第1項、第10条第1項、第11条第1項、第12条第1項、第17条第1項、第18条第1項、第19条第1項

　危規則　第28条の55第2項、第28条の55の2第3項、第28条の56第3項、第28条の57第3項、第4項、第28条の60第4項、第28条の60の2第3項、第28条の60の4第3項

〈施設〉

　製造所、屋内貯蔵所、屋外タンク貯蔵所、屋内タンク貯蔵所、給油取扱所、販売取扱所、一般取扱所

鉄管試験

　危険物第一類酸化性個体の判定に用いられる衝撃に対する敏感性を判断するための試験をいう。

　試験方法は、試験物品とセルロース粉との混合物を鉄管に詰め、電気雷管で起爆した場合の程度を観察し鉄管が完全にさけると第一類の危険物に該当する。

〈法令〉

　消防法　別表第1備考第1号

　危政令　第1条の3第5項、第7項、第8項

　試験性状省令　第1条第5項、別表第4

鉄粉

　危険物第二類である可燃性固体の品名に掲げられる物品のひとつで、鉄の粉をいい、指定数量は500kg。ただし、目開きが53の網ふるいを通過するものが50%未満のものは、危険物から除外されている。

1　物性等

　　灰白色の金属結晶で、比重7.9。

　　酸に溶けて水素を発生する一方でアルカリには溶けない。

　　油の染みた切削屑などは自然発火することがある。

　　酸化剤と混合したものは、加熱、打撃に敏感である。

　　加熱又は火との接触により発火することがある。

2　火災予防の方法等

　　酸との接触は避ける。

　　火気及び加熱を避ける。

　　貯蔵は湿気を避け、容器に密封する。

3　消火の方法

　　乾燥砂などで窒息消火する。

〈法令〉

　消防法　別表第1

　危政令　第10条第1項、第25条、別表第3、別表第5

　危規則　第1条の3第1項、第44条第1項、第45条第2項、第72条第1項

電気自動車急速充電設備

電気自動車等に電気を充電する設備のこと。

電気自動車への充電方法は、大きく分けて家庭用電源のコンセント等で充電する普通充電と急速充電の２つの方法がある。普通充電は、家庭用電源のコンセント等から100Vまたは200Vで充電するもので、電池残量ゼロから満充電まで約10時間〜20時間程度の充電時間を要する。一方で、急速充電は、専用の急速充電設備で電気自動車の電池に直流で充電するもので、電池容量や急速充電設備の出力により約15分から1時間程度の充電時間を要する。以上の設備は火災予防条例の規制を受ける。

〈法令〉

消防法　第9条

電気的腐食

金属が電気化学的反応によって表面から消耗する現象で、水中や土中における金属の腐食は、その多くが電池作用に基づいた電気化学的反応によって進行し、濃淡電池、異種電極電池又は温度差電池の単独又は組み合わせによる腐食電池の形成による腐食や直流電化区間のレールから漏れる直流電流による腐食がある。

1　濃淡電池

同一の金属が濃度の異なる同種の電解質（例えば地下水）に別々に接した場合に形成される腐食電池。

2　異種電極電池

異種金属との接触、同一金属での表面の組成、組織又は結晶方位の不均一により形成される腐食電池。

3　温度差電池

同一の金属が同一の電解質に接している場合であっても、温度差により電位差が生じ、これにより形成される腐食電池。

4　直流電流

鉄道の直流電化区間（日本の鉄道は新幹線、一部の長距離路線及びディーゼルのローカル路線を除き、直流電化区間が多い。）では、レールから直流電流が漏れ、これにより地中埋設物に腐食が生じる。

〈法令〉

危規則　第13条の4、第23条の2第1項

電気防食

金属の電気化学的腐食は、金属と電解質との間でイオン交換が行われることにより発生し、必ず電流を伴い、金属の電位が電解質の電位より高いときに生ずる。従って鉄の場合、一定限度以下に電位を下げておくと腐食は起こらない。すなわち、すべての箇所について、どの時間をとっても電流が金属に流入し、金属の相対電位を低くするよう措置されていれば腐食は防止される。

移送取扱所の配管等では、亜鉛電極、マグネシウム電極等を取り付けた流電陽極法が主に用いられる。又、屋外貯蔵タンク、地下貯蔵タンク及び配管の流出防止対策として用いられ腐食防止に利用されている。

電気防食の方式として次のものがある。

流電陽極方式、外部電源方式、選択排流方式。

〈法令〉

　危規則　第13条の4、第21条の2第
　　　　　2項、第23条の2第1項、第
　　　　　23条の3、第28条の10

点検記録

　定期点検に際して危険物施設の所有者等が作成する記録。定期点検は、消防法第10条第4項の技術上の基準に適合しているかどうかについて行うものであるが、点検を実施した場合は、その点検記録を作成し、これを保存しなければならない。

　点検記録の記載事項は、次のとおり。

1　点検をした製造所等の名称

2　点検の方法及び結果

3　点検年月日

4　点検実施者の氏名

　点検記録の保存期間は、次のとおり。

1　製造所、貯蔵所、取扱所の点検記録
　　3年間

2　屋外貯蔵タンクの内部点検記録　26
　　年間

3　移動貯蔵タンクの漏れの点検記録
　　（水圧試験に係る部分）　10年間

〈法令〉

　消防法　第14条の3の2、第44条

　危政令　第26条第1項

　危規則　第62条の7、第62条の8

点検資格者（危険物施設）→点検実施者（危険物施設）

　危険物施設の定期点検の点検作業を行

う資格を有する者で、次のいずれかの者。

1　危険物取扱者

　　危険物取扱者免状の種類を問わないが、当該免許によって取り扱うことのできる危険物を貯蔵し、又は取り扱う危険物施設の点検作業に限られる。

2　危険物施設保安員

　　危険物施設保安員の配置が必要となる当該危険物施設の危険物施設保安員として選任されている者に限られる。

3　危険物取扱者以外の者

　　危険物取扱者の立会いが必須である。

　　丙種危険物取扱者が取り扱うことができる危険物を貯蔵し、又は取り扱う危険物施設について、丙種危険物取扱者が立会いをすることで、危険物取扱者以外の者も点検作業ができる。

　なお、地下貯蔵タンク、二重殻タンクの強化プラスチック製の外殻、地下埋設配管、移動貯蔵タンクの漏れの有無を確認する点検については、「点検の方法に関する知識及び技能を有する者」が実施しなければならない。

　また、泡消火設備の泡の適正な放出を確認する一体的な点検については、「泡の発泡機構、泡消火薬剤の性状及び性能の確認等に関する知識及び技能を有する者」が実施しなければならない。

〈法令〉

　危規則　第62条の5の2〜第62条の6

天然ガススタンド（水素スタンド）

　天然ガスを燃料とする天然ガス自動車や水素を燃料とする燃料電池自動車にそれらを車両に共有するスタンドのこと。

天然ガスや水素を車両に供給するためのノズルを備えたディスペンサ、それらを蓄えておく蓄ガス器が水素タンク、また天然ガスや水素を適切な圧力に高めるための圧縮機などから構成される。

危政令第17条第3項第5号と危規則第27条の5によって技術上の基準が定められている。

〈法令〉
　危政令　第17条第3項第5号
　危規則　第27条の5
〈施設〉
　給油取扱所

天端（てんば）

特定屋外貯蔵タンクの側板の直下に設ける鉄筋コンクリートリングによる基礎の上面をいう。

〈法令〉
　危告示　第4条の11第2項、第3項、
　　　　　第4条の13第1項、第4条の31
〈施設〉
　屋外タンク貯蔵所

同一品質の危険物

簡易タンク貯蔵所（容量600ℓ以下）においては設置できるタンク数の制限があり、「同一品質の危険物」を貯蔵する簡易貯蔵タンクを2以上設置できないこととなっているが、例えばレギュラーガソリンを貯蔵する簡易貯蔵タンク2基とハイオクガソリンを貯蔵する簡易貯蔵タンク1基を一の簡易タンク貯蔵所に設置

することができる。

〈法令〉
　危政令　第14条第2号
〈施設〉
　簡易タンク貯蔵所

動植物油類

消防法別表第一第四類の項の品名欄に掲げる引火性液体の性状を有する物品で、動物の脂肉等又は植物の種子若しくは果肉から抽出したものであって、1気圧において、20℃で液状であり、引火点が250℃未満のもの。ただし、①屋外貯蔵タンク、屋内貯蔵タンク又は地下貯蔵タンクの基準の例によるタンクに加圧しないで、常温で貯蔵保管されているもの、②運搬容器の構造及び最大容積の基準の例による容器（試験によって担保される性能を有することを要しない容器を除く。）であって、収納する物品の通称名、数量及び「火気厳禁」又はこれと同一の意味を有する他の表示を容器の外部に施したものに、運搬容器への収納の基準に従って収納され、貯蔵保管されているもの、は除かれる。

運搬の基準においては、危険等級Ⅲである。

指定数量は、10,000ℓである。

精製されたものは無色透明であるが、薄い褐色である。

水に溶けず、比重は水より小さく、約0.9である。

一般に不飽和脂肪酸を含み、布などに浸み込んだものは、酸化、発熱し自然発火することもある。

蒸発しにくく引火しにくいが、加熱されて使用されることが多く、加熱され引火点以上に達すれば、引火危険はガソリンと同様になり、火災時には液温が高くなっているので水が入ると、これが沸騰、蒸発（スロップオーバー）するために油がふきこぼれて消火が困難となる。

〈法令〉

消防法　別表第1

危政令　第2条、第12条第1項、第30条の2、別表第3

危規則　第1条の3第7項、第39条の3第6項、第40条の2、第44条第5項

動粘度

粘度をその液体の密度で除した値をいう。単位は St（ストークス）及び cSt（センチストークス）で、液体の粘性を表す指標である。

第四類の危険物の試験において、引火の危険性を判断するための試験で、タグ密閉式引火点測定器により引火点が0℃以上80℃以下の温度で測定され、かつ、当該引火点における試験物品の動粘度が10cSt 以上である場合は、セタ密閉式引火点測定器により引火点測定を行う。

〈法令〉

危政令　第1条の6

灯油

危険物第四類である引火性液体の品名に掲げられた第二石油類に例示された物品。

JIS K 2203 に適合するものをいう。

炭素数が11～13で、沸点がおよそ145℃から270℃である炭化水素の混合物である。

指定数量は 1,000ℓ である。

物性等は次のとおりである。

無色の液体で、比重は0.8。

沸点範囲：145～270℃。

引火点：40℃以上。市販の白灯油では45℃～55℃。

発火点：220℃。

燃焼範囲（爆発範囲）：1.1～6.0vol％。

蒸気比重：4.5。低所に滞留しやすい。水に不溶。

加熱などにより液温が引火点以上になると引火危険は第一石油類のガソリンと同様になる。

霧状となって浮遊している状態や布などの繊維製品などに浸み込んでいるときは空気との接触面積が大きいことから危険性は増大する。

流動などの際に静電気を発生する。

ガソリンが混合されたものは引火しやすくなる。

灯油の JIS 規格（JIS K 2203-2009 から抜粋）は、次のとおり。

項目	種類	
	1号	2号
引火点℃	40 以上	
蒸留性状 95％ 留出温度℃	270 以下	300 以下
硫黄分質量％	0.0080 以下[*1]	0.50 以下
煙点 mm	23 以上[*2]	－
銅板腐食（50℃、3h）	1 以下	－
色（セーボルト）	＋25 以上	－

※1号は、灯火、厨房（ちゅうぼう）用などの家庭用灯油。
※2号は、石油発動機（動力用）、溶剤、機械洗浄用。
注記：＊1．燃料電池用の硫黄分は、0.0010 質量分率％以下とする。
　　　＊2．1号寒候用のものの煙点は 21mm 以上とする。

196

道路（危険物規制上）

　危険物施設の位置、構造又は設備に適用される基準としての道路は、次のいずれかに限られる。

1　道路法による道路
2　土地区画整理法、旧住宅地造成事業に関する法律、都市計画法、都市再開発法又は新都市基盤整備法による道路
3　港湾法第2条第5項第4号に規定する臨港交通施設である道路
4　前1から3までに定めるもののほか、一般交通の用に供する幅員4m以上の道で自動車の通行が可能なもの

〈法令〉
　危規則　第1条第1項

道路境界線

　給油取扱所及び専ら詰め替えを行う一般取扱所において、固定式注油設備等は道路境界線から離隔距離が定められている。

〈法令〉
　危政令　第17条第1項
　危規則　第25条の3の2、第25条の5、第28条の59第2項
〈施設〉
　給油取扱所、一般取扱所

特殊引火物

　消防法別表第一第四類の項の品名欄に掲げる引火性液体の性状を有する物品で、ジエチルエーテル、二硫化炭素のほか、1気圧において発火点が100℃以下

のもの又は引火点がマイナス20℃以下で沸点が40℃以下のもの。

　運搬の基準においては、危険等級Ⅰである。

　指定数量は、50ℓである。

　別表第1の備考で品目指定されているジエチルエーテル、二硫化炭素の他、アセトアルデヒド、酸化プロピレンが該当する。

〈法令〉
　消防法　別表第1
　危政令　別表第3
　危規則　第13条の7、第28条の54、第39条の2第2項、第40条の3、第45条第1項

特殊液体危険物タンク

　地中タンク及び海上タンクをいう。これらのタンクは屋外貯蔵タンクと形態が大きく異なるので、位置、構造及び設備、完成検査前検査、保安検査等の基準を別途規定している。岩盤タンク、地中タンクで国家石油備蓄基地に設置されている。

　（岩盤タンク設置場所：岩手県久慈、愛媛県菊間、鹿児島県串木野

　海上タンク設置場所：長崎県上五島、福岡県白島）

〈法令〉
　危政令　第8条の2第3項、第8条の4第2項、第3項、第11条第5項
　危規則　第6条の2〜第6条の2の4、第6条の2の6、第62条の2の7、第62条の2の8

〈施設〉

屋外タンク貯蔵所

特殊消防用設備等

従前、消防用設備等に係る技術上の基準は、材料・寸法などを仕様書的に規定しているものが多く、十分な性能を有する場合であっても、新たな技術を受け入れにくいという面があったことを踏まえ、消防防災分野における技術開発を促進するとともに、一層効果的な防火安全対策を構築するために、平成15年6月に消防法が、平成16年2月に消防法施行令が改正され、消防用設備等に係る技術上の基準に性能規定が導入されたもの。消防法上、通常用いる消防用設備と同等以上の性能を有すると登録検定機関によって評価され、総務大臣の認定を受けた設備等については、特殊消防用設備として設置することができる。

　ルートA　仕様規定
　・消火設備（消火器、屋内消火栓設備、スプリンクラー設備等）
　・警報設備（自動火災報知設備、ガス漏れ火災警報設備等）
　・避難設備（避難器具、誘導灯等）ほか
　ルートB　性能規定
　・通常の消防用設備等と同等性能を有するものについては、総務省令で新たに位置づけ、通常設備に代替（パッケージ型消火設備、特定小規模施設用自動火災報知設備ほか）
　ルートC　大臣認定
　・申請者は、検定協会等の性能評価を受けた上で、総務大臣に申請。総務大臣は、申請に係る設備が消防用設備等と同等以上と認める場合は、特殊消防用設備等として認定
　・個別施設ごとの一件審査のため、検定対象品目でも検定は不要

〈法令〉

消防法　第17条第3項、第17条の2第17条の2の4
消防令　第29条の4
消防規則　第31条の3の2

特定移送取扱所

次に該当する移送取扱所。

1　危険物を移送するための配管の延長（当該配管の起点又は終点が2以上ある場合には、任意の起点から任意の終点までの当該配管の延長のうち最大のもの。以下同じ。）が15kmを超えるもの。

2　危険物を移送するための配管に係る最大常用圧力が0.95MPa以上で、かつ、危険物を移送するための配管の延長が7km以上のもの。

　指定移送取扱所の位置、構造及び設備に関する技術上の基準は、その他の移送取扱所のそれと比べて、より厳格に定められており、石油パイプライン事業法の適用を受ける事業用施設としての導管（パイプライン）とほぼ同等の取扱いを受ける。

〈法令〉

危政令　第18条の2第2項
危規則　第28条の52、第28条の53

〈施設〉

移送取扱所

特定屋外タンク貯蔵所

屋外タンク貯蔵所のうち、その貯蔵し、又は取り扱う液体の危険物の最大数量が1,000kℓ以上のもの。

特定屋外タンク貯蔵所は設置年度により、いわゆる「新法タンク」と「旧法タンク」に分けられる。

旧法タンクは、耐震性の基準により、新基準（第2段階基準）のタンク、第1段階基準のタンク、旧基準のタンクに区分される。

特定屋外タンク貯蔵所の分類

特定屋外タンク貯蔵所は、その基礎及び地盤、タンク本体並びにタンク溶接部について、特定屋外タンク貯蔵所以外の一般の屋外タンク貯蔵所とは異なった、厳しい基準が適用される。

さらに特定屋外タンク貯蔵所は、次の事項について特定屋外タンク貯蔵所以外の一般の屋外タンク貯蔵所に追加される、又は異なる基準が適用される。

1　完成検査前検査に関する事項
2　保安に関する検査に関する事項
3　内部点検に関する事項
4　危険物保安技術協会への委託に関する事項

〈法令〉
　危政令　第8条の2第3項、第8条の2の3第3項、第8条の4第1項、第11条第1項
　危規則　第4条第3項、第5条第3項、第6条の5、第62条の3第3項
〈施設〉
　屋外タンク貯蔵所

特定屋外貯蔵タンクの板厚

タンクの板厚のうち、特に底部の板厚については、保安に関する検査の対象となり、その合格基準は次のとおりとなっている。

1　昭和52年2月15日以後に設置許可申請をした特定屋外タンク貯蔵所　危険物規則第20条の4第2項第2号並びに危険物告示第4条の17第2号及び第4号に定める基準

2　昭和52年2月15日前に設置許可申請をした特定屋外タンク貯蔵所：3.2mm
　　この板厚の測定箇所は、次のとおり定められている。
(1)　アニュラ板にあっては、側板内側より0.5mまでの範囲内において、千鳥に2m以下の間隔でとった箇所、底板にあっては板1枚当たり3以上の箇所とする。
(2)　腐食の認められる箇所、接地設置箇所付近、水抜き付近等にあっては、前記(1)の箇所によるほか、おおむね0.3m間隔の点を当該箇所とする。

〈法令〉
　消防法　第14条の3第1項第2項
〈施設〉
　屋外タンク貯蔵所

と

特定事業所

第一種事業所と第二種事業所を総称して「特定事業所」という。

〈法令〉

石災法　第2条第6号

特定事項

危険物施設の設置又は変更の工事において完成検査前検査の対象となる事項。

特定事項は、工事の工程ごとに定められ、各特定事項ごとに別個の完成検査前検査が課されることとなる。

工事の工程、特定事項及び関連する完成検査前検査の分類は次表のとおりとなる。

特定事項の分類

工事の工程	特定事項	検査
タンクの基礎及び地盤に関する工事の工程	基礎及び地盤に関する事項	基礎・地盤検査
タンクに配管その他の附属設備を取り付ける前の当該タンクのタンク本体に関する工事の工程	溶接部に関する事項	溶接部検査
	漏れ及び変形に関する事項	水張検査又は水圧検査

特定屋外タンク貯蔵所については、基礎・地盤検査、溶接部検査、及び、水張検査又は水圧検査が課され、特定屋外タンク貯蔵所以外の液体危険物タンクのタンク本体については、水張検査又は水圧検査が課される。

〈法令〉

消防法　第11条の2第1項、第2項、第3項、第11条の3

危政令　第8条の2、第8条の2の3

特定防火設備

防火戸、ドレンチャーその他火炎を遮る設備であって、通常の火災による火熱が加えられた場合に、加熱開始後1時間当該加熱面以外の面に火炎を出さないものとして、国土交通大臣が定めた構造方法を用いるもの又は国土交通大臣の認定を受けたもの。

なお危規則第13条の2では、防火戸とされている。

〈法令〉

危政令　第9条第1項第7号他

危規則　第13条の2他

危告示　第61条第2号

平成12年6月9日消防危第60号

建基令　第109条第1項、第112条第1項

平成12年5月24日建設省告示第1360号　防火設備の構造方法を定める件

塗覆装（とふくそう）

地下配管の外面の腐食を防止するため、配管に塗覆装する。

塗装材はアスファルトエナメル又はブローンアスファルト、覆装材にあっては「JIS L 3405」「ヘッシャンクロス」に適合するもの又は耐熱用ビニロンクロス、ガラスクロス若しくはガラスマットであって十分な強度を有するもの。

〈法令〉

危規則　第13条の4、第23条の2第1項、第28条の9第1項

危告示　第3条

取扱所

危険物の製造以外の目的で指定数量以上の危険物を取り扱うため、消防法第

200

11 条第 1 項により市町村長等の許可を受けた場所をいい、その場所には、建築物その他の工作物、空地及び附属設備が含まれる。

取扱所は危険物取扱いの態様により次の 4 種に区分され、それぞれについて技術上の基準が定められている。

1　給油取扱所

　　固定した給油設備によって自動車等の燃料タンクに直接給油するため危険物を取り扱う取扱所。（当該取扱所において併せて灯油若しくは軽油を容器に詰め替え、又は車両に固定された容量 4,000 ℓ 以下のタンク（容量 2,000 ℓ を超えるタンクは、その内部を 2,000 ℓ 以下に仕切ったものに限る。）に注入するため固定した注油設備によって危険物を取り扱う取扱所を含む。）

2　販売取扱所

　　店舗において容器入りのままで販売するため危険物を取り扱う取扱所。

　　指定数量の倍数が 15 以下の第一種販売取扱所、指定数量の倍数が 15 を超え 40 以下の第二種販売取扱所がある。

3　移送取扱所

　　配管及びポンプ並びにこれらに附属する設備によって危険物を移送するための危険物を取り扱う取扱所。

4　一般取扱所

　　給油取扱所、販売取扱所、移送取扱所以外の取扱所。

〈法令〉

　消防法　第 10 条第 1 項

　危政令　第 3 条、第 17 条〜第 19 条

ドローン

　航空用に供する回転翼航空機等の機器であり、構造上人が乗ることができないもののうち、遠隔操作又は自動操縦により飛行させることができ無人航空機のこと。

　石油コンビナート等の危険物施設において、高所の点検や災害時の現場確認等への活用が期待されている一方、点検精度と安全性を両立する観点からは、防爆エリアへの進入及び設備への落下等防ぎ、安全な活用が重要である。

　ドローンによる危険物施設の点検や災害時の現場確認等は、予防規程に定めることとされている「危険物の保安のための巡視、点検及び検査」や「災害その他の非常の場合に取るべき措置」等に該当するものであることから、危険物施設の所有者等において作成された飛行計画書については、予防規程の関連文書として位置付け運用すること。

　また、予防規程の作成義務のない場合においてもドローンの飛行に伴う危害防止の観点から、安全管理に関する社内規定やマニュアル等に飛行計画を位置付けるとともに、消防機関に情報提供することが望ましい。

な

内圧試験

　IBC 容器（Intermediate bulk containers）を機械により荷役する構造を運搬容器と位置づけ基準が整備された。機械により荷役する構造を有する運搬容器の試験は、材質、寸法、板厚、構造仕様等につ

いて同一仕様の運搬容器ごとに実施されるものであること。

試験基準は次の通りである。

1　内圧試験は、液体の危険物又は10kPa以上の圧力を加えて収納し、若しくは排出する固体の危険物を収納するすべての種類の運搬容器について実施すること。

2　運搬容器は、危険物の危険等級等に応じ圧力の水圧力を10分間加えて試験を行うこと。

3　運搬容器からの漏えいがないこと。

4　運搬容器には運搬中の安全性に影響を与えるような変形がないこと。

〈法令〉

危規則　第43条第4項

危告示　第68条の3の2、第68条の5第1項、第4項、第68条の6の2第1項、第4項、第68条の6の5第2項、第68条の6の6

内部点検

屋外タンク貯蔵所の定期点検のうち、容量1,000kℓ以上10,000kℓ未満の引火性液体を貯蔵する特定屋外タンク貯蔵所には、技術上の基準に従って維持されているかどうかについて、設置の完成検査済証の交付を受けた日等からタンクの安全性の程度に応じて、13年（最長15年）を超えない日までの間に1回以上当該屋外貯蔵タンクの内部点検を行わなければならない。内部点検事項としては、屋外貯蔵タンクの底部の溶接部に関する事項及び板の厚さに関する事項がある。

1,000kℓ以上10,000kℓ未満の屋外タンク貯蔵所の基本開放周期

タンクの種類	開放周期
旧基準	10年
新基準	12年
第一段階基準	13年
新法	13年

なお、当該期間内に内部点検を行うことが困難な場合において、その旨を市町村長等に届け出たときは、2年に限り、当該期間を延長することができる。

また内部点検記録の保存期間は、点検周期の2倍の26年間又は30年間である。そして内部点検の期間を延長する場合は、内部点検記録の保存期間の26年間又は30年間に延長期間を加えた期間となる。

〈法令〉

消防法　第14条の3の2

危規則　第62条の5第1項、第62条の8

〈施設〉

屋外タンク貯蔵所

内容積

危険物を貯蔵し、又は取り扱うタンクの内容積は、タンクの内容積から空間容積を差し引いた容積とする。当該タンクの空間容積の計算方法はタンクの内容積に100分の5以上100分の10以下の数値を乗じて算出する。ただし第3種の消火設備（消火薬剤放射口をタンク内の上部に設けるものに限る。）を設ける屋外タンク貯蔵所又は屋内タンク貯蔵所の危険物を貯蔵し、又は取り扱うタンク及び

製造所又は一般取扱所の危険物を取り扱うタンクの空間容積は、当該設備の消火設備の消火剤放射口の下部0.3m以上1m未満の面から上部の容積とする。

なお、液体の危険物は、運搬容器の内容積の98％以下の収納率であって、かつ、55℃の温度において漏れないように十分な空間容積を有して運搬容器に収納すること。

〈法令〉

危政令　第5条

危規則　第2条、第3条、第32条の4、
　　　　第43条の3第1項

ナトリウム

危険物第三類である自然発火性物質及び禁水性物質の品名に掲げられる物品のひとつで、指定数量は10kg。

リチウム、カリウムと同じアルカリ金属である。

物性等は次のとおりである。

銀白色の柔らかい金属で、比重0.97、融点97.8℃の物性を有し、融点以上に加熱すると、黄色い炎を出して燃える。また長時間空気に触れると自然発火して燃焼する。

水と激しく作用して水素ガスと熱を出し発火し、場合によっては爆発する。（発生した水素とナトリウム自体が燃焼する。）

$$2Na + 2H_2O \rightarrow 2NaOH + H_2 + 369kj$$

アルコールに溶け金属アルコキシドであるナトリウムアルコキシドと水素を生成する。

$$2Na + 2CH_3OH \rightarrow 2CH_3ONa + H_2$$

触れると皮膚をおかすなど、多くの有機物に対して強い還元性を示し、その程度はカリウムに次ぐ。

〈法令〉

消防法　別表第1

危政令　第10条第1項、別表第3

危規則　第39条の2第2項

難燃性

火災が発生した場合に燃えやすい材料だと短時間で燃え広がるので不燃材料や準不燃材料、難燃材料を使用するようになっている。

他の燃焼体の作用によって着火はするが、それ自体は燃焼を持続する力が弱く、加熱源を取り去ると燃焼が止まる物質を「難燃性」であるという。

〈法令〉

危政令　第10条第1項、第26条、別
　　　　表第4

危規則　第24条の6第3項、第25条
　　　　の2

肉盛り補修

溶接の用語で、母材表面に硬化、耐食、補修等の目的で、所要の組織と寸法の金属を溶着する補修方法をいう。

タンクにおいては、アニュラ板、底板、側板、屋根板など主に腐食し、減肉した部分の補修に用いられる。

〈法令〉

危規則　第20条の4第3項、第22条
　　　　の4第1項

二重殻タンク

　危険物を貯蔵する内殻タンクの外面に間隔を有するように外殻タンクを設けて検知液を封じ、危険物の「漏えい」を検知することができるタンクで、鋼製二重殻タンク（SS）、鋼製強化プラスチック製二重殻（SF）と強化プラスチック製二重殻（FF）等をいう。

　現在、直接埋設が認められているのは、外部への「漏えい」の危険性が低いとされる鋼製二重殻タンク（SS）、鋼製強化プラスチック製二重殻（SF）と強化プラスチック製二重殻（FF）等の二重殻タンクのみである。

1　鋼製二重殻タンク（SS）

　　内殻、外殻共に鋼製のもので、一般的にSS二重殻タンクと呼ばれている。

2　鋼製強化プラスチック製二重殻タンク（SF）

　　鋼製の地下タンク貯蔵タンクの外面に間隙を有するように強化プラスチックを被覆すると共に、危険物の漏れを検知することができる設備を設けたものである。

3　強化プラスチック製二重殻（FF）

　　強化プラスチック製の地下貯蔵タンクに強化プラスチックを間隙を有するように被覆すると共に、危険物の漏れを検知することができる設備を設けたものである。

〈法令〉

　危政令　第13条第2項、第3項

危規則　第24条の2の2、第24条の2の4、第62条の5の2、第62条の8

〈施設〉

　地下タンク貯蔵所

20号タンク

　製造所又は一般取扱所内に設けられる危険物を取り扱うためのタンクで、危険物政令第9条第1項第20号に技術上の基準の規定があることから20号タンクの名がある。

　20号タンクには、屋外に設けられるもの（屋外20号タンク）、屋内に設けられるもの（屋内20号タンク）及び地下に設けられるもの（地下20号タンク）の3種類があるが、各20号タンクの基準は、屋外タンク貯蔵所の基準(同号イ)、屋内タンク貯蔵所の基準（同号ロ）及び地下タンク貯蔵所の基準（同号ハ）が大部分準用される。

　ただし、液体危険物タンクである屋外20号タンクの周囲に設けられる防油堤（20号防油堤）については、その容量を原則としてタンクの容量の50％以上とする等特別の規定が適用される。

　20号タンクは、製造所又は一般取扱所の一部であるから、それ自体独立した危険物施設ではない。しかし、液体危険物タンクについては個々の20号タンクごとに完成検査前検査として水張検査又は水圧検査を受けることを要する。

〈法令〉

　消防法　第11条の2第1項

　危政令　第8条、第9条第1項第20号

〈施設〉

　製造所、一般取扱所

20号防油堤

　危政令第9条第1項第20号イの規定により液体の危険物を取り扱うタンクの周囲には防油堤を設けなければならない。

　20号防油堤の容量は、当該タンクの容量の50％以上とし、2以上のタンクの周囲に設ける20号防油堤の容量は、当該タンクの容量の合計50％に他のタンク容量の合計10％を加算した量以上の容量とする。

〈法令〉

　危政令　　第9条第1項第20号、第19
　　　　　　条第1項

　危規則　　第13条の3

〈施設〉

　製造所、一般取扱所

日常点検

　危険物法令に基づく法定点検を定期点検と呼ぶのに対し、始業時や終業時、あるいは、その施設に効果的なサイクルで点検することを日常点検と呼ぶ。火災や流出等の事故を防止するため「自主保安対策」を推進し、施設の異常を早期に発見することが重要である。

〈法令〉

　危規則　　第60条の2

〈施設〉

　共通

ニトロ化合物

　消防法別表第一第五類の項の品名欄に掲げる自己反応性物質の性状を有する物品。有機化合物の炭素に直結する水素をニトロ基［－NO_2］で置き換えたもので、ニトロ基を持つ化合物の総称であり、［$R(NO_2)n$］で表される。

　運搬の基準においては、第一種自己反応性物質に該当するものは危険等級Ⅰ、第二種自己反応性物質に該当するものは危険等級Ⅱである。

　指定数量は、第一種自己反応性物質に該当するものは10kg、第二種自己反応性物質に該当するものは100kgである。

　ピクリン酸、トリニトロトルエンが代表的な物品である。

〈法令〉

　消防法　　別表第1

　危規則　　第72条

根入深さ

　特定屋外タンク貯蔵所の地盤の支持力の計算に用いられる。建築構造物、土木構造物等における基礎の土への埋め込み深さで、地盤面から基礎下端までの距離のことで基礎の下に敷かれている割栗石や捨てコンクリートの厚さは含めない。

〈法令〉

　危告示　　第4条の13

〈施設〉

　屋外タンク貯蔵所

熱媒体油循環装置等を設置する一般取扱所

危険物以外のものを加熱するための危険物を用いた熱媒体油循環装置等で高引火点危険物のみを100℃未満で取扱い、かつ、指定数量の倍数が30未満であり、当該熱媒体油循環装置等以外では危険物を取り扱わない、建築物に設ける施設。

〈法令〉
危政令　第19条第2項第8号
危規則　第28条の54第8号、第28条の60の3

〈施設〉
一般取扱所

熱分析試験

第五類の危険物は、消防法別表第一の第五類の項の品名欄に掲げる物品で、性質は自己反応性物質とされている。自己反応性物質は、爆発の危険性を判断するための試験（熱分析試験）で一定の性状を示す固体若しくは液体、又は加熱分解の激しさを判断するための試験（圧力容器試験）で、第五類の危険物になるか否かを判断する試験は次の通りである。

判定試験内容	試験方法
爆発の危険性を判断するための試験	熱分析試験
加熱分解の激しさを判断するための試験	圧力容器試験

試験方法は、①標準物質（2,4-ジニトロトルエン及び過酸化ベンゾイル）の発熱開始温度及び発熱量を示差走査熱量測定装置又は示差熱分析装置により測定する。②試験物品の発熱開始温度及び発熱量を①で用いた装置により測定するボーダーラインとしての性状は発熱開始温度及び発熱量が標準物質から求められた危険性の基準以上であること。

〈法令〉
消防法　別表第1備考第18号
危政令　第1条の7第1項、第2項、第3項
試験性状省令　第5条、別表第12

燃焼試験

第一類の危険物となる酸化性固体としての性状を評価するための酸化力の潜在的な危険性を判断するための試験のひとつ。

粉粒状の物品について、標準物質である過塩素酸カリウムと木粉の燃焼時間と、試験物品と木粉の混合物の燃焼時間を測定し、比較して判定する。

後者の燃焼時間が、前者の燃焼時間と同一か短い場合に、酸化力の潜在的な危険性を示すものとなる。

なお、粉粒状以外の物品については、大量燃焼試験として行われる。

〈法令〉
危政令　第1条の3第1項、第2項、第4項、別表第3
試験性状省令　第1条第2項、第3項、別表第1

燃焼性混合気体

燃焼又は爆発が起こるには、その混合の割合が一定の可燃性の蒸気と空気の混合が必要である。

アセトアルデヒド等を取り扱う設備には、燃焼性混合気体の生成による爆発を

防止するための不活性の気体又は水蒸気を封入する装置を設けなければならない。アセトアルデヒドは、引火点 − 39℃、発火点175℃、燃焼範囲4〜60%で沸点が低く揮発性で、引火しやすく燃焼範囲が広い。

〈法令〉
　危規則　第13条の9、第22条の2の
　　　6、第40条の12

燃焼点

　燃焼点の測定は引火点と同様に引火点測定装置により行う。引火点は可燃性液体の蒸気の割合が最小なので燃焼は継続しない。加熱を続けていき5秒以上燃焼を継続すると、これを燃焼点という。

　引火点は継続燃焼を必要としていないので、「燃焼点」は引火点より高い温度になる。

〈法令〉
　危規則　第1条の3第4項、第5項

粘性土地盤

　特定屋外タンク貯蔵所の屋外貯蔵タンクの基礎及び地盤において堅固なものとし、地盤は、岩盤の断層、切り土及び盛り土にまたがるものとすべりを生ずるおそれのあるものでないことと規定されており、粘性土地盤は、粒径が0.0075mm未満の質量含有率が50％以上で構成され、自然物である実際の土の粒子の構成は非常に幅広く、対比される砂質土と明確に区分できない場合も多い。

〈法令〉
　危規則　第20条の2第2項
〈施設〉
　屋外タンク貯蔵所

粘着力

　特定屋外貯蔵タンクに係る地盤の支持力の計算方法に「粘着力」が必要になる。土の強度は内部摩擦角（φ）と粘着力（C）の合計で表せられる。

〈法令〉
　危告示　第4条の13、第4条の15
〈施設〉
　屋外タンク貯蔵所

能力単位

　能力単位は、消火設備の消火能力の基

消火設備	種別	容量	対象物に対する能力単位	
			第一類から第六類までの危険物	電気設備及び第四類の危険物を除く対象物に対するもの
水バケツ又は水槽	消火専用バケツ	8ℓ		3個にて　1.0
	水槽（消火専用バケツ3個付）	80ℓ		1.5
	水槽（消火専用バケツ6個付）	190ℓ		2.5
乾燥砂	乾燥砂（スコップ付）	50ℓ	0.5	
膨張ひる石又は膨張真珠岩	膨張ひる石又は膨張真珠岩（スコップ付）	160ℓ	1.0	

準をいう。所要単位は、消火設備の設置
対象となる建築物その他の工作物の規模
又は危険物の量を基準の単位をいう。

〈法令〉

危規則　第29条、第30条、第31条、
　　　　第33条第2項、第34条第2項、
　　　　第35条、別表第2
消火器の技術上の規格を定める省令

軒高

建築物の、地盤面から軒までの高さ。
屋内貯蔵所の貯蔵倉庫は、軒高が6m
未満の平家建とする。ただし、第二類又
は第四類の危険物のみの貯蔵倉庫で危規
則で定める高層倉庫は、その軒高を
20m未満とすることができる。

〈法令〉

危政令　第10条第1項
危規則　第16条の2の3第3項、第
　　　　16条の2の4第3項、第16条
　　　　の2の6第3項、第16条の4
　　　　第4項、第33条、第38条第1
　　　　項

〈施設〉

屋内貯蔵所

伸び

伸びは、金属材料を引っ張り試験した
際の「伸び」をいい、金属製の運搬容器
の構造において、使用する材料の破断時
の伸びの式が定められている。

〈法令〉

危告示　第68条の3の2

法面（のりめん）

切り土又は盛り土により造られた人工
的な傾斜面で、屋外タンク貯蔵所におけ
る基礎の「法面」の勾配は、2分の1以
下とする。雨水浸入防止措置については
アスファルト等で保護する規定がある。

〈法令〉

危告示　第4条の10、第4条の22の
　　　　9、第4条の31

〈施設〉

屋外タンク貯蔵所

バーナー

燃料として気体、液体又は粉体を用い
て空気と混合して高温で燃焼させる装置
である。

〈法令〉

危政令　第19条第2項、第27条第4
　　　　項、第31条の2
危規則　第28条の54、第28条の57
　　　　第2項、第60条

〈施設〉

一般取扱所

配管

配管は、その設置される条件および使
用される状況に照らし合わせて十分な強
度を有するものとし、かつ、当該配管に
係る最大常用圧力の1.5倍以上の圧力で
水圧試験を行ったとき漏えいその他の異
常がないものとされている。

＊金属配管以外にも次のような配管が認
　められている。

・高圧ゴムホース

　建築物内で周囲に100℃未満の温度で取り扱う高引火点危険物以外に可燃物がない場所に設置される高引火点危険物のみを取り扱う油圧装置等に使用できる。

・強化プラスチック製配管

　配管径は、100A 以下のものであること、火災等の熱により悪影響を受ける恐れのないよう地下に直接埋設すること、ただし、蓋を鋼製、コンクリート製等として地下ピットに設置することができることが条件として使用できる。

〈法令〉

　危政令　第9条第1項第21号

配合

　危険物の取扱形態の一種で、危険物と他の危険物とを混合又は化合させることをいう。また、販売取扱所において危険物を配合する場合は、販売取扱所独特の形態及び火災予防上の見地から、次のような規制が行われている。

1　床面積は、6㎡以上10㎡以下とする。
2　壁で区画する。
3　床は、危険物が浸透しない構造にするとともに、適当な傾斜を設け、かつ、貯留設備を設けること。
4　出入口には、随時開けることができる自動閉鎖の特定防災設備を設けること。
5　出入口しきいの高さは、床面から0.1mとすること。
6　内部に滞留した可燃性の蒸気又は可燃性の微粉を屋根上に排出する設備を設けること。

〈法令〉

　危政令　第18条第1項、第27条第6項
　危規則　第40条の3の11

〈施設〉

　販売取扱所

破損試験

　移送取扱所に係る配管の最小厚さは危告示第6条で規定されているが、配管の試験方法は次のとおりである。

1　配管の頂部と地表面の距離が1.5mとなる掘さく溝の中に配管を設置し、配管の上部を露出しておくこと。
2　配管は、3の衝撃力を加えた場合に位置が移動しないように固定しておくこと。
3　バケット容量が0.6㎡の機械ロープ式バックホー型掘さく機のバケットを配管に最大の衝撃力を与える位置から落下させること。配管が破損しなければ、最小厚さの基準に適合しているものとされている。

〈法令〉

　危規則　第28条の5第2項
　危告示　第7条、第68条第2項

〈施設〉

　移送取扱所

破裂板（破壊板）

　タンク又は配管に取り付けられる圧力安全装置の一つで、設定した圧力を超えると薄い金属板がその圧力によって破壊され、内容物を放出して、タンク内等の圧力を下げ、安全を確保するものでラプチャーディスクともいう。

販売取扱所

　店舗において容器入りのままで販売するため危険物を取り扱う取扱所。

　指定数量の倍数が 15 以下の第一種販売取扱所、指定数量の倍数が 15 を超え 40 以下の第二種販売取扱所がある。

1　位置
　(1)　保安距離及び保有空地について規制はない。
　(2)　店舗（販売取扱所）は、建築物の 1 階に設置する。
2　第一種販売取扱所の構造・設備
　(1)　建築物の店舗部分は、壁を耐火構造とする。また、店舗部分とその部分との隔壁は、耐火構造とする。
　(2)　店舗部分のはりは不燃材料で造り、天井を設ける場合は天井を不燃材料で造る。
　(3)　店舗部分に上階がある場合には、上階の床を耐火構造とし、上階がない場合には、屋根を耐火構造とし、又は不燃材料で造る。
　(4)　店舗の窓及び出入口には、防火設備を設ける。また、窓又は出入口にガラスを用いる場合は、網入りガラスとする。
　(5)　危険物を配合する室は、
　　①　床面積は、6 ㎡以上 10 ㎡以下とする。
　　②　壁で区画する。
　　③　床は、危険物が浸透しない構造とするとともに、適当な傾斜をつ

け、かつ、貯留設備を設ける。
　　④　出入口には、随時開けることができる自動閉鎖の特定防火設備を設ける。
　　⑤　出入口の敷居の高さは、床面から 0.1m 以上とする。
　　⑥　内部に滞留した可燃性の蒸気又は可燃性の微粉を屋根上に排出する設備を設ける。
　とする。
3　第二種販売取扱所の構造・設備
　　第一種販売取扱所に比べ構造及び設備について厳しい規制がされている。

〈施設〉

販売取扱所

ひ

微加圧法

　地下貯蔵タンク及び外殻の漏れの点検方法で地下貯蔵タンクの気相部に、窒素ガスを入れて 2 kPa に加圧した状態で 15 分間保持し、15 分間に圧力降下が 2 ％以下であること。

引き起こし試験

　機械により荷役する構造を有する運搬容器の試験方法である。

　引き起こし試験は、運搬容器に運搬中

の安全性に影響を与えるような損傷がないこと。

試験方法は次の通りである。
1　頂部又は側部からつり上げられるように設計されたフレキシブルの運搬容器について実施すること。
2　内容積の95％以上の内容物を満たした最大収容重量の荷重状態において横倒しにして、1つのつり具により0.1m/秒以上の速度で鉛直方向に床から離れるまで引き上げ、損傷がないことを確認する。

〈法令〉

危規則　第43条第4項

危告示　第68条の6の2第10項

引き落とし試験

機械により荷役する構造を有する運搬容器の試験方法である。

引き落とし試験は、運搬容器に運搬中の安全性に影響を与えるような損傷がないこと。

試験方法は次の通りである。
1　フレキシブル運搬容器について実施すること。
2　内容積の95％以上の内容物を満たした最大収容重量の荷重状態において、収納する危険物の危険等級に応じ、0.8〜1.8mの高さから、硬く、弾力性のない平滑な水平面に引き落とし、漏れがないことを確認する。

〈法令〉

危規則　第43条第4項

危告示　第68条の6の2第1項、第9項

引渡

賃貸借、相続等の法律行為により又は事実上の行為によりその物の支配が移転することで、製造所、貯蔵所又は取扱所の譲渡又は引渡があったときは、譲渡人又は引渡を受けた者は消防法令の規定により、許可を受けた者の地位を承継することとなり、承継した者は遅滞なくその旨を市町村長等へ届け出なければならない。

〈法令〉

消防法　第11条第6項

ピグ取扱装置

パイプライン内にピグ又はスフィアを発射する又は受け取るための装置。発射するための装置をピグランチャーといい、受け取るための装置をピグレシーバーという。

ピグは、相異った危険物を配管で輸送する場合、境界面にそう入して混合（コンタミネーション）を抑制するためのもの、配管の清掃のためのもの等があり、ピグランチャーで配管に導入され、ピグレシーバーで配管から取り出される。

また、ピグは、水又は不燃性ガスにより配管内を押され緊急しゃ断弁の区間の危険物をこれらに置換するために用いられることもある（危険物除去措置）。

〈法令〉

危規則　第28条の48

危告示　第63条

微減圧法

地下貯蔵タンク及びタンク外殻についての漏れの点検方法の一つで、タンクを

ひ

密閉した後に僅かに減圧し、大気圧より負圧にした状態で一定時間内の圧力変動を計測することにより、気相部の漏えいの有無を確認する点検方法である。

検査時の減圧設定圧力は、2〜10kPaと規定され、減圧終了後15分間静置した後、15分間の圧力上昇が、2％以下であること。

〈法令〉

危規則　第62条の5の2

危告示　第71条第1項、第71条の2第1項

比重

固体又は液体の比重は、4℃における水で密度はほぼ1.0g/c㎥であるので、通常はこの値を用いて「比重」を算定している。

灯油は比重が0.8なので、水に浮き、二硫化炭素は比重が1.3なので水に沈む。

特定屋外タンクに貯蔵する危険物の重量については、貯蔵する危険物の比重が1.0に満たない時は、当該「比重」を1.0として計算するものとする。

〈法令〉

危告示　第4条の12、第4条の18、第4条の21、第4条の22、第4条の22の10、第4条の23の7、第77条

引張強さ（引張応力）

工業製品（設備）を設計する上で、その材料が使用状態や緊急時等において製品にかかる応力に対して十分に耐えうる強度のこと。

特定屋外貯蔵タンクの構造において主荷重と従荷重との組合せにより特定屋外貯蔵タンク本体に生ずる応力は、告示で定めるそれぞれの許容以下であることが求められる。

〈法令〉

危規則　第20条の4

危告示　第4条の16の2

避難設備

火災が発生したときに、安全確実な避難を図るために用いる器具又は設備のこと。煙や熱によって内部の状況がわからなといった場合のための誘導灯など。

給油取扱所の2階の部分を店舗等の用途に供するもの又は一方のみが開放されている給油取扱所のうち給油取扱所の敷地外へ直通外へ直接通ずる避難口を設ける事務所等を有するもので、当該事務所等の出入口、避難口並びに当該避難口に通ずる通路、階段及び出入口の誘導灯を設けること。

〈法令〉

危政令　第21条の2

危規則　第38条の2

〈施設〉

給油取扱所

非破壊試験

材料の物理的性質が欠陥の存在によって変化する事実を利用し、その変化量を測定して材料の欠陥の存在を推定する技術。

現在、非破壊試験に利用されている物理的性質としては、材料の放射線に対す

る性質、弾性波に対する性質、電気的性質、磁気的性質、熱的性質及び表面エネルギーの性質などである。

非破壊試験の目的は種々あるが、消防法に基づく危険物関係法令の規定は、危険物施設の使用に当たって、使用を危険にするような欠陥が発生しているか否かを観察し、破損による危険を未然に防ぎ災害の発生を防止するための役割をもつ保守検査である。

なお、危険物施設に係る非破壊試験の規定は、放射線透過試験、超音波探傷試験、磁粉探傷試験及び浸透探傷試験等の規定がある。

〈法令〉

危規則　第28条の27

標識（危険物施設）

危険物施設の見やすい箇所に危険部製造所等である旨を表わす板。

製造所、屋内貯蔵所、屋外タンク貯蔵所、屋内タンク貯蔵所、地下タンク貯蔵所、簡易タンク貯蔵所、屋外貯蔵所、給油取扱所、販売取扱所及び一般取扱所の標識は、幅 0.3m 以上、長さ 0.6m 以上の板で地を白色、文字を黒色とし、図の例のとおりである。

また、移動タンク貯蔵所の標識は、0.3m 以上 0.4m 平方以下の地が黒色の板に、黄色の反射塗料その他反射性を有する材料で表示した次図に示すものとし、車両の前後の見やすい箇所に掲げなければならない。

このほか、移送取扱所には特別の標識の設置が義務付けられている。（危告示

56）。

〈法令〉

危規則　第17条、第28条の44、第66条

危告示　第55条、第56条

〈施設〉

共通

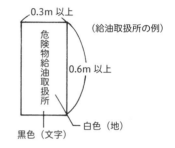

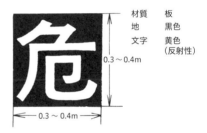

標識（危険物の運搬）

指定数量以上の危険物を運搬する場合に、車両の前後の見やすい箇所に掲げる板。

0.3m 平方の地が黒色の板に黄色の反射塗料その他反射性を有する材料で「危」と表示したもの。

前方に掲げる標識は、夜間の場合、その位置によっては、対向車は、その運搬車両のライトのために、十分に見ることができない場合もあるので、運転台の屋根上に掲げるのが有効である。また、判別しうる距離については、別に規定はな

いが、塗料のうち、反射塗料が前方の車両の前照灯の光をうけたときは、数十m遠方から可視される。

〈法令〉

危政令　第30条第1項

危規則　第47条

標準貫入試験

基礎・地盤検査に係る完成検査前検査における試験の一つで、この試験はJIS A 1219の土の標準貫入試験方法に規定されており、現場における土の硬軟、締まりぐあいの程度を知る目的のものである。試験は、ボーリング孔を利用し重量63.5±0.5kgのドライブハンマーを76±1cmの高さから自由落下させ、標準貫入試験用サンプラーを打ち込むものである。ドライブハンマーによる打撃は、原則15cmの予備打ちを行ったのち30cmの本打ち及び5cmの後打ちを行う。この地盤に30cm打ち込むのに要する打撃回数をN値と呼び、標準貫入試験の指示値としている。この試験の特徴は、ボーリングと併用でき、対象土層の試料が採取できる。消防法では砂質土地盤のN値を求めるのに用いて、基礎地盤の堅固さを示す指標としている。

〈法令〉

危規則　第20条の2第2項、第20条の3、第22条の3の3第3項

危告示　第4条の4第2項、第4条の8、第4条の14、第4条の22の6、第4条の45第2項、第74条

〈施設〉

屋外タンク貯蔵所

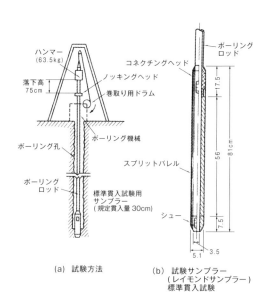

ハンマー
(63.5kg)

ノッキングヘッド

落下高
75cm

巻取り用ドラム

ボーリング機械

ボーリング孔

ボーリングロッド

標準貫入試験用サンプラー
(規定貫入量30cm)

コネクチングヘッド

ボーリングロッド

スプリットバレル

シュー

17.5

56

81cm

7.5

5.1　3.5

(a)　試験方法

(b)　試験サンプラー
(レイモンドサンプラー)
標準貫入試験

標準物質

第一類の燃焼試験では過塩素酸カリウム、臭素酸カリウム、落球式打撃感度試験では硝酸カリウム、塩素酸カリウム、大量燃焼試験では過塩素酸カリウムが指定されている。

第五類の熱分析試験では2,4－ジニトロトルエン、過酸化ベンゾイルが指定されている。

〈法令〉

　危政令　第1条の3、第1条の7、別
　　　　　表第3

　試験性状省令　別表第1他

標準ふるい

金属網で作られた粒度分布測定用のふるいで、危規則では目開きが53μmの網ふるい（JIS Z 8801-1（2019））が「標準ふるい」に規定されている。

危険物第二類において危険物に該当するか否かの判定に使用し、品名から除外されるものは、網ふるいを通過するものが、50％未満のもので、それぞれの物質ごとに目開きが150の網ふるいを通過するものが50％未満と規定されている。

〈法令〉

　危規則　第1条の3第1項
　試験性状省令　第1条第1項

避雷設備

雷撃によって生ずる電流を建築物、工作物、危険物施設等に被害を及ぼすことなく安全に地中に流す設備で、避雷設備はJIS A 4201「建築物等の雷保護」に適合しなければならない。

指定数量の10倍以上の製造所等には避雷設備を設けなければならない。ただし周囲の状況によって安全上支障のない場合においては設置しない場合もある。

屋外貯蔵タンクでは、タンクが鋼鉄製なので、タンク全体を避雷設備の一部としている。

〈法令〉

　危政令　第9条第1項、第10条第1
　　　　　項、第11条第1項

　危規則　第4条第2項、第5条第2項、
　　　　　第13条の2の2、第16条の2、
　　　　　第28条の42

〈施設〉

　製造所、屋内貯蔵所、屋外タンク貯蔵所、一般取扱所、移送取扱所

ピンホール

溶接、塗装、ライニング等の欠陥のひとつで小さな穴のこと。

溶接では、開口欠陥（ピット）といい、溶接金属内に発生した気泡（ガス）が溶接ビート表面に放出された際に穴となって固まった表面欠陥をいう。

ピンホールができる原因として、溶接金属の状態変化によるガスの溶解度の減少に起因して発生や高温下における熱分解等で生成したガスが巻き込みによるもので発生する場合が多い。

品名、数量又は指定数量の倍数の変更の届出の通報

市町村長等は、一定規模以上の製造所等について、危険物の品名、数量又は指定数量の倍数の変更の届出があった場合

には、関係行政機関は地域の保安防災上の諸対策を講ずる必要性が生ずるため、当該関係行政機関へ情報を提供すること。

許可の通報対象施設は、「許可の通報」におけるものと同一である。

〈法令〉

消防法　第11条第7項、第11条の4
　　　　第3項

危政令　第7条の3、第7条の4

風圧

風が物体に与える圧力で、風に直角に向いた面では空気の密度と風速の二乗に比例する。

配管を地上に設置する場合には、配管は、地震、風圧、地盤沈下、温度変化による伸縮等に対し安全な構造の支持物により支持する。

〈法令〉

危政令　第11条第1項

危規則　第13条の5、第21条、第28条の16、第28条の18

〈施設〉

屋外タンク貯蔵所

風水害対策

危険物施設が立地する場所において想定される災害リスク（浸水や土砂災害等の発生危険性）に応じて、迅速かつ的確な応急対策が確保されるよう、平時からの事前の備え、風水害の危険性が高まってきた場合の応急対策、天候回復後の点検・復旧など豪雨や台風等の風水害に備

えておく対策のこと（令2年3月27日消防災第55号・消防危第86号）。

不活性の気体

アルキルアルミニウム、アセトアルデヒド等の製造所等において、取り扱う設備には不活性の気体を封入する装置を設けなければならない。

不活性の気体は他の物質との反応性が低い、ヘリウム、ネオン、アルゴン、クリプトン、ラドン及び窒素をいう。

〈法令〉

危規則　第13条の8、第13条の9、第22条の2の5、第22条の2の6、第24条の8

〈施設〉

製造所、屋外タンク貯蔵所、移動タンク貯蔵所

不活性の固体

ビス（4－クロロベンゾイル）パーオキサイドの含有量30％未満のもので不活性の固体の混合物である。

〈法令〉

消防法　別表第1備考第19号

危規則　第1条の3第8項

吹付塗装作業等の一般取扱所

塗装、印刷又は塗布のためのみに第二類又は特殊引火物を除く第四類の危険物のみを取扱い、かつ、指定数量の倍数が30未満の建築物に設ける施設。

〈法令〉

危政令　第19条第2項第1号

危規則　第28条の54第1号、第28

条の55

〈施設〉

　一般取扱所

腐食

　金属の「腐食」は、全面腐食、局部腐食に分けられ、均一腐食、異種金属腐食、すきま腐食、孔食、粒界腐食、脱成分腐食、エロージョン・コロージョン、応力腐食割れ、腐食疲労及び高温腐食に分類され、危険物施設における流出事故の発生原因は、物的要因が高く個別にみると腐食等劣化によるものが高く占めている。発生場所は、点検することが困難な地下タンク、地下配管、タンク底板、側板、保温材をまいた配管等である。

〈法令〉

　危政令　第9条第1項、第11条第1項

　危規則　第13条の4、第21条の2、
　　　　　第23条の2、第23条の3、第
　　　　　24条の2の2

不等沈下

　構造物のある部分が他の部分よりも沈下している現象で、大容量の液体危険物を貯蔵する屋外タンク貯蔵所の屋外貯蔵タンクに注意を払わなければならないことから、液体危険物タンクの直径に対する当該液体危険物タンクの不等沈下の数値の割合が100分の1（容量が1,000kℓ未満のものは50分の1）以上の不等沈下を生じた場合は、タンク内部を開放して行う保安検査（タンク底板の板厚及びタンク底部の溶接部に係る事項の市町村長等による検査。ただし、1,000kℓ未満

のものにあっては自主的な点検。）及び修正が義務付けられている。不等沈下は、基礎地盤における土粒子の形状、骨格構造、土層の厚さ、密度などの不均等性、タンクの配置状況や基礎形式の相違、地下水位の変動、隣接タンクによる地中応力の干渉、地震等による基礎・地盤の強度低下等によって生じ、タンクに不等沈下を生ずると、タンクの変形、隅角部等における応力集中などにより、タンクが亀裂を生じ破損する原因となる。

〈法令〉

　危政令　第8条の4第5号

　危規則　第28条の24、第62条の2
　　　　　の2

　危告示　第4条の6

〈施設〉

　屋外タンク貯蔵所

不燃材料（危険物施設）

　建築基準法でいう不燃材料とは、コンクリート、れんが、瓦、石綿スレート、鉄鋼、アルミニウム、ガラス、モルタル、しっくいその他これらに類する建築材料で次の基準を満たすものをいう。

1　燃焼せず、かつ、防火上有害な変形、
　溶融、亀裂その他の損傷を生じないこと。

2　防火上有害な煙又はガスを発生しな
　いこと。

　これらの建築材料はいずれも通常の火災時の火熱に対して多少の溶融又は赤熱を生じることはあっても、燃焼現象、防火上有害な損傷を生じず、かつ、防火上有害な煙又はガスを発生しないものと定義付けられている。

ふ

危険物施設である建築物に用いられる不燃材料は、このうちコンクリート、れんが、石綿板、鉄鋼、アルミニウム、モルタル及びしっくいをいい、これ以外のものは不燃材料としては認められていない。

〈法令〉
　危規則　第10条第1項（建築基準法第2条第9号）他
　危告示　第59条、第61条

プラグ

　岩盤タンクのプラグは、岩盤タンクの坑道に接続する部分に設ける遮へい材をいい、プラグは鉄筋コンクリート等で気密に造るとともに、その配管が貫通する部分及び岩盤と接触する部分は、危険物又は可燃性の蒸気が漏れない構造とする。

〈法令〉
　危規則　第22条の3第3項
〈施設〉
　屋外タンク貯蔵所

フレキシブルコンテナ

　折り畳みができる柔軟性のある材質を用いて袋状に造られ、吊り上げるためのつり部と注入・排出ができる開口部を備えたコンテナをいう。

　粉体の輸送に適しており、内容物の最大重量が1t程度のものが多い。

　液体危険物用の「フレキシブルコンテナ」としては、内袋をポリエチレン系の積層フィルム、外装をポリプロピレン繊維で造られた箱枠付き構造の容器であり、第四類の危険物のうち第三石油類（引火点が130℃以上のものに限る。）、第四

石油類又は動植物油類を収納する最大容積1,000ℓ以下の液体フレキシブルコンテナが、所定の、①落下させた試験、②空気圧力をかけた試験、③水圧をかけた試験、④積み重ねの試験、⑤持ち上げた試験で適切な性能を有するものは、危規則別表第3の4等に適合する運搬容器と安全上同等以上と認められる。

〈法令〉
　危告示　第68条の3の3

丙種危険物取扱者

　3種ある危険物取扱者の種類の一つで、丙種危険物取扱者免状の交付を受けている者。

　ガソリン、灯油、軽油、重油、第四石油類及び動植物油類を自ら取り扱うことができる。しかし、自分以外の者の取扱作業に立ち会うことはできず、また、危険物保安監督者に選任される資格を有しない。

　これらから丙種危険物取扱者は、給油取扱所や移動タンク貯蔵所において自ら簡易な取扱作業に専ら従事する性格を有する者となる。

　丙種危険物取扱者試験には特段の受験資格はない。

〈法令〉
　消防法　第13条の2第1項、第13条の3第2項

平板載荷試験

基礎・地盤検査に係る試験の一つ。この試験は JIS A 1215「道路の平板載荷試験方法」に規定されており、地盤の荷重強さを求めるものである。試験方法としては、地盤の上に円形載荷板を置き、これに荷重を加えて、荷重の大きさとこれに対応する沈下量とを測定する。測定結果を、縦座標に荷重強さ $q(kn/㎡)$、横座標に沈下量 $w(㎜)$ をとって図示する。これにより得られる曲線から、ある沈下量のときの荷重強さを求め、q/w を K 値とし、地盤係数あるいは支持力係数という。危規則第 20 条の 2 第 2 項第 2 号イに規定する K_{30} 値とは、円形載荷板の直径を 30cm とし、沈下量 5 ㎜のときの K 値を示すものである。

〈法令〉

　危政令　第 11 条第 1 項

　危規則　第 20 条の 2 第 2 項第 2 号、
　　　　　第 20 条の 3、第 22 条の 3 の 2
　　　　　第 3 項

〈施設〉

　屋外タンク貯蔵所

ヘッシャンクロス

配管の外面腐食を防止するために、地下配管に塗装を行う場合の材料で、日本産業規格 L3405「ヘッシャンクロス」に適合し、ジュート糸を平織りした布のことで、ジュートとは、黄麻（こうま）とも言い、麻の一種である。

〈法令〉

　危告示　第 3 条、第 4 条の 48 第 1 項
　　　　　第 3 項、第 22 条

変更命令

認可した予防規程が不適切になった場合に火災予防のために市町村長等が当該危険物施設の所有者等に対して発する予防規程の変更に関する命令。

不適切になった場合とは、危険物施設の位置、構造又は設備の変更、従業員の増減、危険物の品名、数量又は指定数量の倍数の変更、法令の改廃等により現行予防規程が法令に抵触している場合等である。

変更命令に当たっては、命令発動の理由を具体的に明示する必要があるが、変更案そのものを提示する必要はなく、また予防規程が自主的な保安基準であることを考えた場合、変更案の提示は好ましくない。

変更命令の発動後所有者等が予防規程を変更したときは別に認可が必要である。

変更命令に応じない者に対しては罰則の適用がある。

〈法令〉

　消防法　第 14 条の 2 第 3 項、第 42 条
　　　　　第 1 項第 8 号

ほ

保安距離

危険物施設又はその構成部分と、他の工作物その他の保安物件との間に確保すべき距離（水平距離、垂直距離）をいう。製造所、屋内貯蔵所、屋外タンク貯蔵所、屋外貯蔵所及び一般取扱所については、建築物やタンク等から次表に掲げるとおり保安物件に対し保安距離の規制がある。

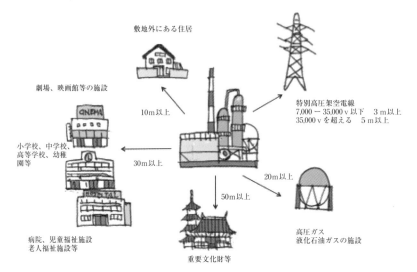

敷地外にある住居

劇場、映画館等の施設

特別高圧架空電線
7,000 − 35,000 v 以下　３m以上
35,000 v を超える　５m以上

10m以上

小学校、中学校、
高等学校、幼稚
園等

30m以上

20m以上

50m以上

病院、児童福祉施設
老人福祉施設等

重要文化財等

高圧ガス
液化石油ガスの施設

　なお、これらの危険物施設の形状、危険物の種類等に応じて保安距離の不安又は軽減が強められる場合がある。さらに、不燃材料で造った防火上有効なへいを設けること等により、市町村長等が安全と認めた場合は、当該市町村長等が定めた距離を当該距離とすることができる。

　また、高圧ガス施設と危険物施設とが不可分の工程にある場合、又は危険物及び高圧ガスの種類、周囲の地形、取扱いの実態等の状況から判断して安全であると認められる場合は、保安距離を軽減することができる。

〈法令〉
　危政令　第９条第１項、第10条第１項、第11条第１項、第16条第１項、第19条第１項、第23条

〈施設〉
　製造所、屋内貯蔵所、屋外タンク貯蔵所、屋外貯蔵所、一般取扱所

保安講習

　危険物の取扱作業の保安に関する講習のこと。

　製造所等において、危険物の取扱い作業に従事している危険取扱者は、都道府県知事が行う保安に関する講習を３年以内に受講しなければならない。

1　継続して危険物の取扱作業に従事している。⇒　都道府県知事等が行う講習を受講した日以後における最初の４月１日から３年以内に受講

2　危険物の取扱作業に従事していなかった者が、新たに従事することとなった。⇒　従事することとなった日から１年以内に受講

3　ただし、従事することとなった日の過去２年以内に免状を交付されている又は講習を受けている。⇒　交付日、前回受講日以降の最初の４月１日から３年以内に受講

4　従事しなくなった又は従事していな

ほ

い。⇒ 受講する義務はない。

〈法令〉

　消防法　第13条の23

　危規則　第58条の14

保安上の協議

　特定移送取扱所の所有者等が、当該特定移送取扱所について危険物の流出その他の事故が発生し、危険な状態となった場合において講ずべき応急の措置について予め関係市町村長と行う協議。

　この協議の内容は概ね次のとおりである。

1　当該移送取扱所の関係者の連絡先、連絡方法、連絡事項等

2　応急修理資機材の配置場所

3　流出した危険物の措置方法

4　付近住民への広報事項及びその方法

　協議の結果決定した講ずべき応急措置については、移送取扱所の予防規程に定めさせ、その実効性を確保することが必要である。

〈法令〉

　消防法　第12条の5

　危政令　第8条の3

〈施設〉

　移送取扱所

保安に関する検査

　特定屋外タンク貯蔵所と特定移送取扱所に対し定期に、又は一定の事由の発生に伴い臨時に実施される市町村長等の検査。略して保安検査ともいう。

　特定屋外タンク貯蔵所の保安検査には、「定期保安検査」と「臨時保安検査」がある。

　容量 10,000kℓ 以上の特定屋外タンク貯蔵所には、定期保安検査が義務付けられている。定期保安検査とは、一定時期ごとにタンクを開放し、底部溶接部と底部板厚について市町村長等が検査を実施するものであるが、これは、新法、新基準、第一段階基準、旧基準という、タンクの構造上の安全レベルの違いに応じて、それぞれその時期が定められている。また、全ての特定屋外タンク貯蔵所は、直径に対する不等沈下の割合が、100分の1以上になった場合には、タンクを開放し、臨時保安検査を受けることが義務付けられている。

　なお、臨時保安検査の検査項目は、定期保安検査と同じである。

　特定移送取扱所（配管の延長が 15km を超える移送取扱所、及び配管にかかる最大常用圧力が 0.95MPa 以上で配管の延長が 7km 以上 15km 以下の移送取扱所）は、原則として1年に1回、構造及び設備に関わる事項についての定期保安検査が義務付けられている。

　保安検査に合格した場合は市町村長等から保安検査済証の交付が行われる。

　定期保安検査の場合は検査を受けるべき時期が経過しても検査を受けなかったとき、臨時保安検査の場合は検査を受けるべき事由が発生しながら検査を受けなかったときは使用停止命令の対象となる。また、保安検査を拒み、妨げ、又は忌避した者に対しては罰則の適用がある。

〈法令〉

　消防法　第12条の2第1項第4号、第14条の3第1項第2項、第

16条の4第1項、第44条第4号
危政令　第8条の2第4項、第8条の4
危規則　第62条の3第3項
〈施設〉
屋外タンク貯蔵所、移送タンク貯蔵所

ボイラー等で危険物を消費する一般取扱所

ボイラー、バーナーその他これらに類する装置で、引火点が40℃以上の第四類の危険物のみを消費し、かつ、指定数量の倍数が30未満であり、当該ボイラー、バーナーその他これらに類する装置以外では危険物を取り扱わない、建築物に設ける施設。

〈法令〉
危政令　第19条第2項
危規則　第28条の54第3号、第28条の57
〈施設〉
一般取扱所

防火上有効な隔壁

製造所又は一般取扱所の作業工程が他の作業工程と連続しているため建築物その他工作物の周囲に空地の幅をとることにより当該作業に著しく支障を生じる恐れがある場合で、かつ、当該製造所又は一般取扱所と連続する他の作業工程の存する場所との間に小屋裏に達する防火上有効な隔壁を設けた場合は空地の幅を緩和することができる。

〈法令〉
危政令　第9条第1項、第2項、第19条第1項、第27条第4項

危規則　第13条、第13条の6第3項、第22条の2の3第3項
〈施設〉
製造所、一般取扱所、屋外タンク貯蔵所

防火上有効なへい

火災によるふく射熱等の遮断を目的として設置する不燃材料で造ったへいで、防火上有効なへいの設置は、製造所等において、住居、学校等の建築物等に対し一定の保安距離が確保できない場合及び屋外タンク貯蔵所において、屋外貯蔵タンクから一定の敷地内距離が確保できない場合、人為的に防火上有効な措置を講ずることによって保安距離又は敷地内距離の確保に特例を適用するものである。当該へいは、一般に敷地境界線付近に設置し、万一の危険物施設火災に際し、火災によって生ずるふく射熱等を有効に遮断できるものである必要がある。

屋外貯蔵タンクの敷地内距離に係るものにあっては水幕設備に準じて設けるものであるが、保安距離に係るものにあっては、周囲の状況、危険物施設の危険物の貯蔵、取扱状況等の実態を十分考慮して設置の位置、範囲、高さ等を決定すべきである。

〈法令〉
危政令　第9条第1項、第11条第1項
危規則　第13条の6
〈施設〉
製造所、屋内貯蔵所、屋外タンク貯蔵所、屋外貯蔵所、一般取扱所

防火設備

防火戸、ドレンチャーその他火炎を遮る設備であって、通常の火災による加熱が加えられた場合に、加熱開始後20分間当該加熱面以外の面に火炎を出さないものとして、国土交通大臣が定めた構造方法を用いるもの又は国土交通大臣の認定を受けたもの。

なお危規則第13条の2では、防火戸とされている。

〈法令〉

危政令　第9条第1項第7号他

危規則　第13条の2他

危告示　第4条の52第2項、第61条
　　　　第2号

平成12年6月9日消防危第60号

建基令　第109条第1項、第112条第
　　　　1項

平成12年5月24日建設省告示第
1360号　防火設備の構造方法を定める件

防護枠

移動タンク貯蔵所において、移動貯蔵タンクの上部に突出している附属装置が移動タンク貯蔵所の転倒によって損傷を受けることのないように当該附属装置の周囲に設けるもので、防護枠の取付けは、次によることとされている。

1　2.3mm以上の鋼板で、山形又はこれと同等以上の強度を有する形状に作ること。

2　頂部は、附属装置より50mm以上高くすること。ただし、当該高さを確保した場合と同等以上に附属装置を保護することができる措置が講じられている場合は、この限りでない。

〈法令〉

危規則　第24条の3第2号

〈施設〉

移動タンク貯蔵所

亡失

危険物施設の完成検査済証の交付を受けている者及び危険物取扱者免状を受けている者が証書や免状をなくすこと。

〈法令〉

危政令　第8条第4項、第6項、第
　　　　35条第1項、第3項

放射線透過試験

材料の内部欠陥を検出するための非破壊試験の一方法であり、x線又はγ線を物体に透過させ、これを撮影することに

防護枠の構造例

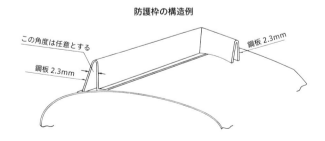

この角度は任意とする
鋼板 2.3mm
鋼板 2.3mm

ほ

より、溶接部の欠陥を調べるものである。

　特定屋外貯蔵タンク側板及び移送取扱所配管の溶接部については、放射線透過試験を実施しなければならない。

〈法令〉

　危政令　第 11 条第 1 項

　危規則　第 20 条の 7 、第 28 条の 27

　危告示　第 41 条

〈施設〉

　屋外タンク貯蔵所、移送取扱所

防食措置

　配管の外面防食措置で、外面の腐食を防止するための措置で、塗覆装、コーティング、電気的方法等による主に鉄鋼の腐食を防止するための対策をいう。地下タンク、地下配管、断熱材を被覆したタンク側板、配管等の対策が必要である。

〈法令〉

　危規則　第 13 条の 4 、第 21 条の 2 、
　　　　　第 28 条の 10

放電加工

　電気絶縁性の高い加工液中で工具を電極として工作物に接近させ、工具と工作物との間に僅かな間隔を保ってアーク放電を繰り返し発生させることにより、放電の際に発生する熱の圧力で工作物の両面を加工することである。

　基本構成は、金属である工作物と工具となる工具電極、工作物と工具電極との間に油やイオン交換水等の電気絶縁性の高い液体である加工液で構成されている。

　加工液で使用するスピンドルオイル液等は引火点が 70℃ 以上の引火性液体（危

険物第四類第三石油類）であることから、貯蔵し又は取り扱う数量によっては消防法又は火災予防上の規制を受ける。

〈法令〉

　危規則　第 28 条の 54

防爆構造

　可燃性蒸気の滞留するおそれのある場所で用いる電気設備・器具が点火源となって爆発させることのないよう電気設備・器具に施す防爆性能のこと。

　危険物施設においては、爆発性雰囲気のなかで使用する機械や設備の安全確保のために防爆電気機器が使用されており、電気設備は電気工作物に係る法令の規定によることと規定されている。危険個所によって電気設備の防爆構造が定められ、本質安全防爆、耐圧防爆、内圧防爆、安全増防爆、油入防爆等が定められている。

1　危険場所の電気設備は防爆構造

　(1)　引火点 40℃ 未満の危険物を貯蔵し、又は取り扱う場合

　(2)　引火点 40℃ 以上の危険物であっても、可燃性液体を引火点以上の状態で貯蔵し、又は取り扱う場合

　(3)　可燃性微粉が滞留するおそれのある場合

2　電気機器の防爆構造

　(1)　電気機械器具防爆構造規格に適合

　(2)　構造規格と同等以上の防爆性能を有するものの技術的基準に適合

〈法令〉

　危政令　第 9 条第 1 項第 17 号

　労働安全衛生規則　第 280 条

ほ

防波板

移動タンク貯蔵所において液体の危険物を移送する場合に、当該液体の危険物がタンク内で極度に動揺することを防止するために設ける設備で、次に定めるところにより設けることとされている。

1　厚さ1.6mm鋼板で作られたものである。

2　容量が2,000ℓ以上のタンク室に設ける。

3　タンク室内の2箇所に、その移動方向と平行に、高さ又は間仕切からの距離を異にして設ける。

4　1箇所に設ける防波板の面積は、タンク室の移動方向の最大断面積の50%以上とする。ただし、タンク室の移動方向に直角の断面の形状が円形、又は短経が1m以下のだ円形である場合は、40%以上とすることができる。

5　貯蔵する危険物の動揺により容易に湾曲しないような構造とする。

〈法令〉

　危政令　第15条第1項第4号

　危規則　第24条の2の9

〈施設〉

　移動タンク貯蔵所

防油堤

液体の危険物（二硫化炭素を除く。）を貯蔵し、又は取り扱う屋外タンク貯蔵所の屋外貯蔵タンクの周囲に、危険物が漏れた場合その流出を防止するために設けることとされている。防油堤の基準は次のとおりである。

1　防油堤の容量はタンクの容量の110%以上とし、二以上のタンクの周囲に設ける防油堤の容量は当該タンクのうち容量が最大であるタンクの容量の110%以上とする。

2　防油堤の高さは、0.5m以上であること。

3　一の防油堤内に収納されたタンクの数は原則として10以下である。

4　防油堤に接して構内道路を設けるとともに防油堤内のタンクは直接当該構内道路に面するよう配置すること。

5　防油堤とタンクとの間に一定の距離を保つこと。

6　防油堤の材質は鉄筋コンクリート又は土とし、一定以上の強度を有する。

7　タンクの容量が10,000kℓ以上のタンクを収納する防油堤にあっては当該タンクの周囲に仕切堤を設ける。

8　防油堤や仕切堤に損傷を与えないよう配管を配置する。

なお、引火性液体以外の液体危険物タンクや、高引火点の液体危険物タンクの周囲に設ける防油堤については、基準の一部の適用が緩和されている。

〈法令〉

　危政令　第9条第1項、第11条第1項、第26条第1項

　危規則　第13条の3、第22条

　危告示　第4条の2

〈施設〉

　製造所、屋外タンク貯蔵所

保護液

空気又は水に接すると発火、温度上昇、有害な変質等が発生する危険物を空気又は水から遮断する目的で液中に保存する

場合の保護液をいう。

第三類危険物である、ナトリウム、カリウムは灯油、流動パラフィンの中に貯蔵する。黄りんは水中に貯蔵する。保護液に貯蔵されている製品は、保護液の減少等に注意し、危険物が保護液から露出しないようにする。

〈法令〉

危政令　第24条

危規則　第43条の3第1項

保有空地

危険物施設又はその構成部分の周囲に保有すべき空地をいう。「空地」とは、自己の管理下にある土地をいい、当該空地の範囲内に物件等の介在を許さない概念である。したがって、保安距離が単なる物理的な「長さ」の規制にとどまるのに反し、保有空地はその内容そのものに対する規制をも含むものであるため、保有空地は、保安距離に比べより厳しい規制である。

保有空地規制を行う目的は、危険物施設からの火災時における延焼防止のほか、有効な消火活動の実施の可能性を挙げることができる。したがって、空地は水平に近い状態が必要である。空地を「保有」しているといい得るためには空地を空地として存続させておくに足りる権利を当該土地に対して有していることが必要である。

〈法令〉

危政令　第9条第1項第2号、第10条第1項、第11条第1項、第14条、第16条第1項、第19

条第1項

危規則　第13条、第28条の16

〈施設〉

製造所、屋内貯蔵所、屋外タンク貯蔵所、簡易タンク貯蔵所、屋外貯蔵所、一般取扱所、移送取扱所（地上設置のもの）

保有水平耐力

特定屋外貯蔵タンク、準特定屋外タンクの保有水平耐力は、地震の影響による必要保有水平耐力以上であり、タンク底部における基礎との間の地震による水平剪断力に耐えられる力をいう。

〈法令〉

危規則　第20条の4第2項、第20条の4の2第2項

危告示　第79条

〈施設〉

屋外タンク貯蔵所

保冷コンテナ

第五類の危険物のうち55℃以下で分解するおそれのあるものは、運搬容器を保冷コンテナに収納する等適正な温度で管理して積載をする必要がある。

保冷コンテナは、運搬容器に入っているこれらの危険物を低温で運搬するための冷却用外装として用いるもので、一種の冷蔵容器である。保冷コンテナは、一般に鋼板、アルミニウム板等によって作られた二重壁を有するもので、二重壁の間に断熱材を充てんしたものである。冷却はドライアイス（運搬する危険物の性状、運搬容器の構造等によっては氷）に

ほ

よるのが一般的である。

　なお、小型運搬容器により少量の危険物を運搬する場合には、これ以外の材料及び構造のものでドライアイス等を封入して使用される通常「保冷箱」と称されるものも使用されるがこれも保冷コンテナの一種である。

〈法令〉

　危政令　第29条

　危規則　第45条第3項

保冷装置

　冷却装置及び低温を保持するための装置で、アセトアルデヒド、酸化プロピレン等の危険物は沸点が低く屋外貯蔵タンク等に貯蔵中温度が上昇すると、気化がはげしく、また、沸とうするおそれがある。このため、可燃性蒸気の放出、タンク内圧の異常上昇等により、引火及びタンク破損の危険が生ずる。

　保冷装置は、低沸点危険物等を一定の温度以下に保つことによって温度上昇に伴う危険を防止するための装置である。

　保冷装置には、冷凍ユニット（冷凍機、熱交換器、ポンプ、冷却管等から構成され、冷媒にはアンモニア・クロルジフルオルメタン・プロピレングリコールなどを使用）、冷却散水装置（タンク外面に散水し冷却する装置）のほか、危険物の種類、タンク設置地域の気象条件によっては、単にタンクを断熱材によって保護し、直射日光及び気温の上昇による熱を遮断するものもある。

〈法令〉

　危規則　第13条の9、第22条の2の

6、第24条の2の7、第40条の3の3

ポンプ設備（屋外貯蔵タンク）

　屋外貯蔵タンクに危険物を送入し、又は屋外貯蔵タンクから危険物を送出するために使用するポンプ及びこれに附随する電動機の一体、これらの機器が専用の建築物内にある場合等は、当該建築物（以下「ポンプ室」という。）を含めてポンプ設備という。

　ポンプ設備に関する規制としては、ポンプ設備の周囲にとるべき空地、屋外貯蔵タンクとの間に保つべき距離、掲示板の設置及びポンプ室の構造があり、その概要は次のとおりである。

1　ポンプ設備の周囲に3m以上の幅の空地を保有すること。ただし、防火上有効な隔壁を設ける場合及び第六類の危険物に係る場合は適用しないこととされている。

2　ポンプ設備から屋外貯蔵タンクまでの間に、当該屋外貯蔵タンクの空地の幅の3分の1以上の距離を保つこと。

3　ポンプ設備は、堅固な基礎の上に固定する。

4　ポンプ室の壁、柱、床及びはりは、不燃材料で造ること。ただし、取り扱う危険物が第六類の場合は、危険物によっておかされるおそれのある部分をアスファルトその他腐食し難い材料で被覆することで足りる。

5　ポンプ室は、屋根を不燃材料で造るとともに、石綿板、金属板その他の軽量な不燃材料でふく。ただし、取り扱

う危険物が第六類の場合は、屋根を耐火構造とすることで足りる。

6　ポンプ室の窓及び出入口には、甲種防火戸又は乙種防火戸を設けること。

7　ポンプ室の窓又は出入口にガラスを用いる場合には、網入ガラスとする。

8　ポンプ室の床には、その周囲に高さ0.2m以上の囲いを設けるとともに、当該床は、危険物が浸透しない構造とし、かつ、適当な傾斜及びためますを設けること。

9　ポンプ室には、危険物を取り扱うために必要な採光、照明及び換気の設備を設ける。

10　屋外に設けるポンプ設備には、その直下の地盤面の周囲に高さ0.15m以上の囲いを設けるとともに、当該地盤面は、コンクリートその他危険物が浸透しない材料でおおい、かつ、適当な傾斜及びためますを設ける。

この場合において、第四類の危険物（水溶性のものを除く。）を取り扱うポンプ設備にあっては、ためますに油分離装置を設けなければならない。

11　引火点が21℃未満である危険物を取り扱うポンプ設備には、掲示板を設ける。

〈法令〉
危政令　第11条第1項
危規則　第18条第2項、第21条の3、
　　　　第22条の2の3第3項

〈施設〉
屋外タンク貯蔵所

マイターベンド管

配管の曲り部の設計は、配管の設計に準じて行うほか、曲り部のたわみ性及び応力集中を考慮して行うほかマイターベンド管は内圧によって生じる円周方向応力度が配管の規格最小降伏点の20%以下の場合に限るものを用いること。

〈法令〉
危告示　第16条

曲り管

配管の方向を変えたり、熱応力等により生じる配管の有害な変形を吸収するために用いる管をいう。

〈法令〉
危告示　第16条

間口、奥行

給油取扱所において、自動車等に直接給油し、及び給油を受ける自動車等が出入りするために設けられている給油空地の大きさを表わすもので、給油取扱所（自家用給油取扱所を除く。）の給油空地の間口は10m以上、奥行は6m以上必要である。なお、「間口」は自動車等が主として出入りする側であるから、自動車や原動機付自転車に給油する給油取扱所では、間口は消防法上の道路に面していなければならないとされている。

〈法令〉
危政令　第17条第1項

〈施設〉
給油取扱所

マグネシウム

危険物第二類である可燃性固体の品名に掲げられる物品のひとつ。目開きが2mmの網ふるいを通過しない塊状のもの、直径が2mm以上の棒状のものは除外する。

指定数量は、第一種可燃性固体に該当するものは100kg、第二種可燃性固体に該当するものは500kgである。

物性等については次のとおり。

銀白色の金属結晶で比重1.7。

乾いた空気中では、表面が薄い酸化物の膜で覆われるので常温では酸化は進行しないが、湿った空気中では速やかに光沢を失うとともに発熱し、自然発火する場合がある。

点火すると白光を放ち激しく燃焼する。

酸化剤との混合は、打撃などで発火する。

水とは徐々に反応し、熱水及び希薄な酸とは速やかに反応して水素を発生する。

〈法令〉

消防法　別表第1

危政令　第10条第1項、第25条第1項、別表第5

危規則　第1条の3第3項、第13条の9、第22条の2の6、第24条の9、第44条第1項、第45条第2項、第72条

曲げ試験

溶接施工方法確認試験は、突合せ溶接又はすみ肉溶接により溶接した材料から試験片を作成し行う試験で、曲げモーメントが作用した際の材料の変形抵抗や破壊強度を調べる試験をいう。材料の加工性能や溶接部の変形能を調べる曲げ試験、鋳鉄や超合金のような脆い材料の曲げ強度を調べる抗折試験及びセラミックスの破壊靭性試験に用いられる3点曲げ及び4点曲げ試験がある。

曲げ試験は、JIS Z 3122「突合せ溶接継手の曲げ試験方法」による。試験片の内側半径に規定の曲げ角度まで変形を与え、湾曲部分の外側での亀裂の発生の有無を調べるものである。

〈法令〉

危告示　第4条の21の2

〈施設〉

屋外タンク貯蔵所

間仕切

移動タンク貯蔵所は、路上等を移送する危険物施設であるため、移送時の事故の被害を軽減するため、タンク内を仕切ること。容量を30,000リットル以下とし、かつ、4,000リットル以下ごとに完全な間仕切をすることになっている。

〈法令〉

危政令　第15条第1項第3号

〈施設〉

移動タンク貯蔵所

水抜管

タンク内の気相部の結露、浮き屋根シール部からの雨水の浸入、貯蔵する危険物からの水の分離等により、タンク底部に溜まった水をタンクの外に排出する管をいう。

〈法令〉

　危政令　第11条第1項、第12条第1項

　危規則　第21条の4

〈施設〉

　屋外タンク貯蔵所、屋内タンク貯蔵所

水張検査

　液体危険物タンクに漏れ又は変形がないかどうかを確認するための完成検査前検査のひとつで、タンクに配管その他の附属設備を取付ける前に、タンクに水又は水以外の適当な液体を満たし、漏れ又は変形の有無を確かめる検査。

　水張検査は、圧力タンク（（5kPa）を超える圧力がかかるタンク）を除くタンクに対して行う。

〈法令〉

　危政令　第8条の2第5項、第7項、
　　　　　第8条の2の2

　危規則　第6条の2の4、第6条の5、
　　　　　第9条

みだりに火気を使用

　危険物施設において必要がないにもかかわらず火気を使用すること。

　危政令第3章に定められた設備により火気を使用する場合、あるいは同章の規定により認められた場合において火気を最小限度使用する場合を除いて、危険物施設では火気の使用はできない。

〈法令〉

　危政令　第24条

みなし移送取扱所

　昭和48年12月27日付政令第378号（危険物の規制に関する政令の一部を改正する政令）の公布により、公布前、許可区分を一般取扱所としていた第三者の敷地を通過するパイプライン施設を新たに移送取扱所とすることとした。

　「みなし移送取扱所」とは、既設の一般取扱所で、この改正によって移送取扱所の許可区分に変更された施設をいい、特に既設の一般取扱所を移送取扱所としてみなしたことによる技術基準の遡及適用について、新設の移送取扱所と適用が異なることから、これらを区分するために法令上使用される用語である。

〈法令〉

　昭和48年12月27日付政令第378号（危険物の規制に関する政令の一部を改正する政令）

〈施設〉

　移送取扱所

無許可施設等に対する措置命令

　市町村長等が、①仮貯蔵又は仮取扱いの承認、又は②危険物施設の設置許可、を受けないで、指定数量の危険物を貯蔵し又は取り扱っている者に対して、当該危険物の除去、危険物による災害防止のために必要な措置をとることを命ずる行政処分。

　危険物による災害防止のために必要な措置とは、貯蔵若しくは取扱いの施設の撤去又は取扱いの制限、禁止等である。

　当該命令は、現実の危険性の排除という観点から行われるものであり、命令に

従っても消防法第10条第1項に違反するという法的責任を免れるものではない。

当該命令に対しては罰則規定はないが、行政代執行法による代執行を行うことができる。

当該命令がされた場合には、火災危険性があることを従業員や周辺住民等に周知し、不測の事態を防止するために、公示することとなる。

〈法令〉

消防法　第10条第1項、第11条の5
　　　　第4項、第5項、第16条の6、
　　　　第16条の7

無水硫酸

消防法第9条の3に規定する「消防活動阻害物質」と通称される物質のひとつであり、200kg以上を貯蔵し取扱う場合には消防長等へ届出が必要である。

三酸化硫黄［SO_3］ともいい、硫酸の無水物であり、水と接触すると発熱反応が起こる。SO_3 は高い吸湿性を持つ。熱濃硫酸を木や綿に浸すと発火するが、これは SO_3 が木や綿の炭化水素に含まれている水分を脱水してしまい、炭化水素が燃えやすくなるためである。

なお三酸化硫黄を濃硫酸に溶かしたものは発煙硫酸と呼ばれており、「消防活動阻害物質」に該当し、届出数量は無水硫酸と同じ200kgである。

〈法令〉

消防法　第9条の3
危政令　第1条の10
危規則　第1条の5

滅失

自然災害によるか人の行為によるかを問わず、火災による消失などで、物がその物としての物理的存在を失うこと。

危険物施設の完成検査済証を滅失した場合は、再交付を申請することができる。危険物取扱者免状も同様である。

〈法令〉

危政令　第8条第4項、第35条第1項

盛土（盛り土、もりど）

山腹や丘の斜面などの傾斜地を造成したときなどに、他から採取した土砂を元の地盤の上に盛り上げて、平らにした場所や、その盛り上げた土のことをいう。

盛り土は、砂質土又はこれと同等以上の締固め性を有するものを用いて、危告示第4条の10で定めるところにより造られる特定屋外タンク貯蔵所の基礎をいう。

〈法令〉

盛土
危規則　第20条の2第2項、第20条
　　　　の3の2第2項、第28条の12
盛り土
危規則　第20条の2第2項
危告示　第4条の7、第4条の10、
　　　　第80条

〈施設〉

屋外タンク貯蔵所

め
も

もれ、あふれ又は飛散を防止することができる構造

危険物のもれ等による災害を防止する目的で、機械器具その他の設備が、それぞれの通常の使用条件に対し、余裕を持った容量、強度、性能等を有するように設計されているもの。

もれ等を防止する附帯設備として、

1　タンク、ポンプ等のオーバーフローパイプ、リターンパイプ管
2　フロートスイッチ
3　混合装置、撹拌装置等の飛散防止用の覆い
4　受け皿、囲い

等を設置することで、当該目的を満たすことができる。

〈法令〉

危政令　第9条第1項第13号、第19条第1項

〈施設〉

製造所、一般取扱所

や

焼入れ

鉄−炭素合金である鋼に対して広く行われ、硬度の増加等を目的として、融点以下の適切な温度に加熱した金属を、水又は油に漬けて急速に冷却させ、金属結晶の相変態を発生させることにより、目的の硬度等を得る金属の熱処理の一つである。

冷却に使用する危険物は、高引火点の焼入油を用いており、焼入油を加熱して用いることがあること及び鋼の場合は800℃程度に加熱した状態で焼入油の中に漬けていることから、作業中は火災危険がある。

〈法令〉

危政令　第19条第2項、第27条第4項
危規則　第28条の54、第28条の56

〈施設〉

一般取扱所

焼入れ作業等の一般取扱所

焼入れ又は放電加工のためのみに引火点が70℃以上の第四類の危険物のみを取扱い、かつ、指定数量の倍数が30未満の、建築物に設ける施設。

〈法令〉

危政令　第19条第2項第2号
危規則　第28条の54第2号、第28条の56

〈施設〉

一般取扱所

ゆ

Uボルト（ユーボルト）

アルファベットのU字型をしたボルトで、両端に雄ねじが切られているものをいう。

積載式移動タンク貯蔵所の移動貯蔵タンクにあっては、緊締金具及びひずみ金具に代えて車両のシャシーフレームに緊結できる構造のUボルトとすることができる。

配管の固定用に多用される。

〈法令〉

　　危規則　第24条の5第4項、第40条
　　　の8

〈施設〉

　　移動タンク貯蔵所

油圧装置

　　油圧を利用して作動する油圧ポンプ、油圧モーター、圧力制御弁、流量制御弁、作動油タンク、管等により構成された油圧装置をいう。作動油を使用しており、一部引火点が250℃以上で、非危険物のものもあるが、大部分は第三石油類及び第四石油類である。

〈法令〉

　　危政令　第19条第2項

　　危規則　第28条の54、第28条の60、第60条

油圧装置等を設置する一般取扱所

　　危険物を用いた油圧装置又は潤滑油循環装置で高引火点危険物のみを100℃未満で取扱い、かつ、指定数量の倍数が50未満であり、当該油圧装置又は潤滑油循環装置以外では危険物を取り扱わない、建築物に設ける施設。

〈法令〉

　　危政令　第19条第2項第6号

　　危規則　第28条の54第6号、第28条の60

〈施設〉

　　一般取扱所

有孔管

　　地中タンクに係る屋外タンク貯蔵所における底板に揚圧力（充満した地下水により底板を持ち上げようとする力）が生じないようにする場合において、底板の下に設けた排水層に設置する、地下水を集水するための孔を開けた配管をいう。有孔管は、排水層内に当該排水層の表面のいずれの箇所からも10m以内に存するように配置する。

〈法令〉

　　危告示　第4条の33

〈施設〉

　　屋外タンク貯蔵所

油中ポンプ設備

　　地下貯蔵ポンプ内に設けるタンク設備で電動機、ポンプで構成され、油の中で作動するよう設計されたポンプ設備をいう。

〈法令〉

　　危政令　第13条第1項第9号の2

　　危規則　第24条の2

〈施設〉

　　地下タンク貯蔵所

よ

容器に危険物を詰め替える一般取扱所

　　固定した注油設備によって危険物（引火点が40℃以上の第四類の危険物に限る。）を容器に詰め替え、又は車両に固定された容量4,000ℓ以下のタンク（容量2,000ℓを超えるタンクにあっては、その内部を2,000ℓ以下ごとに仕切ったものに限る。）に注入する一般取扱所で指定数量の倍数が30未満のもの。

〈法令〉

　危政令　第 19 条第 2 項第 5 号

　危規則　第 28 条の 54 第 5 号、第 28
　　　　　条の 59

〈施設〉

　一般取扱所

容器の積み重ね高さ

　屋内貯蔵所、屋外貯蔵所で危険物を貯蔵する場合は、危規則で定める高さ 3 m を超えて容器を積み重ねないこと。

　ただし、危険物第四類の第三石油類、第四石油類および動植物油類を収納する容器のみを積み重ねる場合は、4 m 以下とする。なお、機械により荷役する構造を有する容器のみを積み重ねる場合は 6 m 以下とする。

〈法令〉

　危政令　第 26 条第 1 項第 3 号の 2、
　　　　　第 11 号の 2

　危規則　第 40 条の 2

〈施設〉

　屋内貯蔵所、屋外貯蔵所

揚水設備

　地中タンクは貯蔵する危険物の重量、土圧、地下水圧、揚圧力、コンクリートの乾燥収縮及びクリープの影響、温度変化の影響、地震の影響等の荷重によって生じる応力及び変形に対して安全なものであること。ただし、揚水設備を設ける場合は揚圧を考慮しないことができる。揚圧設備は、有孔管、集水管層及び排水層並びにポンプ、電動機、配管等の揚水装置により構成され、底板の揚圧を生じない機能を有するものであること。

〈法令〉

　危告示　第 4 条の 33、第 4 条の 42

溶接部検査

　特定屋外貯蔵タンクの溶接部について、完成検査前検査として行われる非破壊試験による検査。

　検査は、溶接部の品質を確保するため溶接部欠陥を検出し、その継手が一定の基準に適合していることを確認することを目的としている。

1　検査部位と検査方法

　　タンクの溶接部の検査は、溶接継手ごとに定められ、合わせて検査方法が定められており、次のとおりに区分される。

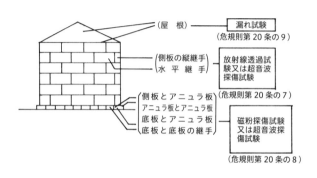

溶接部の検査

検査部位	検査方法
側板の縦継手及び水平継手（接液部以外の側板に係る溶接部を除く。）側板の取替工事に係る溶接部	放射線透過試験（危規則第20条の7）
側板とアニュラ板、アニュラ板とアニュラ板、アニュラ板と底板及び底板と底板との溶接継手重ね補修に「係る」側板と側板との溶接継手	磁粉探傷試験又は浸透探傷試験（磁粉探傷試験によることが困難である場合に限る。）（危規則第20条の8）
接液部以外の側板に係る溶接部屋根板に係る溶接部　ノズル、マンホール等に「係る」溶接部	真空試験、加圧漏れ試験、浸透液漏れ試験（危規則第20条の9）

2　検査の実施時期

(1)　水張試験又は水圧試験の前に実施する。

　　なお高張力鋼の溶接継手では、溶接部の遅れ割れを考慮して、溶接が終了した後24時間以上経過した後とする。

(2)　側板とアニュラ板との溶接部は、水張検査等によって大きな応力が発生することから、水張検査後にも磁粉探傷試験等を実施する必要がある。

3　検査の委託

　　溶接部検査に合格したときは、市町村長等から検査申請者に対して合格通知が行われるが、市町村長等は、溶接部検査に係る審査（真空試験、加圧漏れ試験及び浸透液漏れ試験を除く。）を危険物保安技術協会に委託することができる。

〈法令〉

危政令　第8条の2第5項

危規則　第6条の2の6、第6条の5

〈施設〉

屋外タンク貯蔵所

予備動力源

　保安のための設備には、告示の定めるところにより予備動力源を設置しなければならない。常用電力源が故障した場合に自動的に予備動力源に切り替えられるよう設置するとともに、予備動力源の容量は、保安設備を有効に作動させることができるものでなければならない。

　屋内消火栓設備、屋外消火栓設備、スプリンクラー設備、水蒸気消火設備、水噴霧消火設備及び泡消火設備の「予備動力源」は、自家発電設備又は蓄電池設備によることとし、容量は、屋内消火栓設備等を有効に45分間（水蒸気消火設備は90分間、泡消火設備は規定放射時間の1.5倍の時間）以上作動させることができること。

〈法令〉

危規則　第21条の6、第28条の39、
　　　　　第32条〜第32条の7

危告示　第54条、第57条

〈施設〉

屋外タンク貯蔵所

予防規程

　製造所等の火災を予防するため、事業所が守る自主保安基準であり、予防規程を定めなければならない製造所等及び予防規程に定めるべき主な事項は次の通りである。

よ

1 対象となる事業所

対象となる事業所	貯蔵し、又は取り扱う危険物の数量等
製造所	指定数量の倍数が10倍以上
屋内貯蔵所	指定数量の倍数が150倍以上
屋外タンク貯蔵所	指定数量の倍数が200倍以上
屋外貯蔵所	指定数量の倍数が100倍以上
給油取扱所	すべて
移送取扱所	すべて
一般取扱所	指定数量の倍数が10倍以上

次の製造所等は除かれる。

(1) 鉱山保安法第19条第1項の規定による保安規定を定めている製造所等

(2) 火薬類取締法第18条第1項の規定による危害予防規程を定めている製造所等

(3) 自家用給油取扱所のうち屋内給油取扱所以外のもの

(4) 指定数量の倍数が30以下で、かつ、引火点が40℃以上の第四類の危険物のみを容器に詰替える一般取扱所

2 予防規程に定めるべき主な事項

(1) 危険物の保安に関する業務を管理する者の職務及び組織に関すること

(2) 危険物保安監督者が、旅行、疾病その他の事故によってその職務を行うことができない場合にその職務を代行する者に関すること

(3) 化学消防自動車の設置その他の自衛の消防組織に関すること

(4) 危険物の保安のための巡視、点検及び検査に関すること

(5) 危険物の保安に係わる作業に従事する者に対する保安教育に関すること

(6) 危険物施設の運転又は操作に関すること

(7) 危険物の取扱い作業の基準に関すること

(8) 補修等の方法に関すること

(9) 施設の工事における火気の使用若しくは取扱いの管理又は危険物等安全管理に関すること

(10) 製造所及び一般取扱所にあっては、危険物の取扱工程又は設備等の変更に伴う危険要因の把握及び当該危険要因に対する対策に関すること

〈法令〉

消防法　第14条の2

危政令　第37条

危規則　第60条の2、第61条、第62条

予防規程の認可

作成又は変更された予防規程が法令の基準に適合し、火災予防上適当であると認められた場合に市町村長等が行う処分。

「認可」は、私人の行為の法律的効力を補完する行為であり、予防規程の認可は、事業所が定めた予防規程が正式の予防規程となるための効力発生要件を賦与する行政行為であり、予防規程は認可をもって初めてその効力が発生する。

予防規程の認可の基準は、危規則第60条の2第1項に定める予防規程に定めなければならない事項が全て記載されており、それが消防法第10条第3項の技術上の基準に適合するとともに、当該危険物施設における火災予防のため適当であるかどうかによる。

なお、予防規程の変更命令が発せられ

た後に当該予防規程が変更された場合も
改めて認可が必要である。

〈法令〉

消防法 第14条の2

予防規程の変更

市町村長等の認可を受けて、有効に成
立した予防規程を改めること。

予防規程の変更には、市町村長等の認
可が必要である。

予防規程の変更には、危険物施設の所
有者等の自主的な意思に基づくものと、
変更命令によって強制的に行われるもの
とがある。

予防規程の自主的変更は、危険物施設
の所有者等が自らこれを行うが、所有者
等の内部事情により現行の予防規程を変
更する必要に迫られたもの（任意的変更）
と、危規則第60条の2の改正など法令
の規定の改廃により現行予防規程の変更
の必要が生じたことから行われるものと
の2通りがある。

〈法令〉

消防法 第14条の2

落下試験

「落下試験」とは、船舶による危険物
輸送のためのIBC容器（Intermediate
bulk containers）に要求される試験の一
つであり、すべてのIBC容器に適用さ
れる。

消防法令ではこの基準を準用している。

最大収容重量の荷重状態において、収

納する危険物の危険等級に応じ、0.8～
1.8mの高さから、硬く、弾力性のない
平滑な水平面に引き落とし、漏れがない
ことを確認する。

〈法令〉

危規則 第43条第4項

危告示 第68条の5第1項、第2項、
第68条の6の2第1項、第2
項、第68条の6の4

り

硫化鉄

硫黄成分を含む危険物を貯蔵・取り扱
うタンク等にスラッジとして堆積するお
それがあることから、屋外貯蔵タンクの
底板上に堆積したスラッジのクリーニン
グ作業時に、スラッジ内の硫化鉄の酸化・
発熱による自然発火が原因と考えられる
火災事故が発生した。

硫化鉄は乾燥により発火しやすい状態
となる可能性があり、この状態で大気と
接触すると、酸化発熱が進み自然発火に
至る危険性があることから、事故防止の
ため、スラッジ清掃時やマンホールの開
放時など、硫化鉄が存在する部分が大気
に触れる可能性がある場合には、作業前
に当該部分を散水等により十分に湿潤さ
せることが必要である。

粒度

粉体の粒子の大きさをいい、ほとんど
の粒子は複雑な形状をし、球形や立方体
のように直径や1辺の長さを単純に定め
ることはできない。消防法令では、「粒度」

の測定に網ふるい（JIS Z 8801-1（2019））を用いて判定することとしている。

鉄（純度100%）は、目開き53μmの網ふるいを通過するものが50wt%以上のものは、危険物に該当する。

金属粉のうち、目開き150μmの網ふるいを通過するものが50wt%未満のものは、危険物に該当しない。

マグネシウム含有物（マグネシウム合金を含む）は、目開き2mmの網ふるいを通過しない塊状のもの及び直径2mm以上の棒状のものは、危険物に該当しない。

〈法令〉

消防法　別表第1備考第3号、別表第1備考第5号

危規則　第1条の3第1項、第2項

危告示　第4条の11第3項、第4条の32、第4条の33

臨時保安検査

容量1,000kℓ以上の特定屋外貯蔵タンクの定期点検等において、タンクの直径に対する不等沈下の数値の割合が100分の1以上生じていることが発見されたとき、当該屋外タンク貯蔵所の所有者等の申請に基づき構造または設備のうち特定の事項が技術上の基準に従って維持されているかについて、市町村長等が行う保安に関する検査。

岩盤タンクは想定される荷重を著しく超える荷重が加えられることその他の危険物又は可燃性の蒸気の漏えいのおそれが認められた場合、地中タンクは設計上の荷重を著しく超える荷重が加えられることその他の危険物又は可燃性の蒸気の

漏えいのおそれが認められた場合も臨時保安検査を受検する必要がある。

検査事項は定期保安検査と同じである。

タンクの基礎及び地盤は不等沈下の数値の割合が100分の1以上となった場合、修復措置が必要であるため、臨時保安検査と併せて屋外タンク貯蔵所の変更許可申請を行い、修正を行うこととなる。

〈法令〉

消防法　第14条の3第2項

危政令　第8条の4第4項、第5項、第6項

危規則　第62条の2の9

〈施設〉

屋外タンク貯蔵所

レイアウト規制

石油と高圧ガスをともに扱う第1種事業所は、災害の拡大防止の観点から事業所全体の配置について、新設等の届出（レイアウト）を主務大臣に提出し検査を受けなければならない。

〈法令〉

石災法　第5条第1項

連結工、二次防油堤

昭和51年の危政令及び危規則の改正により、防油堤の基準が強化されたことに伴ういわゆる既設防油堤の改修に係る代替措置のうち主なもの。

このうち、「連結工」は、2以上の既設防油堤を相互に連結することができる

管又はこれに類するものであって、いかなる既設防油堤の改修についても利用することができる（昭和52年11月14日消防危第162号課長通達）。

一方、「二次防油堤」は、1以上の既設防油堤の周囲を囲む防油堤であって、既設防油堤の内部に収納されるタンクの容量が1,000kℓ未満である場合（ただし、危険物が第四類の危険物であって、かつ、引火点130℃未満である場合に限る。）にのみ代替措置として利用することができる（同通達）。

なお、これらによってもなお既設防油堤の改修が著しく困難であると市町村長等が認める場合には、市町村長等が有効と認める他の代替措置を講じることができる（同通達）。

〈施設〉

屋外タンク貯蔵所

ローディングアーム

タンカーから原油などを荷揚げするための設備やタンクローリーへ積み込むための設備で、自由性を持たした配管をローディングアームという。

強風等により船の移動量が許容範囲を逸脱した場合、自動的に船陸取り合い部直近に設けられたバルブが閉止され、当該バルブ（緊急離脱カプラー）間で切断されるシステムが設けられているものもある。

漏えい拡散防止措置

パイプラインから万一漏えいが生じた場合であっても漏えいした危険物の拡散を防止し、公共に危険を及ぼさないとするための措置で、市街地、河川上、又は水路上、隧道及び道路上又は線路敷上等にパイプラインを設置する場合に必要とされる。

漏えい拡散防止措置は、堅固で耐久力を有し、配管の構造に対し支障を与えない構造物とされ、配管管軸方向の拡散も考慮して保安上必要がある場合は隔壁を有することとなっている（危告示第39条）。具体的には、鋼管、鉄筋コンクリートカルバート等が考えられるが水密構造が要求される場所では鋼管が適切である。

なお、隔壁は、構造に見合ったものが選定される。

〈法令〉

危規則　第28条の22

危告示　第24条、第39条

漏えい検知装置

移送取扱所や事業用施設から石油等が漏えいした場合に当該石油等を検知するための装置で、特定移送取扱所においては、石油等の漏えい検知に関し、次の4種の検知装置を設置するほか検知口を設置することとされている。

1　点検箱（主にバルブボックス）内の可燃性蒸気検知装置

2　配管の入り口及び出口の流量差を測定することにより自動的に漏えいを検知する装置

3　運転中配管内の圧力を測定すること

239

により自動的に漏えいを検知する装置

4　静止圧力を測定することにより漏えいを検知する装置

〈法令〉

　危規則　第 28 条の 32

　危告示　第 4 条の 41

〈施設〉

　移送取扱所

サービス・インフォメーション
―― 通話無料 ――

```
┌─────────────────────────────────────────┐
│ ①商品に関するご照会・お申込みのご依頼               │
│       TEL 0120(203)694／FAX 0120(302)640 │
│ ②ご住所・ご名義等各種変更のご連絡                 │
│       TEL 0120(203)696／FAX 0120(202)974 │
│ ③請求・お支払いに関するご照会・ご要望              │
│       TEL 0120(203)695／FAX 0120(202)973 │
└─────────────────────────────────────────┘
```

●フリーダイヤル（TEL）の受付時間は、土・日・祝日を除く
　9：00～17：30です。
●FAXは24時間受け付けておりますので、あわせてご利用ください。

改訂版　危険物取扱者のための
危険物まるわかり辞典

2021年1月10日　初版発行

編　者　危険物法令実務研究会

発行者　田　中　英　弥

発行所　第一法規株式会社
　　　　〒107-8560　東京都港区南青山2-11-17
　　　　ホームページ　https://www.daiichihoki.co.jp/

危険物辞典改　ISBN 978 - 4 - 474 - 07329 - 6　C3037（6）